JN045940

公認心理師のための法律相談
Q&A100

津川律子 監修　野﨑和義・舩野 徹 著
Ritsuko Tsugawa　Kazuyoshi Nozaki & Toru Funano

法律文化社

序

　公認心理師（Certified Public Psychologist）は新しい日本の国家資格である。根拠法としての公認心理師法は，2015（平成27）年9月9日に議員立法により成立し，同年9月16日に公布，2017（平成29）年9月15日に施行された。2018（平成30）年12月16日に第1回公認心理師試験が実施され，本書発刊までの間に，54,248名の登録者が誕生している（2022年3月末日現在）。なお，これまで日本において臨床心理職の代表的な存在であった臨床心理士（Certified Clinical Psychologist）は民間資格として，その制度の存続が公益財団法人日本臨床心理士資格認定協会により公表されている。

　公認心理師法の実現までの間，半世紀を超す国家資格化のための活動が続けられてきた。私自身も結果として20代から約30年間という職業人生の中核的な時期を国家資格の実現に関わる活動に携わることになった。その間も，法律の専門家の協力が必要であった。国家資格化のためだけでなく，心理臨床という業務そのものが様々な法律や倫理と関係しており，法律の専門家との協働が必須だからである。しかし，少なくとも約30年前には，心理臨床に詳しい法律家が多いとはいえず，可視化しにくい心理支援という業務の中味を説明することから始めなければならなかった。さらに，働いている分野が広いため，組織の中での位置づけを含めて一様には説明しにくいこともあり，理解者を求めながら実践や活動を続けてきた。

　野﨑和義先生との出会いは，公認心理師法が整い，議員立法として提出された2014（平成26）年のことであった。かねてから先生の御著書を拝読しており，いわゆるコメディカルの業務や医事法制に精通された法律の専門家と存じ上げていたが，いよいよ国家資格の成就が迫る段階になり，思い切って御協力の依頼を差し上げた。そして，一般社団法人日本心理臨床学会資格関連委員会の委員長を私が務めている間に公認心理師法が成立するのだが，その間，同委員会

の法律アドバイザーをお願いしたのが野﨑先生との最初の協働となった。

　公認心理師法が成立した後も野﨑先生との協働は続き，本書もその中から生まれた。本書では先生と旧知の舩野徹弁護士にも加わっていただき，そして編集者の梶谷修氏，私の4名で何度も集まって討議を重ねた。その間，野﨑先生が舩野先生におっしゃった次の言葉が本書の本質を示しているように思う。「我々は，たんなるQ&Aの本を作成しているわけではありません。公認心理師がどう判断し行動すべきかの指針を示すことを目指しているはずです。そのためには，思考のプロセスもきちんと本文に盛り込まなければなりません。○○条があるから××義務といった語り口ではなく，読者に向けて丁寧に語りかける姿勢が望まれます」。法律の専門家から公認心理師への最大のエールではないだろうか。

　繰り返すようであるが，心理支援を行なう際，法的な問題に直面することが少なくない。特に公認心理師の場合，新しい国家資格であるだけになおさらである。臨床心理職や関係職種に詳しい法律の専門家の協力が欠かせない。本書はそれを体現したものである。実践現場で働いている公認心理師の役に立ち，そのことを通じて生活者に少しでも多くの安寧がもたらされ，未来につながることを，こころから願っている。

　2022（令和4）年5月

監修者　津川律子

はしがき

　公認心理師が法的な問題に出会ったとき，どのように判断し行動したらよいのだろうか。本書は，その指針を明らかにすることを目指している。

　学校・職場などのコミュニティで心理支援に携わっていると，対応に迷う事柄も少なくないであろう。そのようなとき，何を判断の拠り所としたらよいのか。多様な価値観や利害が交錯する今日，これまでの常識やモラルだけで物事に対処することは難しい。多元的な観点を包摂する法に，ますますその役割が期待されている。

　本書は「法制度の"なぜ"が分かる」ことに意を注いだ。公認心理師という国家資格がなぜ定められているのか，その資格に伴う義務は何を趣旨・目的としているのか。民法や刑法などの法は，どのような形で心理臨床の場に組み込まれているのか。本書を通して，公認心理師に関わる法や国家資格そのものの意味を理解していただきたい。

　本書はどこから読みはじめてもよい。各項目（ブロック）には小見出しを付し，重要事項はクロスレファレンスで連結している。一つ一つのブロックを丹念に積み上げていくことで，公認心理師に求められる法的素養の全体像を理解することができよう。

　取り上げた設問はいずれも心理支援の現場から寄せられたものであり，すべて監修者津川律子先生から御提供いただいた。その数は優に200事例に及んだが，法的な観点からこれを精選し野﨑と舩野の両名で解説を分担した。執筆の過程では互いに原稿を持ち寄り隔意のない意見を交わしたが，特に実践的な視点からの解説については，舩野弁護士の豊富な実務経験に負うところが大きい。また，津川先生には心理臨床家としてのお立場から敢えて本文中に御参加をお願いした項目もある。

　本書の刊行にあたっては，法律文化社社長畑光氏に多大な御配慮を賜った。また，同社編集部梶谷修氏には本書の企画から刊行に至るまで一貫してお世話になった。ここに記して両氏に衷心より感謝を申し上げる。

　公認心理師は国家資格であり，「国民の心の健康」（公認心理師法1条）にあずかる専門職である。人間性を見失った心理支援は空虚であるが，法の裏づけを伴わない心理支援は無力である。本書が心理臨床の実践にいささかでも寄与するところがあれば，これに勝る喜びはない。

　　2022（令和4）年5月

野﨑和義

条文の仕組み

　本文中でたびたび紹介する条文について，その仕組みを前もって整理しておく。なお，法令文の原則は縦書きであるが，本書は横組みなので，条文で使われている漢数字は算用数字に改めて記載している。

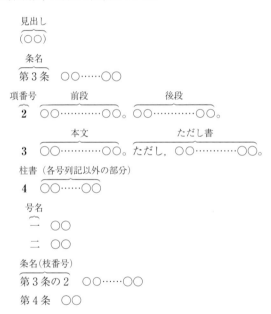

《解説》

1　「見出し」

　　条文には，その右（横組みの場合は上）に（　）〔マル括弧書き〕で「見出し」をつけるのが原則である。＊この見出しによって条文の規定している内容を簡潔に理解することができる。

　　　＊　ただし，これは法令の原文に見出しが付されている場合である。例えば，日本国憲法の原文には見出しが記載されていない。『○○六法』と名のつく市販の書籍（法令集）では憲法にも見出しが付されているが，これは，出版社が読者の便宜のために用

意したものにほかならない。そのため，括弧の形も，原文に付されるマル括弧とは区別して，別のものを用いるのが通例とされている。

2 「条」

条文の基本単位は「条」と呼ばれ，「第〇条」という条名のもとに列記される。

3 「項」

一つの条の中に盛り込まれる事項が多いときは，内容に応じて条の中で改行（段落分け）をする。この別行で区分される段落を「項」といい，初字は一字下げる。項には，第2項以下に算用数字で「2，3，4……」と通し番号（項番号）が付され（市販の法令集には，項番号の代わりに②③等の番号が付けられているものもある），検索・引用の便宜が図られている。ただし，第1項の「1」だけは表記されない。

それがなくても，第1項であることは分かり，検索等に不便はないからである。

4 「号」

条・項の中でいくつかの事項を列挙する場合には「号」を用いる。号は「一，二，三……」と漢数字で示すが，法令文を横書きにする場合には「(1)，(2)，(3)……」と置き換えられる例もある。

5 「柱書」

一つの項の中に「号」の列記がある場合，号の前におかれた部分は柱書（各号列記以外の部分）といわれる。

6 「本文」と「ただし書」

一つの条項の中にある文章が，「。」で二つに区切られる場合がある。この場合，前の文章は「前段」，後ろの文章は「後段」と呼ばれる*。もっとも，後段の文章が「ただし（但し）」で始まるときは，これを特に「ただし書（但し書）」といい，その前の文章は「本文」といわれる。ただし書は，本文の内容に対する例外や制限を規定するのが通例である。

   *　なお，文章が3個に分かれていることもある。その場合，中の文章は「中段」といわれる。

7 「枝番号」

法令の一部を改正して新たな条文を追加挿入する場合，枝番号によって追加する方式がある。枝番号とは元の数字からさらに数字を枝出しして作った数字をいい，例えば，民法3条と4条の間には民法「3条の2」という枝番号の付いた条文がある。条文数の多い法令の中ほどに新たな条文を追加する場合，その追加条文以降の条文の番号を繰り下げない（変更しない）ための技術である。

（野﨑和義）

目　次

公認心理師のための法律相談　Q&A100

I　資格・免許

II　倫理・責務

V　主治医との連携

VI　公認心理師の業務

VII　公認心理師と民事責任

Ⅷ 公認心理師と刑事責任

Ⅸ 労務管理

Ⅹ 労災保険と安全衛生

XI　ハラスメント

XII　＋αの学び

I

資格・免許

Question 1 公認心理師の資格

Q 公認心理師となるために免許は必要なのか。免許と登録とは違うのか。そもそも国家資格とは何か。

A 公認心理師免許というものはない。心理支援業務を行なうにあたって,「免許」は必要ない。ただし,「公認心理師の名称を用いて」心理支援業務を行なうためには,公認心理師として「登録」されていることが必要となる。

　公認心理師は,心理職として初めて創設された国家資格である。国家資格であることにより,どのような者が資格を得るのか,資格を得た者はどのような権利を得て義務を負うのか,どのような場合に資格を剥奪されるのかなど,資格制度の内容を国が定めることになる。

1 資　格

1-1　国家資格の取得
　ある職業に就く人について一定の資格が必要とされることがある。そのうち国が法令によって資格要件を定めているものを**国家資格**といい,これを得る方法としては,大別して行政機関による「免許」を受ける方法と行政機関等に備える公簿への「登録」を受ける方法とがある。

2 免　許

1-2　免許の法的性格
　免許という用語は学問上の分類で用いられることはないが,法令上は見かけることも少なくない。例えば,自動車を運転するには,各都道府県公安委員会の「運転免許」を受けなければならない（道路交通法84条1項）とされている。もともと人は移動の自由をもっており（憲法22条1項）,これを実現する手段として,自動車の運転行為も本来は自由なはずである。しかし,運転行為を放任

することは，一般公衆に大きな危険をもたらす。そこで法は，自動車の運転を
あらかじめ一般的に禁止しておき，運転免許試験に合格した者についてのみ運
転を許すという仕組みを用意した。一般的な禁止を特定の場合に解除するので
あり，行政機関（ここでは都道府県公安委員会）の行なうこのような行為を学問
上の用語としては「許可」という。道路交通法では「免許」という文言が使用
されているが，移動の自由に対する一般的な禁止を個別に解除するという仕組
みからみれば，運転免許の法的性格は許可にほかならない。

1-3 国民の保健衛生上の危害防止

　医師や看護師の「免許」（医師法2条，保健師助産師看護師法7条3項）も，申
請者からみれば本来もっていた自由の回復であり，許可としての性格をもって
いる。医師等を職業とすることは職業選択の自由（憲法22条1項）として憲法
で保障されているが，一方，国民の保健衛生上の危害を防止するためには，そ
れにふさわしい知識や技能が必要とされる。そのため法は，医師等の業務を一
般的に禁止し，法律が定める要件を満たす場合にのみ，その業務を許すのであ
る。

1-4 免許の効果

　免許は国民の利益という公共の観点（例：安全，衛生）から設けられたもので
あり，免許を受けた者に利益を与えることを目的としているわけではない。し
かし実際上は，免許者に利益をもたらすことも否定できない。非免許者がその
業務に従事することを禁止することで，免許者に対して業務を独占させる。ま
た，この**業務独占**と併せて，免許者に一定の名称を独占的に使用することも許
容する（名称独占➡Q2）のである。このように，公益を保護するための仕組み
が特定の個人にもたらす利益は**反射的利益**といわれている。

3 登 録

1-5 弁護士の登録

　公的機関に備える帳簿に記載することを**登録**というが，その法的効果が免許
（許可）に近い性質をもつこともある。例えば弁護士法8条は，「弁護士となる
には，日本弁護士連合会に備えた弁護士名簿に登録されなければならない」と
規定する。弁護士登録が弁護士という資格を得るための要件とされ，その登録

がなければ弁護士としての法律業務を行なうことができないのである。こうした業務独占資格については，通常それと同時に名称独占規定も定められる。

1-6 公認心理師の登録

　これに対して，公認心理師の資格は名称独占にとどまり，業務独占とまではされていない。たしかに，公認心理師も登録を完了して初めて資格を取得することになる（公認心理師法28条）。また，この登録の要件や登録取り消し事由（同法32条）も法定され，さらに，公認心理師となった後も種々の義務が課されている。しかし，その業務は「国民の心の健康」（同法1条）にあずかるという性格をもつものの，直接に国民の衛生や安全に関わるとまではいえない。加えて，心理支援の領域や方法も多岐にわたり，独占の対象とすべき業務を特定することは必ずしも容易でない。心理支援という業務が公認心理師という資格がなくても行なうことができるとされているのは，こうした事情によるものといえよう。

（野﨑和義）

Question 2　名称独占

Q 公認心理師は名称独占だといわれるが，それはどういうことか。公認心理師の資格をもっていなくても，心理「士」と名乗るのであれば許されるのか。

A 公認心理師の資格をもつ者だけが「公認心理師」という名称を使用することができる。一方，心理「士」のように「公認心理師」とは異なる名称であれば，公認心理師の資格をもたなくても使用することができる。

1　名称独占の意味

2-1　資格への信頼，職務の自覚 ‥‥‥‥‥‥‥‥‥‥‥‥‥‥‥‥‥‥‥‥‥‥‥‥‥

　心理支援の業務は特に資格がなくても行なうことができる。ただし，公認心理師には名称の独占使用（**名称独占**）が認められており（➡**1-4**），公認心理師でない者が，公認心理師という名称を使用したり，その名称中に「心理師」という文字を用いることは禁じられている（公認心理師法44条）。

　国は，①一定の要件（試験の合格だけでなく，欠格事由〔公認心理師法3条➡Q4～Q7〕に当たらないことも求めている）を備えた者のみを公認心理師として認め，②公認心理師と認められた後にも様々な法的義務（信用失墜行為の禁止〔同法40条〕，秘密保持〔同法41条〕，当該支援に係る主治医との連携〔同法42条〕など）を課して公認心理師を監督している。こうして国家資格に対する国民の信頼を保護する一方，公認心理師に向けてはその職務についての責任と自覚を促すことに名称独占の意味がある。

2　類似名称の使用

2-2　名称独占の態様 ‥‥‥‥‥‥‥‥‥‥‥‥‥‥‥‥‥‥‥‥‥‥‥‥‥‥‥‥‥‥‥‥

　医療職の場合は，業務独占の趣旨（➡**1-3**）を徹底するために，名称独占とし

て類似名称の使用という態様も禁止されている。「紛らわしい名称を使用してはならない」(例：保健師助産師看護師法42条の3)と定められ，それゆえ例えば，看護師でもないのに看護「士」といった名称を使用することも許されないことになろう。これに対して，公認心理師法は類似名称の使用まで禁じているわけではない。公認心理師でない者が「公認心理師」という名称を使用したり，その名称中に「心理師」という文字を使用することを違法とし，処罰の対象とするにとどまっている(公認心理師法44条，49条2号)。

(舩野　徹／野﨑和義)

Question 3

共　管

Q 公認心理師は文部科学省と厚生労働省の共管ということだが，その意味は。

A 公認心理師は二つの省庁の監督を受ける。このことが共管といわれ，公認心理師は，試験，登録，その他一切の事項について，文部科学省および厚生労働省による監督のもとにある。

1 国の監督

3-1 共管とは何か

　公認心理師は，国家資格である。これは，どのような者が資格を得るのか，資格を得た者はどのような権利を得て義務を負うのか，どのような場合に資格を剥奪されるのかなど資格制度の内容について，国の監督を受けるということを意味する。

　国の監督を受ける場合，担当する監督官庁がある。公認心理師の監督官庁は，文部科学省と厚生労働省である。公認心理師は，この二つの省庁の監督を受けることになるが，これが**共管**といわれる。

2 監督官庁

3-2 多岐にわたる業務

　それでは，なぜ，公認心理師は，文部科学省と厚生労働省という二つの省庁の監督を受けるのか。公認心理師の業務は，保健医療，福祉，教育，産業・労働，その他の分野と多岐にわたる（「汎用性の資格」，「汎用資格」などといわれる）。医師と比べると，公認心理師の業務の範囲は極めて広範囲にわたっていることがわかる。このように，業務の範囲が多岐にわたり，そのうちの主な業

務，例えば，ア）教育の分野は文部科学省の管轄に当たり，また，イ）保健医療，福祉，産業・労働の各分野は厚生労働省の管轄に当たるため，公認心理師の制度設計にあたって厚生労働省と文部科学省が関わることになったものである。

（舩野　徹）

Question 4 成年後見制度と欠格事由

Q 成年後見制度を利用すると公認心理師にはなれないのか。また、現に公認心理師である者は、その登録を取り消されるのか。

A 成年後見制度の利用を理由として形式的に公認心理師の資格から排除されることはない。公認心理師の業務の遂行に適した能力の有無が個別的かつ実質的に審査される。

1 公認心理師の欠格条項

4-1 欠格条項

　公認心理師法3条は、同条各号所定の事由に該当する者は「公認心理師となることができない」と規定する。このように権利や特定の資格などから排除される条件（欠格事由）を定めた規定は**欠格条項**といわれる。

　公認心理師の資格については、欠格事由に該当すると、その取得が制限されるだけではない。公認心理師法「第3条各号（第4号を除く。）のいずれかに該当するに至った場合」には、すでに取得している公認心理師の資格が取り消されることになる（取得後欠格——公認心理師法32条1項1号➡**7-2**）。

4-2 欠格事由の分類

　公認心理師の欠格事由は、業務遂行能力に着目するものと過去の犯罪を理由とするものとに大別される。前者は成年後見制度の利用を形式的な基準として資格の制限や剥奪を認めていたものであるが、今日ではより実質的な能力判定へと改められている（➡**4-6**）。一方、後者は国家資格に対する信頼の確保という意味合いの強いもの（公認心理師法3条2号➡Q5）と、特に再犯防止を意識したもの（同法3条3号➡Q6）とに区別される。犯罪との関係でなされる資格制限についてはQ5以降で扱い、ここでは成年後見制度の利用を理由とした欠格事由とその見直しについて整理する。

　　＊　ほかに，資格が取得後に取り消しの対象とされた場合，その取り消しの実効性を
　　担保するために欠格事由とされているものもある（公認心理師法3条4号➡Q7）。

2 成年後見制度の転用

4-3　財産管理制度

　　現行の**成年後見制度**（➡＋α92）は，民法（およびその特別法である「任意後見
契約に関する法律」）に基づく財産管理制度として構想されている。成年者で
あっても加齢や障害（例：知的障害，精神障害，脳障害）のため判断能力が低下
し，一定の支援（後見）を必要とすることは少なくない。この成年者に対する
支援の制度が，**未成年後見***との対比で「**成年後見**」と呼ばれる。

　　例えば土地取引をすることは誰でも自由であるが，判断能力の十分でない者
は，不利な条件で取引をし不測の損害を被るおそれもある。そのため，法は特
別な保護者＝保護機関（成年後見人等）を用意し，契約などの法律行為（➡55-2
*）を本人に代わって行ない（**代理権**），あるいは本人がするにあたって同意す
る権限（**同意権**）をこの機関に付与する。また，本人が代理によることなく，
あるいは同意を得ることなく法律行為を行なった場合，保護機関には**取消権**も
与えられている。こうした権限とも相まって本人の財産管理能力を補完する点
に現行の成年後見制度がもつ特徴をみることができよう。

　　＊　未成年者（18歳未満の者——民法4条）の保護は親権（身上監護権および財産管理
　　権〔民法820条，824条〕）を通じて行なわれるのが原則であり，その担い手（**親権者**）
　　は，通常であれば未成年の子の父母である（民法818条1項）。しかし，親の死亡な
　　どで「親権を行う者」（民法838条1号）がいないときは，親権者に代わって未成年
　　者の利益を守る仕組みが必要となる。これが未成年後見であり，その担い手（**未成
　　年後見人**）は，子どもの監護などについて親権者と同一の権利義務を与えられてい
　　る（民法857条）。

4-4　事理弁識能力

　　後見等の開始の基準は対象者の判断能力（「**事理弁識能力**」——民法7条，11条，
15条）であるが，これは，財産管理をみずからの判断でなしうるか否かという
観点から判定される。金銭管理や契約にあたって支援がどれほど必要かという
ことが問われるのである。しかし，かつてはこの財産管理能力という基準が民

法以外の様々な法令にも転用され，成年後見人や保佐人が就任すると自動的に資格の剝奪や制限が課されてきた。公認心理師（公認心理師法旧3条1号，32条1項1号）をはじめ，社会福祉士（社会福祉士及び介護福祉士法3条1号，32条1項1号），精神保健福祉士（精神保健福祉士法3条1号，32条1項1号），教員（学校教育法9条）など，相当数の資格がその対象とされていた。*

　*　2016年の調査によると，成年後見制度の利用に関わる欠格条項は全体で211法令に及び，そのうち約9割は成年被後見人・被保佐人を対象とする絶対的欠格条項（裁量の余地なく一律に資格がないとする条項）に当たるが，成年被後見人のみを対象とするものもあるとされる［臼井2016：70］。

4-5　ノーマライゼーションの理念

　しかし，法定後見制度（特に後見・保佐類型）の利用を画一的に欠格事由とすることに合理性を見出すことは難しい。*1

　まず，そうした転用は成年後見制度の理念と矛盾する。もともと今日の成年後見制度は，ノーマライゼーションの理念を基本として制度設計されたものである。たとえ判断能力が不十分であろうと，その人が現に今もっている能力を最大限に引き出し（**残存〔現有〕能力の活用**），また，可能な限り本人の意思を尊重して（**自己決定権の尊重**），家庭や地域で自立した生活を送る（**ノーマライゼーション**）ことができるよう支援することが，この制度には求められているのである。制度を利用することで資格等から排除されるという仕組みは，かえって社会的排除を促すものであり，制度の理念に逆行するものといわざるをえない。

　また，そもそも一律の欠格条項は，憲法の保障する基本的人権の侵害ともいいうる。財産管理能力の低下がみられるとはいえ，それとは別個の能力があれば足る資格からも排除することは，幸福追求権（憲法13条），職業選択の自由（憲法22条1項）等の基本的人権に対する制約にほかならない。公権力による資格制限は謙抑的でなければならず，各法制度が資格を定める趣旨が様々である以上，当該資格に必要とされる能力もまた個別に判断することが求められるべきである。*2

　*1　なお，任意後見（➡92-2）の利用は欠格事由とはならない。また，法定後見の利用者であっても，被補助人については何らの資格制限規定も当初から予定されて

いない。

＊2　すでに2013（平成25）年には，成年被後見人の選挙権制限について違憲判決が
下されている（東京地裁平成25年3月14日判決『判例時報』2178号3頁以下）。また，
この判決を契機として，同年5月には公職選挙法が改正され，成年被後見人の選挙
権・被選挙権に関する欠格条項（旧11条1項1号）は削除されている［➻野﨑2019：
89-91］。

4-6　今日の状況

　以上のような問題状況を転換させたのは，2016（平成28）年に成立した「成
年後見制度の利用の促進に関する法律」であり，また，これに基づき閣議決定
された「成年後見制度利用促進計画」であった。この閣議決定では，欠格条項
の存在が成年後見制度の利用を躊躇させる要因の一つになっているとして，速
やかに必要な見直しを行なうとされていた。

　そして，2019（令和元）年に「成年被後見人等の権利の制限に係る措置の適
正化等を図るための関係法律の整備に関する法律」が成立した。同法では，成
年後見制度の利用を理由として資格等から一律に排除する従来の扱いを廃止
し，資格等にふさわしい能力の有無を個別的・実質的に審査・判断する見直し
が行なわれている。公認心理師法3条1号についていえば，「成年被後見人又
は被保佐人」というこれまでの形式的な条項は削除され，「心身の故障により
公認心理師の業務を適正に行うことができない＊」かどうかを個別に審査すると
いう規定へと改められた。「業務を適正に行うことができない」と判断された
場合に限って資格は制限されるのである。

＊　この点を文部科学省令・厚生労働省令はさらに敷衍して，「精神の機能の障害に
より公認心理師の業務を適正に行うに当たって必要な認知，判断及び意思疎通を適
切に行うことができない」と説明している（公認心理師法施行規則1条）。

【参考文献】

臼井久実子「成年後見制度利用にかかわる欠格条項」『季刊　福祉労働』152号，2016年，69-
77頁。

野﨑和義『ソーシャルワーカーのための成年後見入門』ミネルヴァ書房，2019年。

（野﨑和義）

Question 5　一般犯罪と資格制限

Q　自動車を運転中，人身事故を起こした。公認心理師の登録は取り消されるのか。

A　1　懲役刑または禁錮刑に処せられると，執行猶予付きの場合であっても公認心理師の登録は取り消される。

2　一方，罰金刑であれば登録を取り消されることはない。

5-1　違反法令による区別

　犯罪を犯し有罪となった者も，一定期間，公認心理師の登録を制限される。[*]この過去の犯罪を理由とする資格制限について，公認心理師法は，違反法令の範囲を問わない場合（同法3条2号）と公認心理師の業務に関連した法令に違反した場合（同法3条3号）とを区別して規定している。設問のケースで，公認心理師が過失運転致死傷罪（「自動車の運転により人を死傷させる行為等の処罰に関する法律」5条）に問われるとすると，公認心理師法3条2号（および32条1項1号〔取得後欠格➡4-1〕）の問題となる。

　　＊　この登録制限は刑法典によるものではなく，したがって刑事制裁というわけではない。有罪判決の言い渡しに付随する行政的な制裁にとどまる。

5-2　禁錮以上の刑

　公認心理師法3条2号によると，「❶禁錮以上の❷刑に処せられ，❸その執行を終わり，又は❹執行を受けることがなくなった日から起算して2年を経過しない者」は，公認心理師となることができない。ここにいう「❶禁錮以上の刑」とは，死刑・懲役・禁錮（➡Q97）をいう。犯した罪がどのようなものであれ，情状が重い（禁錮以上の刑に処せられた）場合，公認心理師という職種にとどまり，あるいはそれに就く資格を与えられることはない。「国民の心の健康の保持増進」（公認心理師法1条）という社会公共に関係の深い業務について

は，これを遵法精神の低い者から守り国家資格に対する社会的信頼を確保することが求められているのである。

5-3　刑に処せられ

　禁錮以上の「❷刑に処せられ」とは，死刑，懲役または禁錮の言い渡しを受け*，それが確定した場合をいう。刑の言い渡しを受けただけでは，その裁判は確定しない。裁判が争う余地のない状態になることを**裁判の確定**といい，その時期は，当該裁判についてもはや通常の上訴（控訴，上告）等が許されなくなったときである。例えば，第1審判決は，検察官の公訴提起（裁判所に審判を求める行為➡➡**71-6**）を受けて示される裁判所の判断（裁判）であるが，それが確定するのは，判決の宣告後，控訴の申し立てがないまま14日を経過したときとされている（刑事訴訟法373条，358条）。

> ＊　執行猶予付きの刑の言い渡しであっても，「刑に処せられ」た場合に当たる。ただし，全部執行猶予の場合，執行猶予期間を取り消されないで猶予期間を経過すれば，刑の言い渡しはその効力を失い，それ以後は全く「刑に処せられ」たことのない者として扱われる（➡➡**5-7**）。

5-4　その執行を終わり

　もっとも，禁錮以上の刑に処せられたとしても，資格制限が無期限になされるわけではない。公認心理師法には資格制限が解除されるまでの期間が明記されている。

　まず，「禁錮以上の刑に処せられ」ても，「❸その執行を終わ」った「日から起算して2年を経過」すれば，公認心理師の登録を受けることができる。「刑の執行を終わった日」とは，受刑の最終日の翌日をいう（最高裁昭和57年3月11日判決刑集36巻3号253頁[*1]）。刑の執行は，受刑の最終日の午後12時まで継続するからである。例えば，2020年5月12日から1年6か月の刑期であれば，暦にしたがって（大の月・小の月などによる日数のずれは問わない）翌年2021年11月11日が受刑の最終日であり（刑法22条，民法143条2項[*2]），その翌日の2021年11月12日が「刑の執行を終わった日」となる。それゆえ，「禁錮以上の刑の執行を終わった日から起算して2年を経過しない」とは，2021年11月12日を起算日として2年後の起算日に当たる日の前日（2023年11月11日）までとなり，この間は公

認心理師登録簿への登録を制限されるのである。

＊1　なお，自由刑のうち懲役または禁錮の受刑者は刑期の満了によって釈放されるが（満期釈放），それ以前であっても仮に釈放が許されることがある（刑法28条）。この仮釈放の後，それを取り消されることなく仮釈放期間を満了した場合は，仮釈放期間満了日（残刑期間の最終日）の翌日が「刑の執行を終わった日」となる。

＊2　このように刑期の終了日は起算日に応答する日（応当日）の前日となるが，もっとも，この計算方法によると応当日が存在しないことがある。例えば，5月31日から6か月の刑期であれば，計算上の応当日は11月31日となってしまう。しかし，11月31日は存在しないため，そのような場合には，計算上の応当日の月の末日（11月30日）が刑期の終了日となる（民法143条2項ただし書）。また，5月30日から9か月の刑期であれば，翌年2月30日が計算上の応当日であるが，その日は存在しないため，平年ならば2月28日，閏年ならば2月29日が刑期の終了日である。こうした期間の計算方法は，自由刑（➡97-2）の刑期だけでなく，刑の執行猶予の期間，刑の時効期間などにも用いられる。

5-5　執行を受けることがなくなった

また，刑の「❹執行を受けることがなくなった日から起算して2年を経過しない者」も登録の制限を受ける。「刑の執行を受けることがなくなった」というのは，刑の言い渡しが存在することを前提として，刑の時効により執行の免除を受ける場合あるいは恩赦により刑の執行が免除される場合をいう［古田1987：301］。

＊　刑の執行免除は，刑の言い渡しを受けた特定の者に対して行なわれる（恩赦法8条本文）。その対象となった者は，自由刑であれば執行の残期間を免除され，財産刑であれば未納額の納付を免除される。

5-6　刑の時効

刑の言い渡しを受けたとしても，実際にその刑を執行されないうちに一定の期間が経過すると，その刑の執行は免除される。これを刑の時効という（刑法31条）。例えば，懲役1年の実刑が確定した者の時効期間は5年であり（刑法32条4号），その者が2020年8月26日に刑務所から脱走したとすると，2025年8月25日の午後12時で時効期間は満了となる。それゆえ，この時効満了日の翌日（2025年8月26日——時効完成日）が「刑の執行を受けることがなくなった日」となり，この日（2025年8月26日）を起算日として2年後の起算日に当たる日の前

日（2027年8月25日）までが，「刑の執行を受けることがなくなった日から起算して2年を経過しない」ということになる（刑法22条）。

> ＊　刑事法上の時効には，「**公訴の時効**」と「刑の時効」とがある。前者は，公訴を提起できるかどうかについての時効であり，その時効が完成すると，後に犯人が判明しても，検察官はもはや公訴を提起して裁判を求めることができなくなる。この公訴時効については刑事訴訟法にその規定がおかれている（250条以下）。一方，後者の「刑の時効」は，すでに有罪判決が確定した後，犯人が逃走するなどして刑が執行できなくなった場合の問題であり，刑法に規定がある（31条以下）。

5-7　執行猶予期間の経過

なお，刑の執行を全部猶予され，その言い渡しを取り消されることなく猶予期間を経過した者が，「**❹執行を受けることがなくなった**日から起算して2年を経過しない者」という制限を受けることはない。猶予の期間を無事に経過したときは，初めから刑の言い渡しがなかったものとして扱われるからである（刑法27条）。

たしかに，刑の全部執行猶予は無罪ではないため，猶予期間中は「刑に処せられ」た者として扱われ，その刑が禁錮以上であれば，公認心理師国家試験に合格したとしても，公認心理師の登録を受けることができない。しかし，例えば，2020年7月5日に3年間の執行猶予刑が確定したという場合，2023年7月4日には執行猶予期間が満了するのであるから，その翌日の7月5日には「刑に処せられ」たということ自体がなくなり，登録の制限を受けることもなくなるのである。

> ＊　執行猶予には，刑の**全部執行猶予**と一部執行猶予とがある。全部執行猶予の場合，執行猶予期間を何事もなく経過すれば，刑の言い渡しが効力を失う。例えば，「懲役3年，執行猶予5年」という判決が言い渡された場合は，5年間，刑の執行を見合わせ，その間を無事に過ごせば懲役3年の刑はもはや執行しないで終わる。これに対して，刑の**一部執行猶予**は，一つの自由刑の一部を実刑とし一部を執行猶予とするものである。例えば，「被告人を懲役2年に処する。その刑の一部である懲役6月の執行を2年間猶予する」という判決が言い渡されたとしよう。この場合，被告人は，まず実刑部分である1年6か月を刑務所内で服役するが，その後，一部執行猶予の期間である2年間を社会内で無事に過ごせば，刑の執行を受け終わったものとされ（刑法27条の7），それ以上の服役を免れる。一部執行猶予の期

間中は法務省の職員である保護観察官の指導・監督（**保護観察**）下におくことも可能とされており，特に薬物事犯（例：覚せい剤取締法違反）者の再犯防止のために効果的とされている。薬物依存を克服するためには，刑務所内で断薬の上で行なう指導（施設内処遇）だけでなく，出所後の社会内での見守り（社会内処遇）もまた必要とされるからである［野﨑2016：32，120-121］。

5-8　能力と適格性

　冒頭の設問に立ち戻ろう。過失運転致死傷罪は，公認心理師の業務とは直接の関係をもたないが，その罪で禁錮以上の刑に処せられると，一定期間，その資格は制限される。公認心理師としてふさわしいかどうかが，犯した罪の種類ではなく，その罪の重大性によって判断されるのである。

　たしかに，公認心理師のもとを訪れる人は心理支援を求めているのであり，心理職に犯罪歴があるかどうかはクライエントにとって直接の関心事とはいえないようにも思われる。クライエントは，公認心理師が業務遂行に必要な知識・技術をもち，当該業務を適切に遂行してくれるならば所期の目的を達成すると考えられなくもない。

　しかし，能力と適格性とは異なる。能力は卓越していても適格性に欠けるということはありうる。国家資格の中には，その社会的重要性に照らして，犯罪者に与えることがふさわしくないものもある，というのが立法者の判断である。公認心理師の資格に関して遵法性を求める（➡5-2）根底には，こうした視点を見てとることもできよう。

【参考文献】

野﨑和義『ソーシャルワーカーのための更生保護と刑事法』ミネルヴァ書房，2016年。
古田佑紀「刑罰の資格に関する影響」経営刑事法研究会編『事例解説経営刑事法Ⅱ』商事法務研究会，1987年，298-304頁。

（野﨑和義）

Question 6　業務関連法規違反と資格制限

Q 児童福祉法違反で罰金刑を受けた。公認心理師の登録は取り消されるのか。

A 登録は取り消され，その後2年間は再び登録することができない。

1 法的性格

6-1　業務関連法規の違反

【Q5】でみた登録の制限は，違反した刑罰法規の範囲を問わない。どのような犯罪を行なおうと「禁錮以上の刑」に処せられた以上，一定の期間は公認心理師となることができないとされるのである。一方，公認心理師法3条3号は，「罰金の刑に処せられ」ただけで登録を一定期間制限している。[*1] 禁錮よりも一段低い刑種（▶▶97-4）に処せられた場合であっても**登録欠格**とされるのであるが，ただし，それは，「この法律の規定その他保健医療，福祉又は教育に関する法律の規定であって政令で定めるもの」[*2] に違反した場合に限られる。公認心理師という国家資格に関連する業務法令に違反した点に着目して，公認心理師としての不適格性を推定し，そのような者から同種の違反行為を繰り返す機会を奪おうというのである。

*1　さらに取得後欠格（▶▶4-1）もセットとされている。
*2　政令で定める「保健医療，福祉又は教育に関する法律の規定」は公認心理師法施行令1条に列挙されている（例：学校教育法，児童福祉法，医師法）。

2 登録制限の期間

6-2　資格制限の早期解除

公認心理師法は，刑を科された者について期間を定めて資格を制限している

が，法令の中には資格制限の期間を示していないものもある（例：弁護士法，医師法）。しかし，当該法令上，資格制限が無期限であったとしても，必ずしも資格制限が生涯にわたるということにはならない。たとえ実刑に処せられたとしても，刑法上の「刑の消滅」（刑法34条の２）という制度によって，刑の言い渡しが効力を失う結果，資格制限の根拠は消滅し自動的に資格が回復される。

刑の消滅の要件は，刑の執行が終了した後，再び刑（罰金以上）に処せられることなく一定期間（禁錮以上の刑であれば10年，罰金刑であれば５年）を経過することである（刑法34条の２第１項）。例えば，弁護士が懲役３年の実刑（執行猶予の言い渡しのない刑）に処せられたとしよう。その場合，弁護士名簿への登録は取り消されるが（弁護士法17条１号，７条１号），刑の執行が終了して10年を何事もなく過ごせば，再び弁護士として登録することができる[*1]。また，医師や看護師などは，「罰金以上の刑に処せられた」ことで，無期限の資格制限を受ける（医師法４条３号，７条１項，保健師助産師看護師法９条１号，14条１項[*2]）。ただし，罰金刑に処せられ免許を停止されたとしても，罰金を全納すれば，５年後には医療活動を再開することができるのである。

一方，公認心理師法では登録の制限期間が２年間と明記されており，「刑の消滅」よりも早期に資格制限が解除される。それだけの期間，資格を制約すれば，不適格性の解消という目的は達せられると考えられているのであろう。

* 1　もっとも，日本弁護士連合会が登録を拒否すれば，弁護士活動を再開することはできない（弁護士法８条，15条１項）。
* 2　これらの資格は，刑に処せられたことで法律上当然に制限されるわけではなく，制限するか否かが行政裁量に委ねられている点に特徴がある。例えば，罰金刑に処せられた医師について，医師免許を停止するか否か，どの程度の期間を停止にするかということは，厚生労働大臣が判断する。

6-3　設問の検討

設問の公認心理師は罰金刑を受けているが，それは児童福祉法に違反したためである。「福祉……に関する法律の規定」として政令で定められたもの（➡6-1）に違反しているのであり，この公認心理師は登録を取り消される（公認心理師法３条３号，32条１項１号）。そして，罰金を全納したとしても２年間は公認心理師の資格を制限されざるをえない。

（野﨑和義）

Question 7　公認心理師の登録取り消しと資格制限

Q 秘密保持義務に違反して公認心理師の登録を取り消された。二度と公認心理師にはなれないのか。

A 取り消しの日から起算して2年を経過すれば，改めて登録することができる。

1　取り消しの実効性

7-1　取り消しの種類

　公認心理師の登録は，一定の事由がある場合，取り消される。この取り消しには，要件を満たせば必ず「その登録を取り消さなければならない」場合（絶対的取り消し——公認心理師法32条1項）と，取り消すことができる場合（相対的取り消し——同法32条2項）とがある。いずれの場合であれ，登録を取り消された者は，一定の期間，公認心理師となることができない（同法3条4号）。取り消しの実効性を担保することが，その狙いである。

2　取り消しの各場合

7-2　絶対的取り消しの場合

　公認心理師が，資格取得後に公認心理師法3条各号（4号を除く）の欠格事由（➡Q4〜Q6）に該当するに至った場合には，その登録が取り消される。例えば，秘密保持義務違反で罰金刑に処せられると（公認心理師法41条，46条1項➡21-2），絶対的取り消しの対象とされる（同法32条1項1号）。また，虚偽や不正の事実に基づいて公認心理師の登録を受けた者も，そもそも公認心理師となる資格がないことから，その登録を必ず取り消される（公認心理師法32条1項2号）。

　しかし，以上のような者が，取り消し処分を受けた後，すぐさま公認心理師として登録を認められるとなると，資格に対する国民の信頼や再犯防止への期待は損なわれてしまう。そこで，上記のような事情で取り消された場合には，取り消しの日から起算して2年を経過しない間，公認心理師となることができないとされている（公認心理師法3条4号）。

7-3　相対的取り消しの場合

　公認心理師に対する国民の信頼，特にクライエントの信頼を確保するために，公認心理師には様々な義務が課されている。ア）公認心理師の信用を傷つけるような行為の禁止（公認心理師法40条〔信用失墜行為の禁止〕➡Q13），イ）業務に関して知りえたクライエントの秘密を漏らす行為の禁止（同法41条〔秘密保持義務〕➡Q21〜33），ウ）当該支援に係る主治医の指示を受けて連携を図る義務（同法42条2項〔連携義務〕➡Q41〜47）等がそれである。クライエントは，公認心理師がこうした義務を遵守するものであるとの信頼に基づいて心理支援を委ねているのである。

　この公認心理師の基盤ともいうべき義務に違反した場合，公認心理師の登録は取り消されることもありうる[*]（公認心理師法32条2項）。しかし，その取り消し直後に再び登録を認めるとなると，登録取り消しの意味は失われてしまう。そこで，7-2の場合と同様，取り消しの日から一定期間（取り消しの日から起算して2年）を経過しない者について，欠格事由の対象としている（同法3条4号）。

　＊　ただし，秘密保持義務違反で罰金以上の刑に処せられた場合には，7-2でみた絶対的取り消しの問題となる。

（野﨑和義）

Question 8 行政処分

Q そもそも行政処分とは何か。

A 行政庁の一方的な判断で特定の個人の権利義務に影響を与える行為を行政処分という。その行為は，権限ある機関により取り消されるまで有効なものとされるなど，市民間の関係にはみられない特殊な効力をもつ。

1 行政処分の意義

8-1 利益・不利益

　行政処分といってもペナルティーとは限らない。例えば，飲食店に対する営業停止命令は行政処分であるが，運転免許の交付のように相手方に利益を与えるものも行政処分といわれる。たしかに，日常用語で「処分」というと非難や制裁といった意味合いをもつが，法令用語でいう「処分」（行政手続法2条2号，行政不服審査法1条2項，行政事件訴訟法3条2項）にそうした意味は含まれていない。

8-2 一方的判断

　行政は様々な手法で国民に対して働きかけるが，ただし，そのすべてを行政処分というわけではない。課税処分のように行政庁の一方的な判断で個々の国民の権利義務に影響を及ぼすものが行政処分といわれる。例えば，Aが市役所から課税処分を受けたとしよう。Aは，納税をしないままこれを放置していると，滞納処分という強制的な手段で税を徴収される。Aとしては，課税処分をいったん有効なものとして納税し，その後，支払った税金を取り戻すために，その課税処分の取り消しを求めるほかない。

2 行政処分の効力

8-3 公定力，不可争力，執行力 ─────────────

このように，行政処分は，友人間のお金の貸し借りなどとは異なる特殊な効力をもつ。市町村税となると，市町村長への審査請求（不服申立て）や裁判所への訴え提起（取消訴訟）によって納税処分が取り消されない限り，その処分は有効なものとして A を拘束する（これを行政処分の「公定力」という）。また，この不服申立てや取消訴訟は，一定期間内に行なわれなければならない（「不可争力」といわれる）。行政上の法律関係を早期に安定させるためである。さらに，滞納処分という強制執行は，裁判所の手を借りることなく，行政機関がみずから実施することができる（「執行力」といわれる）。

3 行政処分と行政手続法

8-4 利益処分，不利益処分 ─────────────

行政処分が国民に利益を与えるものと不利益をもたらすものとに大別されることは先にみた（➡8-1）。行政手続法は，この二つのタイプを申請者（国民）に許認可などの利益を与える処分（「申請に対する処分」──行政手続法第2章）と「不利益処分」（行政手続法第3章）とに分けて規定しており，行政処分は，そのいずれに分類されるかによって適用される手続きが異なる。【Q9】でみる公認心理師の登録取り消しなどは，相手方に対して不利益な内容をもたらすものであり，「不利益処分」に属する。

（野﨑和義）

Question 9　公認心理師の登録取り消し等の手続き

Q そもそも登録の取り消しなどは，どういう流れで決められるのか。

A 違反行為が所轄官庁である文部科学省および厚生労働省に申告されると，違反行為があるか否かの審査がなされる。そして，違反行為のあることが認定された場合，文部科学大臣および厚生労働大臣は，登録取り消しまたは一定期間の名称使用停止等の処分をすることになる。

　処分に際しては，事前に言い分を述べる機会（意見陳述のための手続き）が公認心理師に与えられる。それには２種類があり，処分の及ぼす不利益の程度に応じて，口頭での意見表明（聴聞）あるいは書面での意見聴取が用意されている。

1　不利益処分

9-1　手続きの規律

　公認心理師は，文部科学大臣および厚生労働大臣（行政庁）によって（➡Q9 Attention！1）その登録を取り消され，あるいは名称の使用を一定期間停止されることがある（公認心理師法32条➡Q7）。しかし，そうなると心理職としての業務遂行には大きな支障が生じることになろう。特定の者に不利益な内容をもたらす行政行為は**不利益処分**といわれ，行政庁がこうした処分を行なうまでの手順は行政手続法という法律で規律されている。不利益処分の代表的手続きとしては，以下の三つ（*2〜4*）が重要である。

　　＊　ここでいう「不利益処分」（行政手続法第3章）とは，特定の者に義務を課したり（例：運転免許の停止），権利を制限する（運転免許の取り消し）処分をいう（行政手続法2条4号）。許認可の申請（例：保育所の入所申請）を拒否された場合にも申請者はその限りで不利益を受けるが，これは不利益処分には含まれず，「申請に対する処分」（行政手続法第2章）の一種として別個の手続きが用意されている。

　不利益処分は市民からの申請にはなじまない。行政庁から一方的になされるものであり，したがって市民にとって不意打ちとならないよう特有の配慮が求められる。「聴聞」または「弁明の機会の付与」（**➡9-4**）という手続きがそれであり，申請を拒否する場合であれば，これらの手続きは必要とされていない。

　なお，不利益処分は「特定の者」を対象とするものに限られるので，例えば道路交通法に基づいて一定地域の交通を規制したとしても，その処分が不利益処分に当たることはない。

● **Attention！1　不利益処分の端緒** ●
───────────────────────────────

　そもそも行政庁はどのようにして登録取消し事由あるいは一定期間の名称利用停止事由を知ることになるのか。この点，公認心理師本人が申告することは考え難い。むしろ公認心理師に対して不満をもつクライエントや事情を知った公認心理師会等の職能団体が申告することが考えられる。また，捜査機関（警察官，検察官）から文部科学省または厚生労働省へ申告されることもあるかもしれない。申告があった後，公認心理師の処分事由の有無が審査され，登録取り消し・名称使用停止等の処分に該当する事由があると認定された場合には，文部科学大臣および厚生労働大臣が処分をすることになる。

（舩野　徹）

2 処分基準の設定・公開（行政手続法12条）

9-2　行政内部の基準 ─────────────────

　登録取り消しなどの不利益処分は法律によって大枠が定められるが，その具体的な運用にあたっては行政庁自身の判断（裁量）が一定程度入り込み，行政運営の透明性（行政手続法1条1項）を損なうおそれがある。そこで行政手続法は，不利益処分を下すにあたっては，どのような場合にどのような内容の処分をするかについて，行政庁みずからがあらかじめ基準を明らかにするよう求めている（行政手続法12条）。この行政内部の運用基準を**処分基準**といい，これを設定・公開することは，行政庁の恣意的な（好き勝手な）判断を防止し，行政プロセスの透明性を図るにあたって重要な意味をもっている。

9-3　努力義務 ─────────────────

　もっとも，処分基準の設定・公開は可能な限りでよい（努力義務）。たしかに，自動車運転免許の停止・取消処分などをみると，処分基準が明確な点数制

として公表されている。しかし，道路交通法違反の場合と異なり，一般に処分の原因となる事実は，その態様が必ずしも定型的とは限らず個別の評価を必要とする。また，処分基準を設定したとしても，それを公にすると巧みに処分基準をすり抜ける者が現れ，かえって不正行為を助長するおそれすらみられる。公認心理師の登録取り消し等についても，その処分基準は目下のところ定められていない。

3 意見陳述（行政手続法13条）

（1）言い分を述べる機会

9-4　2種類の手続き

　不利益な処分をする際には，処分の相手方に対して自分の言い分を述べる機会を与えることが，その者の権利保護にとって重要である。行政手続法は，この言い分を述べる機会を「意見陳述のための手続」として規定している。それには2種類があり，公認心理師の登録取り消しのように重大な不利益処分をする場合には「聴聞」，それ以外の場合には「弁明の機会の付与」という手続きを経ることが求められている（行政手続法13条1項）。

　いずれの手続きにおいても，行政庁は，予定される処分の内容，根拠法令，処分の原因となる事実などを相手方に通知しなければならない。意見陳述の準備をさせるためであるが，それに向けた十分な期間を確保することも法は命じている（「相当な期間」——行政手続法15条，30条）。

（2）聴　聞

9-5　重大な不利益処分について

　例えば，公認心理師が心理支援に際して知ったクライエントの秘密を正当な理由なく第三者に漏らしたとしよう。そうした行為について，文部科学大臣および厚生労働大臣は，秘密保持義務違反としてこの公認心理師の登録を取り消すことができる（公認心理師法32条2項➡**21-2**）。この登録取り消しといった重大な不利益処分についてとられる手続きが**聴聞**である。

　聴聞は裁判にならった手続きであり，処分する側（行政庁の職員），処分の受け手，そして裁判官に相当する者（聴聞の主催者）という三者から構成される。主催者は，聴聞の進行役として行政庁の職員の中から指名されるが（行政手続

法19条1項），中立公正な権限行使のためには処分担当者とは別個の者を充てることが望ましい。処分の受け手側は，定められた期日に出頭し，その場で意見を述べ，証拠書類等を提出することができる。また，主催者の許可を得て行政庁の職員に対して質問をすることも認められている（行政手続法20条）。処分の受け手と行政庁の職員との間で，口頭でのやりとりが行なわれる点に，聴聞手続きの特徴がある。

　以上のような聴聞の経過は，主催者によって調書にまとめられる（行政手続法24条1項）。また，主催者は，処分の原因となった事実（例：秘密保持義務違反）の有無や聴聞における処分の受け手側の主張の当否について，みずからの意見をまとめた報告書を作成し，聴聞調書とともに行政庁に提出する（行政手続法24条3項）。そして行政庁は，これらを十分に参考としながら，不利益処分をするかどうかを最終的に決定する（同法26条）。聴聞手続きと処分の内容とを直接的に結びつける仕組みが用意され，事前手続の形骸化*を防止することが目指されているのである。

　　＊　聴聞は行政手続法の制定以前から個別法規の中に導入されていたが，往々にして形式主義的であり，「聴聞会（"きくもんかい"）」などと揶揄されていたという［兼子1994：39-40］。

（3）弁明の機会の付与
9-6　不利益の程度が軽い処分について ·····················

　公認心理師の資格を剥奪するといった重大な処分ではなく，その一部を制限するだけで不利益の程度が軽い処分については，簡略な手続きがとられる。**弁明の機会の付与**という手続きがそれであり，処分の受け手は，みずからの意見を記載した書面（弁明書）を提出し（行政手続法29条），行政庁は，この弁明内容を参考にして不利益処分の決定を行なう。聴聞手続きとの大きな違いは，口頭での意見陳述が原則として実施されないという点にある。また，聴聞と異なり，主催者も指定されず，したがって行政庁への報告書も作成されない。

　公認心理師についていえば，その名称の使用停止は資格を根こそぎ奪い去るわけではない。それゆえ，聴聞の手続きではなく，それに比べて簡易な手続きである弁明の機会が付与されることになろう（行政手続法13条1項2号：「前号イからニまでのいずれにも該当しないとき」）。もっとも，行政庁の裁量によって，聴

聞の手続きに付される場合もあり（同法13条１項１号ニ：「イからハまでに掲げる場合以外の場合であって行政庁が相当と認めるとき」），いずれの手続きとなるかは個別の判断となる。

（4）意見陳述手続きの省略（行政手続法13条２項２号）

9-7　聴聞手続きの要否

　例えば，禁錮以上の刑に処せられてから一定期間を経過しない者（公認心理師法３条２号）について，登録を取り消す（公認心理師法32条１項１号➡Q5）場合には，意見陳述の機会を与えなくてよいとされている（行政手続法13条２項２号）。そうした取り消し事由があるかどうかは判決書によって客観的に判断できるのであって，相手方の意見を考慮するまでもないからである。また，取り消し事由に該当する場合，「登録を取り消さなければならない」（公認心理師法32条１項柱書）とされているのであるから，意見陳述の手続きを与える実益も乏しいといえよう。

　これに対して，公認心理師が成年後見開始の審判または保佐開始の審判（➡92-1＊2）を受けた場合，その者の登録を取り消すのであれば，聴聞手続きを経ることが必要となる。かつては，成年被後見人または被保佐人であることそれ自体が公認心理師の欠格事由とされており（改正前の公認心理師法３条１号➡4-4），これに該当するか否かは成年後見開始審判書や保佐開始審判書という客観的な資料により確認することができた。しかし，今日では成年後見制度の利用を画一的に欠格事由とする規定は改められ，「心身の故障により公認心理師の業務を適正に行うこと」ができるか否かを個別に審査することとされている（公認心理師法３条１号➡4-6）。それゆえ，登録取り消し処分に際しては，公認心理師という名称を使用して心理支援を行なうことができるかどうかを聴聞手続きにおいて実質的に検討し判断することが求められるのである。

4　理由提示（行政手続法14条）

9-8　処分に際しての手続き

　以上は処分に至るまでの手続きであるが，行政手続法は，処分に際しての手続きも定めている。公認心理師の登録取り消しや名称の使用停止という不利益処分をするに際して，文部科学大臣および厚生労働大臣は，その処分の結論に

至った理由を提示しなければならない（行政手続法14条1項）。どのような理由で（どのような事実関係に基づき，どの条文を適用して）処分をしたのかを説明させることは，行政に慎重な判断を求め，その恣意を抑制するという意味をもつ。また，処分を受けた者がそれに不本意であった場合，行政に処分の見直しを求めたり（不服申立て），裁判所に処分の取消しを命じるよう求める（取消訴訟）など，さらに争うべきか否かの判断材料ともなる。

【参考文献】
兼子仁『行政手続法』岩波書店，1994年。

（野﨑和義）

Question 10 公認心理師と職務外の相談

Q 職務外で他人の相談にのった場合にも公認心理師としての責任を負うのか。

A 公認心理師が，心理支援業務とは全く無関係な事柄について相談に応じたとしても，それは職務の対象にはならず公認心理師としての責任を負わない。これに対して，専門的な心理支援を求められているのであれば，たとえ友人・知人からの相談であっても，心理支援契約の締結を求めるべきであるが，このことは一方で，多重関係の禁止という公認心理師の倫理に抵触することになる。そのため，現実的には他の専門家を紹介することになろう。

1 心理支援業務との関係

10-1 相談の内容

公認心理師が職務外で他人の相談にのるというのはどのような場合だろうか。その相談内容が例えば自動車の購入など心理支援業務とは全く関係のない事柄であれば，その相談内容に関して公認心理師としての責任を問われることはない。

2 心理支援契約の有無

10-2 心理支援契約が結ばれている場合

これに対して，その相談内容が，自動車の購入といった事柄ではなく，心理支援業務の内容に含まれるものであった場合はどうか。公認心理師が，相談相手（クライエント）と心理支援業務に関する契約（**心理支援契約**▶Q55）を締結した上で相談にのる場合は，公認心理師の職務に当たる。そして，その相談内容について，公認心理師としての義務（信用失墜行為の禁止義務，個秘密保持義務，関係者との連携義務等）を負う。

10-3　心理支援契約が結ばれていない場合 ···

　一方，公認心理師が相手方から一人の友人として（または知り合いとして）ア
ドバイスを求められることもあろう。しかし，公認心理師とクライエントとの
関係は，たんなる友人・知人関係とは異なる。心理支援業務には専門的な高度
の知識・技術が必要とされるだけでなく，公認心理師が専門家として負担する
職責も重い。専門的な支援が求められているというのであれば，公認心理師と
しては相手方との間に心理支援契約を結び，専門家とクライエントという対人
関係を形成する必要がある。もっとも，そうなると今度は多重関係の禁止
（『日本公認心理師協会倫理綱領』8）という公認心理師の倫理に抵触するおそれ
がある（➡Q15）。そのため，友人・知人から心理支援を受けた場合には，他
の専門家を紹介することが現実的な方策としては望ましいといえよう。

（舩野　徹／野﨑和義／津川律子）

Question
11　公認心理師と臨床心理士

Q 公認心理師と臨床心理士の資格を両方もっている。臨床心理士と名乗って心理支援を行なう場合でも，公認心理師としての責任が課されるのか。

A 「公認心理師」という名称を使用しないで心理支援業務を行なう場合には，公認心理師としての責任は課されない。

1　公認心理師という名称

11-1　業務の重なり

　臨床心理士の資格をもつ者が，公認心理師の試験にも合格のうえ登録をしている場合もあるだろう。臨床心理士も公認心理師も心理支援業務に従事する者であるから業務の範囲が重なり合う。そして，公認心理師の名称を利用せず，臨床心理士の名称を利用して心理支援業務を行なうことも考えうる。

11-2　公認心理師の義務

　公認心理師は，主に，信用失墜行為禁止の義務（➡Q13），秘密保持義務（➡Q21），関係者との連携義務（➡Q29）を負担している。これらの義務に違反すれば，公認心理師は，その登録を取り消され，または名称を一定期間使用できなくなるなどのペナルティーを受けることになる（➡Q6，Q7）。また，秘密保持義務に違反すると，**秘密漏示罪**という犯罪にも当たるとされ，懲役刑や罰金刑を受けることもある（➡21-2）。

11-3　クライエントの信頼

　心理専門職の国家資格である公認心理師が設けられた趣旨は，国家の関与のもとに選ばれた一定の水準をもつ者にのみ，国家資格である「公認心理師」の名称使用を認める点にある（いわゆる**名称独占資格**➡Q2）。これにより，国民，特にクライエントは，公認心理師の名称をもつ者であれば，安心して心理支援

を委ねることができると考えることができる。公認心理師という名称を使用することで，クライエントの信頼は，その名称を使用しない場合と比べて厚くなることが期待されているのである。

2　名称使用の有無

11-4　公認心理師としての責任

　公認心理師は，その名称を利用して恩恵を受ける以上，この資格に伴う責任を負わなくてはならない。反面，公認心理師という名称を使用しないのであれば（公認心理師と名乗って活動しないのであれば），公認心理師としての責任は負わないと考えてよい。

　設問についていえば，臨床心理士を名乗って心理支援業務を行なう一方，公認心理師としての名称も使用している場合，例えば「臨床心理士・公認心理師」と肩書きを併記して心理支援業務を行なっている場合，公認心理師としても心理支援業務を行なっていることになるから，公認心理師としての責任が課される。これに対して，臨床心理士の資格に加えて公認心理師としての登録も受けているが，公認心理師としての名称を全く使用していない場合は，公認心理師としての責任を問うことはできないと考える。当該心理支援職は，公認心理師の名称を利用していないからである。

（舩野　徹）

Question 12　公認心理師と精神保健福祉士

Q 公認心理師と精神保健福祉士（国家資格）という二つの資格をもっている。名刺には両方を併記してある。精神科病院で，公認心理師としての仕事も精神保健福祉士としての仕事も行なっている。どちらの資格に関する法律が優先するのか。

A 両方の資格について名称を利用して心理支援業務を行なっている以上，それぞれの法律で課される義務を負担する。両者の法律間に優劣はない。

1　業務の重複

12-1　名称独占資格

　公認心理師は，「公認心理師」という「名称」を独占的に利用できる資格であるが，「業務」を独占的に行なうことのできる資格ではない（➡1-6）。また，精神保健福祉士も「精神保健福祉士」という「名称」を独占的に利用できる資格にとどまり，「業務」を独占的に行なうことのできる資格ではない（精神保健福祉士法2条，42条）。そのため，公認心理師が精神保健福祉士の登録も受け，その業務を行なっている場合，それぞれの業務は重なる。そのような場合，公認心理師としての責任と精神保健福祉士としての責任とはどのような関係に立つのか。

2　名称使用の有無

12-2　公認心理師としての責任を負う場合

　精神保健福祉士を名乗って心理支援業務を行なっているが，公認心理師としての名称をも使用している場合は，精神保健福祉士および公認心理師としての責任を負う。一方，精神保健福祉士が，業務を遂行するにあたり，公認心理師の名称を使用していない場合は，その業務の遂行について公認心理師としての

責任を負うことはない。これとは逆に，公認心理師が，業務を遂行するにあたり，精神保健福祉士の名称を利用しない場合には，その業務の遂行について公認心理師としての責任を負うにとどまり，精神保健福祉士の責任は負わない。

3　公認心理師法と精神保健福祉士法

12-3　名称独占資格に伴う責任

　公認心理師も精神保健福祉士のいずれも，信用失墜行為の禁止義務（公認心理師法40条，精神保健福祉士法39条），秘密保持義務（公認心理師法41条，精神保健福祉士法40条），関係者との連携義務（公認心理師法42条1項，精神保健福祉士法41条1項）等が課されている（二つの法律の構造は似ている）。心理支援業務を行なうにあたり，「公認心理師」，「精神保健福祉士」の両方の名称を利用した場合には，双方の義務が課されることになる。双方の資格において優劣はない。いずれも名称独占資格であり，名称を利用することによって，名称に対する国民の信頼を得るという利益を得ている以上，その名称を利用することによって課される義務も負担しなければならない。

（舩野　徹）

II

倫理・責務

Question 13　信用失墜行為の禁止

Q 公認心理師法40条で信用失墜行為が禁止されているが，具体的にはどのような行為が禁止されているのか。

A どのような行為が信用を傷つける行為といえるかについて明確な定めはない。信用失墜行為禁止義務が課された趣旨に立ち戻って，個別具体的に検討しなければならない。

1　信用失墜行為禁止義務が課された理由

13-1　国民の信頼

　　公認心理師が心理支援業務を円滑に実施するためには，クライエントとの信頼関係が欠かせない。また，心理職の国家資格として公認心理師制度が設けられたのは，その名称をみれば信頼に足る能力を有する者であると判断しうるようするためである（**➡2-1**）。ところが，公認心理師が国民の信用を傷つけるような行為をしたのでは，公認心理師に対する国民の信頼が築かれることはない。そこで法は，公認心理師に対して**信用失墜行為**を行なってはならないという義務（公認心理師法40条）を課すととともに，そうした行為を行なった者について，登録の取り消し等の制裁措置（同法32条2項）も用意している。

2　信用失墜行為の具体例

13-2　法の趣旨と過去の事例

　　このような公認心理師法40条の趣旨を踏まえると，どのような行為が「信用を傷つけるような行為」に当たるのかについては，公認心理師という国家資格に対する国民の信頼という観点から個別具体的に考えるほかない。

　　法の趣旨と過去に他業種で問題とされた事例[*]を勘案すると，例えば以下のよ

うな行為が信用失墜行為に当たると思われる。ア）痴漢行為（迷惑防止条例違
反，場合によっては強制わいせつ罪——刑法176条）や万引行為（窃盗罪——刑法235
条）などの破廉恥な犯罪行為に及んだ場合，イ）カウンセリング契約に際して
相場を大幅に超えるような高額な報酬を請求したような場合，ウ）心理支援業
務に際してクライエントにわいせつな言葉を投げかけたりするなどのセクハラ
行為をした場合，エ）クライエントに暴言・威圧的な言動を投げかけたような
場合などである。

　＊　信用失墜行為についての裁判例としては，社会福祉士に関する東京地方裁判所平
　　成22年12月15日判決や税理士に関する東京地方裁判所令和元年7月18日判決があ
　　る。

【参考文献】
厚生大臣官房障害保健福祉部精神保健福祉課監修『精神保健福祉士法 詳解』ぎょうせい，
　1998年。

（舩野　徹／野﨑和義）

Question 14　民間療法についてのアドバイス

Q 診療報酬点数が認められているような治療方法ではなく，いわゆる民間療法について助言を求められた場合，公認心理師として個人的な"お勧め"を話してよいのか。

A 公認心理師は，民間療法について助言を求められたとしても，これに応じるべきではない。「公認心理師としてではなく，個人的意見としてである」旨を前置きしたとしても，助言を控えるべきことに変わりはない。

　もっとも，公認心理師は，個人的意見を述べることを断るにしても，クライエントの心情を傷つけないように配慮して丁寧に説明することが求められよう。

1　公認心理師としての意見

14-1　専門家としての意見への期待

　公認心理師が，クライエントに心理支援をし，カウンセリングをしている際に，民間療法について意見を求められることがある。そのような場合，クライエントは，友人との世間話といった程度の個人的意見を期待しているのではない。心理の専門家として国から認められた「公認心理師としての意見」を求めているのである。それは，クライエントが「公認心理師としてではなく個人的意見として聞かせて下さい」と言ってきたとしても同様である。

　また，心理支援関係のもとでは，公認心理師とクライエントとの関係は対等とは言い難い。そのため，クライエントは無批判に公認心理師の意見を受け入れてしまうおそれもある。公認心理師が民間療法について意見を述べることは，クライエントの心理支援以外の領域にまで公認心理師という国家資格に対する信用を利用して介入する結果につながりかねない。

2　信用失墜行為の禁止との関わり

14-2　法的な責任

　　なお，クライエントが，公認心理師の推薦に基づいて民間療法を採用し，その結果，心身の状況が悪化し，自殺するに至ったような場合には，「公認心理師の信用を傷つける行為」（信用失墜行為——公認心理師法40条）とされ，公認心理師としての登録が取り消されるなどの処分がなされる可能性もある（あくまでも個別具体的に判断されるものであり，必ずというわけではない）。また，クライエントまたはその関係者から，生じた損害の賠償請求がされるおそれもある（民法709条➡**58-1**，**58-2**）。

　　したがって，公認心理師は，たとえ「個人的意見として」であっても，民間療法について助言を与えるべきではない。もっとも，公認心理師は，個人的意見を述べることを断るにしても，事情を丁寧に説明しクライエントの心情を傷つけないよう配慮すべきであろう。

（舩野　徹）

Question 15　多重関係の禁止

Q 1　公認心理師（男性）は，A 市 B 町内で私設相談室を開設している。同じ B 町内に住むクライエント（女性）が相談に来た。公認心理師とクライエントとは，それぞれ B 町内の町内会の班長と副班長の関係にあり，月 1 回程度の町内の自治会の定例会や地域の行事の準備等にともに従事する関係にもあった。また，小学生以来の幼なじみでもあり，成人した以降も友人関係が続いていた。さらに，高校生から大学生の間は性的関係を伴う交際もしていた。

《Q 1-1》公認心理師は，クライエントからの依頼に対して受任のうえ心理支援行為をしても問題はないのか。

《Q 1-2》上記のような事情があるが，公認心理師はクライエントの依頼を受け心理支援を開始した。そして，クライエントと過去に交際していたこともあり，再び性的関係を結びたいと考えるようになった。公認心理師もクライエントも既婚者である。どのような問題があるか。

2　親戚から心理支援を求められた。この場合，親戚である以上，すべて断るべきなのか。何親等からは受任すべきではない等の基準はあるのか。

A 《Q 1-1》公認心理師は受任すべきではない。クライエントとの多重関係を回避するためである。ただし，受任を断る際には，多重関係に陥ることによるデメリットを丁寧に説明した上で，他の信頼できる公認心理師を紹介すべきところまでフォローすることが望ましい。

《Q 1-2》クライエントとの間で性的関係を結ぶことは，クライエントの精神状況を著しく悪化させるものであるから回避しなければならない。仮に性的関係にまで及んだ場合，クライエントの精神状況の悪化の程度によっては，倫理違反にとどまらず，信用失墜行為に当たるとされ，公認心理師法違反として，登録取り消しや名称使用の停止処分が課される可能性もある。公認心理師がクライエントと多重関係に入ったことでクライエントに損害が生じた場合には，クライエントから損害賠償を請求されるおそれもある。

【Q 2】何「親等」という画一的な基準ではなく，多重関係によってクライエントに不利益が生じるか否か，状況の改善につながるのか否かという観点から個別具体的に判

断すべきである。

1　多重関係

15-1　心理支援にとどまらない関係 ············

　【Q1】の公認心理師とクライエントは，「心理支援をする者とされる者」という関係のほかに，「地域の自治会の役員同士の関係」，「友人同士の関係」，「元恋愛関係にあった者同士の関係」にもある。このように「心理支援をする者とされる者」以外にも複数の関係があるという場合，それは**多重関係**といわれる。

2　何が問題なのか

15-2　心理支援への支障，クライエントの状況悪化 ············

　公認心理師がクライエントとの間に心理支援以外の関係（多重関係）をもつことは，クライエントにとって不利益をもたらすおそれがある。

　第1に，多重関係があると，公認心理師は，クライエントの精神状況をフラットな状態で把握することが困難となる。設問ではクライエントとの間に「自治会の役員同士」，「友人同士」，「元恋愛関係にあった者同士」といった関係がみられるが，そうした関係があると，クライエントの精神状況を観察・把握するに際して，公認心理師の判断に予断が紛れ込むおそれがないとも限らない。

　第2に，クライエントはといえば，公認心理師との従来の関係を意識して，自身の生活状況・生い立ち等を打ち明けることを躊躇してしまうかもしれない。打ち明ける内容を取捨選択し，その際，葛藤や悩みを抱えることも考えられる。

　以上のような事情は，公認心理師による適切な技法の選択・実施を妨げ，精神状況の改善を求めるクライエントにとって多大な不利益となろう。また，公認心理師がクライエントと性的関係を結ぶことは，クライエントの精神状況をより悪化させるおそれもある。

3　違反した場合に制裁はあるのか

（1）倫理上の問題

15-3　倫理綱領 ·······

　こうした多重関係がもつ問題点を避けるため，日本公認心理師協会は，その倫理綱領8条で多重関係等不適切な関係を原則として禁止している。「会員は，心理支援にあたって，原則として，要支援者等との間で専門的支援関係の範囲を超えた関係を結ばない」とされるのである。

（2）法律上の問題

15-4　信用失墜行為 ·······

　公認心理師法に**多重関係**それ自体を禁じる規定はない。しかし，多重関係に及んだことが，「公認心理師の信用を傷つけるような行為」（公認心理師法40条➡**13-1**）に当たることもある。この場合には，公認心理師としての登録が取り消されたり，公認心理師の名称の使用を一定期間禁じられたりする可能性がある（同法32条2項➡Q7）。

　すべての多重関係が「公認心理師の信用を傷つけるような行為」（公認心理師法40条）に当たるとされることはない。しかし，公認心理師が，クライエントとの間で性的関係を結ぶに至り，当該クライエントの精神状況を悪化させ，自殺にまで至らしめたような場合には，「公認心理師の信用を傷つけるような行為」（同法40条）に当たるとしてもよいのではないか。もっとも，その行為によって，公認心理師としての登録を取り消すのか，公認心理師の名称使用の停止にとどまるのかの判断は，文部科学大臣および厚生労働大臣が，当該事案の個別の事情を踏まえて行なうことになる（行政手続き➡Q9）。

（3）民事の賠償問題

15-5　損害賠償責任 ·······

　さらに，公認心理師が，多重関係に入ったことによってクライエントに損害を生じさせた場合，例えば，性的関係を結び，それが原因でクライエントが自殺してしまったような場合には，民法上の不法行為あるいは債務不履行に当たる（➡Q63）。この場合，公認心理師はクライエントの相続人から損害賠償責任を追及されることになる（➡+α95）。

4　親戚からの心理支援依頼

15-6　多重関係の実質的判断 --

　なお，【Q2】であるが，親戚であるか否か（➡+α91）という区別よりも，むしろ多重関係が生じるか否かを実質的に判断すべきである。例えば，幼少期から成人するまで頻繁に交流のある親戚関係の場合には多重関係が認められよう。一方，心理支援の依頼が来るまで全くつきあいのなかったような親戚の場合には，多重関係がみられず受任をしてもクライエントの不利益にならないことも想定される。

（舩野　徹／野﨑和義）

Question 16　他の心理職者の倫理違反を知った場合の対応

Q　公認心理師でない心理職の倫理違反を知ったとき，どうすればよいのか。

A　公認心理師としては，違反をしている心理職に対して違反の事実を指摘し改善するよう求めることはできる。しかし，そうした行動に出なかったからといって，公認心理師自身が法律違反や倫理綱領違反の責任を問われることはない。

1　倫理違反を知った場合にとるべき行動は定められているのか

16-1　倫理綱領

　公認心理師ではない心理職が**倫理違反**に当たる行為をしているのを知った場合，公認心理師としてとるべき対応はあるのか。公認心理師が，他の公認心理師が倫理違反に当たる行為をしているのを知った場合であれば，違反をしている公認心理師に対して，その旨を指摘し改善を促すべきとされている（一般社団法人東京公認心理師協会倫理綱領8条1項および2項，なお，一般社団法人日本臨床心理士会倫理綱領8条1項および2項も同様の規定である）。そして，違反している公認心理師が改善に向けた行動に移らない場合，倫理違反を発見した公認心理師は，違反に関する客観的な事実を明確にして，公認心理師会が運営する倫理委員会宛てに記名のうえ申し出ることとされている（一般社団法人東京公認心理師協会倫理綱領8条3項，一般社団法人日本臨床心理士会倫理綱領8条3項）。もっとも，上記の東京公認心理師協会倫理綱領は，「他の公認心理師が倫理違反に該当していることを発見した場合」であり，「他の心理職が倫理違反に該当していることを発見した場合」ではない。後者に関する倫理規定は用意されていない。また，公認心理師法をはじめとする法律上の規定も見あたらない。

2　倫理規定に違反した場合の効果

16-2　ペナルティーの有無 ··

　公認心理師が他の心理職の倫理違反を知ったとしても，そのとるべき行動が公認心理師法にも倫理綱領にも定められていない以上，違反を発見した公認心理師は何もしなくてもペナルティーを課されることはない。一方，違反をしている心理職に対して改善するよう求めても差し支えないが，しかし，そうした行動に出なかったからといって，法律違反や倫理綱領違反の責任を問われることはない。

（舩野　徹）

公務員の倫理と公認心理師としての倫理

Q 公務員（国家公務員・地方公務員）としての倫理と公認心理師としての倫理とでは
どちらが優先するのか。

A 公認心理師の倫理と国家公務員・地方公務員の倫理は，いずれかが優先するという
ものではない。公認心理師が，国家公務員もしくは地方公務員の場合，公認心理師
としての倫理と国家公務員・地方公務員の倫理のいずれにも服することになる。

1　公認心理師の倫理

17-1　公認心理師としての倫理に服する趣旨

　　公認心理師は，公認心理師としての倫理に服する（例として，一般社団法人日
本公認心理師協会倫理綱領を参照）。公認心理師が服すべき倫理を定めている趣旨
は，クライエントが公認心理師の不適切な職務遂行によって損害を被るのを防
止すること，および公認心理師に対する国民（クライエントを含む）の信頼を確
保するということにある。

2　公務員の倫理

17-2　公務員としての倫理に服する趣旨

　　一方，公認心理師が，国公立の機関に就労している場合には，公認心理師で
あるとともに，国家公務員または地方公務員としての身分をも有することにな
る。国家公務員は，国家公務員倫理法および国家公務員倫理規程に服する。ま
た，地方公務員は，各自治体が定める職員倫理条例に服する。国家公務員は，
国民全体の奉仕者であり，地方公務員は住民全体の利益を図るために職務を行
なう。国家公務員であれ地方公務員であれ，その職務は高い公共性を担ったも
のであり，公正中立な実施が強く要請される性格のものである。こうした公正

な職務遂行に対する国民の信頼を確保することに公務員倫理法あるいは倫理条例の意義がある。

3 公認心理師の倫理と公務員の倫理

17-3 確保する利益

このように，公認心理師の倫理と国家公務員・地方公務員の倫理は，確保しようとしている利益が異なり，いずれかが優先するというものではない。公認心理師が，国家公務員もしくは地方公務員の場合，公認心理師としての倫理と国家公務員・地方公務員の倫理のいずれにも服することになる。

（舩野　徹／野﨑和義）

Question 18　スクールカウンセラーの身分関係

Q 　地方自治体から各校に派遣されているスクールカウンセラーは，これまで非常勤の地方公務員とみなされていたが，ほかの公務員とどう異なるのか。非常勤公務員でも特別職と一般職があるが，どう異なるのか。

　加えて，地方公務員法改正（2019〔令和 2〕年 4 月 1 日施行）後，地方自治体から各校に派遣されているスクールカウンセラーは会計年度任用職員として採用されているが，特別職であったときと法律の上で何が違っているのか。

A 　公立学校における非常勤のスクールカウンセラーは，地方公務員法改正後，会計年度任用職員として採用されることになった。その結果，従来の特別職の非常勤職員として扱われていたときから大きく変わった点として，ア）採用の公正および明確化が図られたこと，イ）給料等の条件が一般の常勤職員に比べて不公平とならないように算定されるようになったこと，ウ）一般職の常勤職員に課される守秘義務等の服務規程が課されるようになったことが挙げられる。

1　スクールカウンセラーに期待される役割

18-1　スクールカウンセラーの立ち位置

　公立学校に**スクールカウンセラー**（以下，「SC」と略記）が配置されるようになってきた。SC は，心理支援の専門家として，ア）児童からの相談，イ）教職員からの相談，ウ）保護者からの相談など，複数の関係者から多様な相談を受けるようになっている。

　SC は，学校に属していない外部の専門家として心理支援に当たるため，「児童対教員」とは別個の人間関係で相談に乗ることができる。児童もその保護者も，教員には相談することのできない事柄であっても，SC であれば心を許して相談できるという雰囲気がある。このような SC の立ち位置が，学校において期待されている役割であるといえる。

2　SCの身分

18-2　特別職から会計年度任用職員へ

　SCは，公立学校との関係でどのような立場にあるのか。公立学校で職務に従事するSCは，地方公務員である。一方，私立学校のSCは，私立学校を運営する者との間で雇用契約を締結した従業員である。

　公立学校のSCは，従来，特別職の非常勤公務員として扱われてきたが，2019（令和2）年4月の地方公務員法改正以降は，新たに設けられた**会計年度任用職員**（地方公務員法22条の2）として扱われることになった。SCは，ア）学校教職員としての組織に属さない外部的立場での役割が期待されており，しかも，イ）期間限定，ウ）時間限定である。そこには，SCの外部的立場を期待する一方（**➡18-1**），予算面にも配慮する（一般職の常勤の地方公務員と同様の給付をすることは難しい）という二つの側面がみられる。このような側面をもつSCは，2019年に会計年度任用職員という制度が採用される以前，その多くが特別職の非常勤公務員として扱われていた。

3　特別職と一般職との違い

18-3　特別職と一般職との相違点

　特別職は，その知識・経験の活用を外部的立場に立って行使することが期待されており，ここに想定されているのは，他に生業があり独立した生活基盤をもつ者である。そのため，一般職とは以下のような違いがある。

（1）指揮命令系統に服するか否か

　特別職は自身の学識経験・識見に基づいて独立して職務を遂行する。これに対して，一般職は組織に属し上司の命令に服する（地方公務員法32条）。

（2）兼業が許されるか否か

　特別職は他の職務に従事することが許される。これは，特別職とされる校医を想定するとよい。校医は開業医であることが多いが，その場合，自身が医院を経営していながら，学校の校医も兼務することになる。これに対して，一般職は兼業をすることが許されていない（地方公務員法35条）。

（3）定年制があるか否か

　特別職は一定の短い任期が定められている。特別職として想定されている者は，医師等の専門家であり，特別職として従事する業務とは別に他の生業をもち収入の基盤を確立していることが想定されている。そのため，定年制が保証されていなくても生活の基盤が害されることはない。これに対して，一般職は定年まで長期にわたり就労することが予定されている（地方公務員法28条の２）。

（4）昇任・昇給が予定されているか否か

　一般職は職階制に応じた昇任・昇給が予定されている。これに対して，特別職には昇任が予定されていない。

（5）公務員の服務規程が適用されるか否か

　一般職には，守秘義務（地方公務員法34条），信用失墜行為の禁止義務（地方公務員法33条）のほか種々の服務規程の適用がある（同法30条〜38条）。これに対して，特別職にはこれらの義務は課されない（同法４条２項。ただし，公認心理師としての守秘義務〔公認心理師法41条〕はある）。

4　会計年度任用職員について

18-4　会計年度任用職員が設けられた経緯および趣旨 ················

　民間企業では終身雇用制度が動揺し非正規雇用が増えてきている。それと同じく，地方公務員についても予算削減等の事情から一般職の常勤職員ではなく非常勤職員としての採用が少なくない。その方法として，従来は特別職の地方公務員として，特に地方公務員法３条３項３号にいう特別職として採用するという運用がみられた。SCもまた，特別職の非常勤職員として採用され処遇されてきた。

　しかし，そうなると，一般職と変わらない職務に従事しながらも身分が不安定であること（任期が期間限定であり１年ごとの更新が繰り返される），期末手当（民間でいうところのボーナス・賞与）がもらえないこと，守秘義務等の服務規程が課されないことなどの問題が生じる。

　そこで，一般職の非常勤職員を従来のような特別職としてではなく，新たに設ける「会計年度任用職員」として位置づけ，採用方法や任期を明確にし，給料および各種手当等の条件を常勤職員と比べて不公平にならないようにするこ

ととした（改正後の地方公務員法22条の2）。

5　SC が会計年度任用職員として扱われることになったこと

18-5　会計年度任用職員として扱われることにより何が変わるのか

　SC は会計年度任用職員として扱われることになったが，ここにいう「会計年度」は，その年の4月1日から翌年3月31日までを指し，その期間内において任期が定められることになる（地方公務員法22条の2）。そうだとすると，特別職の非常勤職員のときと会計年度任用職員とでさほど変わらないようにも思われるが，実際上，どのような点で異なるのか。

（1）採用

　会計年度任用職員の採用は，「競争試験又は選考によるもの」とされている（地方公務員法22条の2第1項）。これに対して，特別職の非常勤職員は特別の知識や経験に基づいて採用されることが想定されているため，競争試験による採用は求められていない。そのため従来は，特別職の非常勤職員として採用するのであれば，特別の知識や経験に基づく必要のない職務（代替性のある職務）に従事する者についても，競争試験を課すことなく採用可能となってしまうおそれがあった。しかし，会計年度任用職員の制度が設けられたことによって，採用の公正および明確化が確保された。

（2）給付（給料，時間外手当，期末手当等）

　特別職の非常勤公務員については給付に関する明確な規定がなかった。そのため，従事している業務は一般職の常勤職員と同様であるにもかかわらず，給付（給料，時間外手当，期末手当等）について差を設けられるという不公平な結果がもたらされていた。これに対して，会計年度任用職員は，その給料については一般職の常勤職員の水準を参考にして金額を決めるべきとされ，期末手当や時間外手当についても支給できるものとされた。

（3）服務規程

　一般職の常勤公務員に課される守秘義務等の服務規程（地方公務員法30条～38条）が課されるようになった。これに対して，特別職には守秘義務等の服務規程は課されていない（地方公務員法4条2項）。

（舩野　徹）

Question 19　業務妨害

Q　電話相談で，いわゆる性的電話に悩まされている。すぐに切っても，またかかってきて止まない。相談料は無料だが，業務として行なっているので業務妨害に当たるのではないか。何より，止めさせるために講じられる策はないだろうか。

A　相談業務が有償か無償かに関わりなく業務妨害罪という犯罪に該当するであろう。そして，ア）犯罪行為に当たるので警察に通報し対応を求めること，また，これとは別に，イ）精神的苦痛という損害を受けているので損害賠償を請求することができる。

1　電話対応を取りやめること

19-1　着信拒否設定

　まず，考えうる対応策としては，電話機に着信拒否設定をすることが考えられる。しかし，異なる電話番号等から電話をかけてくる場合には，対応に限界があろう。

2　犯罪に当たるので警察に相談すること，および証拠の確保

19-2　業務妨害罪

　電話相談に応じられない旨を明言したにもかかわらず，性的内容の電話を繰り返し続ける行為は，公認心理師としての業務を妨害するものであり，犯罪行為に当たる（偽計業務妨害罪〔刑法233条〕，威力業務妨害罪〔刑法234条〕）。業務が対価を得ているものかどうかは犯罪の成否に無関係である。

　この場合，直ちに警察に通報し，対応を求める必要がある。もっとも，警察への相談および円滑な対応をしてもらうためには証拠を確保しておくことが望ましい。例えば，ア）電話がかかってきた日時の記録，イ）表示された電話番号の記録，ウ）電話をかけてきた者の住所および氏名の確認，エ）電話に対応

したのであれば会話内容の録音等が求められる。

3　民事上の賠償請求

19-3　不法行為責任 ···

　また，執拗に電話をかけ，性的会話をしてきた者に対して，精神的苦痛を受けたとして慰謝料を請求することも可能である（不法行為〔民法709条〕に基づく損害賠償請求➡**58-1, 58-2**）。ただし，この場合にも証拠が必要となるので，上記*2*と同様にア）からエ）の対応をするべきである。

（舩野　徹）

Question 20　社交儀礼と公認心理師の倫理

Q 私設心理相談室を経営している。私的な物品と経営上必要な物とは分けているが，先日，クライエントから海外旅行のお土産として，しゃれたグラスをいただいた。相談室で使用する予定はないので，自宅に持ち帰って使用したいが，倫理違反になるのか。

A 外形上明らかな社交儀礼の範囲内であると判断できるもの以外は，受領を断ることが望ましい。その際には，クライエントの心情に配慮しつつ，受領しない理由を丁寧に説明し，納得してもらう必要がある。

1　「対象者―専門家」関係とその逸脱

20-1　倫理規定

　「日本公認心理師協会倫理綱領」は，その3条で，自己の欲求や利益追求への戒めを説いている。「会員は，要支援者等との間に信頼関係を築き，誠意と責任感をもって最善を尽くすとともに，心理支援を，自己の欲求や利益のために行うことがあってはならない」とするのである。また，臨床心理士に関する倫理規定にも参考となるものがある。「対象者との間で，『対象者―専門家』という専門的契約関係以外の関係をもってはならない。そのために対象者との関係については，以下のことに留意しなければならない。」として，「対象者等に対して，個人的関係に発展する期待を抱かせるような言動（個人的会食，業務以外の金品の授受，贈答及び交換並びに自らの個人的情報についての過度の開示等）を慎むこと」と定められている（一般社団法人日本臨床心理士会倫理綱領3条1項）。クライエントと公認心理師との関係が，「対象者―専門家」を逸脱してしまうと，心理支援の効果が発揮されず，かえってクライエントの状態の悪化を招く結果となりかねないために，こうした倫理規定が定められているものといえよう。

2 設問の検討

20-2 どこまでが社交儀礼か ··

　設問では，海外旅行のお土産として，しゃれたグラスをもらったということである。クライエントが社交儀礼の範囲内と考え公認心理師に交付したものであり，公認心理師としてもクライエントとの良好な関係を維持するためにこれを受け取ってよいようにも思われる。しかし，クライエントが社交儀礼の範囲内と考えているかどうかは外形的には明らかではなく，社交儀礼を超えた好意の感情（恋愛感情など）のもとに交付に及んでいる可能性もある。もちろん，お土産といっても，その内容（価格，品目，量など）から社交儀礼か否かが明らかになる場合もある。一般的な菓子折など外形上明らかに社交儀礼の範囲内といえる場合にまで，受領を断ることは，クライエントの好意を無にするものであり好ましくないようにも思われる。結論としては，外形上明らかな社交儀礼の範囲内であると判断できるもの以外は，受領を断るのが望ましい。もっとも，その際には，クライエントの心情に配慮しつつ，受領しない理由を丁寧に説明し，納得してもらう必要がある。

（舩野　徹）

秘密保持義務（守秘義務）

Question 21　秘密保持義務の違反

Q 公認心理師の秘密保持義務は，秘密を漏らされたと判断した元クライエントが訴えた場合に発生するのか（親告罪か）。

A 秘密保持義務違反があると，行政処分のほかに，秘密漏示罪が成立し刑罰が科せられることがある。しかし，秘密漏示罪は親告罪であり，クライエントが刑事訴追を求めない限り，秘密漏示罪の捜査・起訴・裁判が進むことはない。

1 公認心理師と秘密保持の義務

21-1　プライバシーの保護と適切な心理支援

　公認心理師には**秘密保持義務**が課されている。また，この義務は，公認心理師でなくなった後も，終生，継続する。「公認心理師は，正当な理由がなく，その業務に関して知り得た人の秘密を漏らしてはならない。公認心理師でなくなった後においても，同様とする。」（公認心理師法41条）とされているのである。

　公認心理師は，職務の性質上，人の秘密を知る機会が多く，また，職務を遂行するためにはクライエントの秘密を知ることもしばしば必要となる。しかし，その秘密が他人に知られるようなことになれば，クライエントの**プライバシー**（➡34-1）は著しく損なわれる結果となろう。秘密保持に関する規定は，クライエントのプライバシーを保護するために欠かせない。

　もっとも，秘密の保持は，クライエント個人のプライバシーにのみ着目した義務ではない。もともと公認心理師は対人援助職であり，その職業上の倫理として秘密保持義務を負っている（日本公認心理師協会倫理綱領5）。秘密保持に寄せる信頼が失われクライエントが必要な情報を打ち明けることをためらうようになると，公認心理師は適切な心理支援を実施することが困難となろう。公認

心理師の秘密保持義務を法で定め，さらにその履行を刑罰で担保する（公認心理師法46条）ことは，公認心理師の適切な職務遂行にも資するものとなる。

2　義務違反とペナルティー

21-2　刑事罰と行政処分

　公認心理師が秘密保持義務に違反した場合にはペナルティーが用意されている。このペナルティーには，大別して，犯罪とされ刑罰（刑事罰）が科されるものとそうでないもの（行政処分➡Q8）とがある。刑事罰が科されるのは，起訴され裁判所で**秘密漏示罪**に当たるとされた場合であり，1年以下の懲役または30万円以下の罰金に処せられることになる（公認心理師法41条，46条1項）。一方，行政処分が課される場合は，登録の取り消し（➡Q7）または一定期間の公認心理師の名称使用停止等の処分を受けることになる（同法32条2項）。

3　必ず刑罰が科されるのか

21-3　公認心理師に対する処罰をクライエントが望まない場合

　公認心理師が秘密保持義務に違反したとしても，クライエントが望まない場合には，秘密漏示罪に当たるとして捜査および起訴へと進むことはない（公認心理師法46条2項：**親告罪**➡+α98）。クライエントがみずからのプライバシーに関する事実関係を秘密にしておきたいと望んでいたとしても，公認心理師を裁くとなると，その刑事裁判手続き（捜査，起訴，その後の公判➡Q71）の過程でプライバシーは明るみに出てしまう可能性がある。クライエントが望まない場合にまで，捜査等へ進むことは，クライエントの秘密を保護した法の趣旨に反する結果となってしまうため，法は秘密漏示罪を親告罪としたのである。

4　必ず行政処分がなされるのか

21-4　公認心理師に対する行政処分をクライエントが望まない場合

　秘密漏示罪が親告罪であるとしても，行政処分の取り扱いはどのようになされるのであろうか。クライエントが行政処分を望まない場合にも，行政処分は課されるのか。公認心理師法32条2項は，秘密保持義務違反について，ア）登録取り消し，またはイ）一定期間の名称使用停止等の処分をすることが「でき

る」と定めている。同法32条1項が「取り消さなければならない」とされていることとは異なる。クライエントが望まない場合には，そもそも，行政処分を課して欲しい旨の申請をしないであろうし，申請があったとしても後に取り下げられることもあろう。この場合には，行政処分が課されることはないと思われる。さらに，申請が取り下げられることなく審査が係属する場合であっても，行政処分を課すか否かの判断において，クライエントの意向も斟酌されるであろう。同法32条2項の「できる」は，そのような場合に，行政処分を課さないという余地をもたらすものといえよう。

（舩野　徹／野﨑和義）

Question 22 秘密保持義務と倫理基準

Q 公認心理師法41条にある秘密保持義務は，法律の条文なので倫理を越えていると思われるが，倫理規準は，別途，職能団体のものが適用されるのか。

A 公認心理師の職能団体の構成員となっている場合には，その倫理基準が適用される。

1 法と倫理

22-1 秘密を漏らす行為

公認心理師がその業務に関して知りえた人の秘密を漏らす行為は公認心理師法41条に違反する。それは行政処分を課されるだけでなく**秘密漏示罪**にも問われる行為であって，倫理の問題にとどまらない（➡Q21）。

2 倫理基準の適用

22-2 職能団体所定の基準

一方，倫理基準は公認心理師の職能団体の構成員となった場合に適用されるものであり，その団体に所属していないのであれば適用されることはない。公認心理師が職能団体に所属しないでその業務を行なっているのであれば，当該団体所定の倫理基準に服することはない。

（舩野　徹／野﨑和義）

Question 23 対象者のカウンセリング内容をその家族に伝えてよいか

Q 公認心理師が，対象者のカウンセリング内容を本人に無断でその家族に伝えた。このような場合，緊急時（例：自傷他害のおそれがあるとき）でないとしたら，公認心理師法41条にある秘密保持義務の違反になり，行政処分の対象となるのか。

A 対象者の同意もなしにカウンセリング内容等の秘密を伝えると，その相手方がたとえ対象者の家族であったとしても，秘密保持義務違反に問われる。この場合，公認心理師は刑罰を科されたり行政処分を受けたりすることになる。一方，対象者の同意がある場合には，家族に伝えても秘密保持義務違反とはならない。

1 秘密保持義務違反があった場合の処分内容

23-1 刑罰と行政処分

　　対象者（クライエント）のカウンセリング内容は，対象者にとって秘密であるから，その内容を対象者以外の第三者に漏らすと，公認心理師は**秘密保持義務違反**に問われる（公認心理師法41条）。そして，この公認心理師は，ア）刑罰を科されたり（同法46条1項），イ）その登録を取り消され，あるいは一定期間公認心理師の名称を使用できなくなるなど，行政処分を課されることがある（同法32条➡**21-2**）。

2 第三者の範囲

23-2 家族は第三者に当たるか

　　公認心理師が，対象者のカウンセリング内容を，対象者の家族以外の者に漏らすことは，秘密保持義務違反に当たる。それでは，対象者の家族に知らせた場合にも，第三者に漏らしたとして秘密保持義務違反に問われるのであろうか。

　　たしかに，対象者の心理支援に際しては，その家族との連携・協力が必要と

なり，対象者のカウンセリング内容を家族に伝えなければならない場合もあろう。しかし，対象者が，カウンセリング内容を家族であっても伝えてほしくないと望む場合も十分にありうる。また，対象者は，その秘密が自分以外の他人には漏らされないという信頼がなければ，公認心理師に対してすべてを打ち明けることができない（➡21-1）。秘密を知ってほしくない他人という点で，対象者にとって，それが家族であろうとそれ以外の者であろうと異なるところはない。

3 クライエントの同意がある場合

23-3 対象者自身による利益の放棄 ···

　もっとも，対象者の同意があれば，カウンセリング内容を第三者に伝えても秘密保持義務に違反したことにはならない。秘密の保持は第一次的には対象者自身の利益ためであり，対象者が秘密にすることを望んでいないのであれば，公認心理師に秘密保持義務を課す必要はないからである。ただし，後の紛争回避のために，対象者の同意については，口頭ではなく，同意書等の書面で残しておくことが望ましい。

　また，公認心理師としては，支援するにあたって対象者の家族との連携・協力を必要と考える場合，家族にカウンセリング内容を伝えざるをえないことを対象者に説明しその同意を得るよう努めることが求められよう。

（舩野　徹／野﨑和義）

Question 24 対象者のカウンセリング内容を主治医に伝えてよいか

Q　公認心理師が，対象者のカウンセリング内容を本人に無断で「担当する精神科医」に伝えた。このような場合，緊急時（例：自傷他害のおそれがあるとき）でないとしたら，公認心理師法41条にある秘密保持義務の違反になり，行政処分の対象となるのか。それとも，同法42条１項にいう「関係者等との連携」の範囲内とされ，法律的にはおとがめなしとなるのか。その場合，クライエントに秘密保持義務の違反で訴えられたら，倫理の範疇になるのか。

A　ア）対象者の同意がある場合には，カウンセリング内容を当該支援に係る主治医に伝えても秘密保持義務違反とならない。一方，イ）対象者の同意がない場合は，カウンセリング内容等の秘密を伝えた以上，その相手方がたとえ対象者の主治医であったとしても，秘密保持義務違反となる。それゆえ，イ）の場合は，連携（公認心理師法42条１項）の範囲外であり合法とはされない。また，クライエントから秘密保持義務違反で訴えられた場合には，刑罰を科せられたり，行政処分を受けたりする可能性がある。

1　公認心理師法41条の「第三者」の範囲

24-1　主治医は「第三者」に当たるか

　設問は，秘密を漏らした相手方がクライエントの当該支援に係る主治医であったケースであり，考え方は相手方が家族の場合（➡Q23）と同様である。

　公認心理師が，対象者のカウンセリング内容を，主治医以外の第三者に漏らすことが秘密保持義務違反に当たることは言うまでもない。それでは，対象者の主治医の場合には，秘密保持義務違反に当たるのであろうか。

　たしかに，公認心理師は，対象者の心理支援にあたって主治医と連携の上（公認心理師法42条１項），主治医の指示を受けなければならない場合がある（同法42条２項）。しかし，対象者が，カウンセリング内容を主治医であっても伝えてほしくないと望む場合も十分にありうる。また，対象者は，カウンセリング

内容が秘密であり自分以外の第三者には漏らされないという期待をもつから，公認心理師に対してすべてを打ち明けることができるのである。そして，その第三者は，主治医であろうが，家族であろうが，赤の他人であろうが，対象者にとっては同じである（➡23-2）。それゆえ，対象者の了解を得ずに，そのカウンセリング内容等を主治医へ伝えることは，秘密保持義務違反となる。

2 クライエントの同意がある場合

24-2　対象者自身による利益の放棄，運用基準

　もっとも，対象者の同意があれば，カウンセリング内容を第三者に伝えたとしても秘密保持義務に違反したことにはならない。秘密保持義務は，対象者自身の利益であるから，対象者が秘密にすることを望んでいないのであれば，公認心理師に秘密保持を課す必要がないからである。ただし，後の紛争回避のために，対象者の同意については，口頭ではなく，同意書等の書面にて残しておくことが望ましい。

　また，公認心理師としては，支援行為に際して対象者の当該支援に係る主治医との連携・協力を必要と考える場合には，主治医にカウンセリング内容を伝えざるをえないことを対象者に説明しその同意を得るよう努めることが求められる。

　なお，公認心理師法42条2項の運用基準（平成30年1月31日　29文科初第1391号　障発0131第3号「公認心理師法第42条第2項に係る主治の医師の指示に関する運用基準について」4頁）も，公認心理師が主治医の指示を受けるにあたり，「公認心理師が，主治の医師に直接連絡を取る際は，要支援者本人（要支援者が未成年等の場合はその家族等）の同意を得た上で行うものとする」としている。

（舩野　徹）

Question 25 スクールカウンセラーの報告義務

Q 学校で，スクールカウンセラーが業務上知りえた秘密（カウンセリングから得た情報）を校長に報告したが，校長はその情報を外部の人間に漏らした。この場合，スクールカウンセラーはどのような違反を犯したことになるのか。その児童（クライエント）の支援を検討する学校内・外のケース会議で同じことが起こったらどうか。集団守秘義務違反の連帯責任となるのか？　集団守秘義務を徹底するよう環境醸成を怠ったことによる倫理的な問題となるのか？　そもそも集団守秘義務など法的根拠に乏しく，「報告してよい」あるいは「共有してよい」とクライエントから確認をとっていない場合は，所属長・管理者への報告や，関係者間の連携よりも，秘密保持が優先されるのか。

A スクールカウンセラーが範囲を定めて（例：校長その他学校関係者の範囲内）クライエントからその秘密を共有・連携することの同意をとっていた場合，スクールカウンセラーがその範囲内で秘密を開示することは秘密保持義務違反とはならない。校長が範囲外の者に秘密を漏らしたとすれば秘密保持義務違反の問題が生じるが，その場合，責められるべきは校長であり，それ以外の関係者が校長と連帯して責任を負うことはない。

1　秘密保持義務と報告義務との対立

25-1　義務の衝突

　公認心理師は，クライエントの心理支援業務を通じて知りえた秘密を第三者に開示してはならないという義務を負う（秘密保持義務──公認心理師法41条）。一方，公認心理師は，**スクールカウンセラー**（以下，「SC」と略記）として，学校（もしくは教育委員会）に雇用されており，雇用契約上の義務として，雇用主に心理支援業務の結果等を報告する義務がある（報告義務）。設問は，**秘密保持義務**と雇用契約上の**報告義務**が衝突する場面である。

2　秘密保持義務が解除される場合

25-2　公認心理師法41条にいう「正当な理由」

　公認心理師法41条は，クライエントのプライバシーを保護し，また心理支援の適切な遂行を保障するために，「正当な理由」なく，クライエントの秘密を漏らすことを禁じている（➡**21-1**）。この法の趣旨からすると，以下の場合には「正当な理由」があるとして秘密保持義務が解除される。

❶クライエントが秘密を第三者に開示することに同意している場合

❷法令により秘密保持義務が解除される場合

　例えば，クライエントが児童虐待を受けている場合には，児童虐待防止法6条1項，同条3項に基づき，秘密保持よりも関係機関への通告が義務づけられている（その他，配偶者のDVについてDV防止法6条1項～3項，また，DVを受けている成人が高齢の親であり，その子が暴行を加えているような場合については，高齢者虐待防止法7条1項～3項　➡Q32，Q33，+α99）。

❸クライエントに自傷他害のおそれがある場合

　クライエントが，自殺する危険性（自傷）が高い場合や第三者に危害を加える危険性（他害）が高い場合などで，クライエント自身の秘密よりも，クライエントや第三者の生命および身体に対する危険を回避する利益の方が大きいと判断される場合には，正当な理由があるとされる（一般社団法人日本臨床心理士会倫理綱領2条1項参照）。

3　集団守秘義務

25-3　集団守秘義務の問題点

　公認心理師のクライエントは児童であり，校長ではない。このため，上記❶～❸の正当な理由に当たらない限り，児童の秘密を校長へ伝えることは秘密保持義務違反となる（雇用契約上の報告義務よりも秘密保持義務が優先する）。もっとも，SCとして雇用されている以上，カウンセリング内容をもとに，児童の問題点を学校や保護者と共有し，連携して対策を協議することが必要とされる場合もある（公認心理師法42条1項は**連携義務**を課している）。この点を踏まえると，設問は，連携義務と対立する場面ともいえる。

　この対立を調整する理論構成として，SC と学校その他関係者の範囲内で秘密を共有し，その範囲内で秘密保持義務を負担する（**集団守秘義務**を負う）という考え方もある。しかし，この集団守秘義務に関する明文の規定はない。また，そのような考え方を認めると，スクールカウンセリングは成り立たなくなるおそれもある［出口 2002：98］。クライエントである児童は，信頼しているSC には秘密を話すが，それを他の学校関係者には知られたくないということもあろう。この児童の意向は尊重されるべきであり[*]，仮に秘密が他者に明かされるようなことがあると，児童本人からの開示はもはや期待されなくなるのではないだろうか。秘密保持義務はカウンセリングの基礎であり，仮に学校関係者とクライエントの秘密を共有しなければならないのであれば，あらかじめクライエントからそれについての同意書を取得するべきである。

　＊　もっとも，児童に取り返しのつかない状態が生じるような場合（例：自傷他害のおそれがある場合）には，カウンセラーの秘密保持義務は解除されることになろう［出口 2012：85，103］。

4 設問について

25-4　クライエントによる同意の範囲

　ア）SC が，業務上知りえたクライエントの秘密を正当な理由なく校長に開示した場合には，SC が秘密保持義務違反になる。

　イ）SC が，クライエントの秘密を校長その他学校関係者等と共有することについてクライエントから同意をとっていたのであれば，SC が校長へ秘密を開示することは秘密保持義務違反とはならない。しかし，校長が，その範囲外の者に秘密を開示した場合には秘密保持義務違反の問題が生じる（公立学校であれば公務員としての守秘義務違反，私立学校であれば契約上の守秘義務違反）。

　ウ）その場合，責められるべきは，秘密を漏らした当人であり，校長以外の関係者が校長と連帯して責任を負担することはない。

【参考文献】
出口治男「スクールカウンセリングにおける子どもの法的地位について」伊原千晶編『心理臨床の法と倫理』日本評論社，2012年，79-108頁。

（舩野　徹／野﨑和義）

Question 26

関係者会議での情報共有

Q 公認心理師は，業務上知りえたクライエントの秘密を本人の同意なく提供してよい
か。例えば，児童相談所では虐待児や問題を抱えた家庭の支援を検討する関係者会
議（個別ケア会議等）が開催されている。この場でクライエントの了解なくその秘密を
提供してよいとする法的根拠はどこにあるのか。また，会議で話した内容が他のメン
バーによって外部に漏らされた場合，情報の提供元である公認心理師はどうなるのか。

A クライエントの秘密を個別ケア会議等で提供するためには，クライエント自身の同
意を必要とする。ただし，情報共有が法令等に基づく正当な理由による場合，同意
は不要である。こうして共有された秘密については，会議の構成員がそれぞれの職務に
応じて保持する義務を負う。その秘密が外部に漏らされた場合，公認心理師は情報の提
供元だからという理由だけで責任を問われることはない。

1 情報の提供元としての責任

26-1　秘密保持義務と連携義務との衝突

設問も秘密保持義務と連携義務とが衝突する場面であり，考え方はスクール
カウンセラーの秘密保持義務（➡Q25）の場合と同様である。

法令により秘密保持義務が解除されている場合（例：児童虐待の通告）やクラ
イエントに自傷他害のおそれがある場合を除いて，公認心理師は，クライエン
トの同意なくその秘密を開示すると秘密保持義務違反に問われる。一方，クラ
イエントが，公認心理師と連携している関係者には秘密を開示してもよいと認
めているのであれば，公認心理師が秘密保持義務違反に問われることはない。

26-2　会議構成員の職務に応じた責任

これに対して，公認心理師から秘密の開示を受けた関係者については，その
者が職務上負う秘密保持義務が問題となる。そして，関係者が正当な理由なく
秘密を外部に漏らしたのであれば，この関係者自身が秘密保持義務違反に問わ

れる。この場合，公認心理師はといえば，漏えいへの関与が認められない以
上，責任を負うことはない。

（舩野　徹／野﨑和義）

Question 27　秘密保持義務と報告義務

Q 子どものカウンセリング結果等に関する「保護者への報告義務」の法的根拠は何か。保護者への報告は，子ども（クライエント）の秘密保持とどのような関係にあるのか。

A 報告義務はクライエントである子どもやその親権者（保護者）との信頼関係を構築する基礎であり，心理支援契約における善管注意義務を具体化したものとされている。もっとも，親権者に報告する場合には子どもの意向を確認することが求められ，たとえ契約当事者が親権者であったとしても，子どもの同意なしにその秘密を開示するなどすれば，公認心理師は秘密保持義務違反に問われるおそれがある。心理支援の目的を達成するためには秘密の非開示がやむをえないこともあろう。ただし，その際には一連の状況を事実として相談記録に残しておくべきである。

1　報告義務

27-1　委任者との信頼関係
心理支援契約は公認心理師に対して心理支援一般を行なうことを委ねる契約（**準委任契約**〔民法656条〕 ➡**55-2**）であり，公認心理師は行なった心理支援の内容を委任者に対して報告する義務（**報告義務**〔民法656条，645条〕）を負う。設問についていえば，公認心理師は，カウンセリングの経過や子どもの現況を委任者に報告しなければならない。十分な情報を提供することは委任者との信頼関係を維持する前提であり，また，クライエントである子どものその後の生活等にも重要な意味をもつからである。

27-2　善良な管理者の注意
この報告義務は，（準）委任契約の受任者に求められる「善良な管理者の注意」（**善管注意義務**——民法644条➡**55-5**）の内容を具体化したものとされている（➡**Attention！2**）。それゆえ，その義務を怠ると公認心理師には債務不履行責

任（➡57-2，57-3）が生じ，クライエント側は，これを理由として心理支援契約の解除（民法541条〜543条），損害賠償請求などが可能となる。

● **Attention！2　善管注意義務とは何か** ●

　善管注意義務（善良な管理者としての注意）があるからといって高い義務を負うとは限らない。善管注意義務は義務の大きさを計る物差し（基準）にすぎず，何が義務に従った行為かは契約ごとに様々である。

　自分の身体や財産について善管注意義務は問題とされない。善管注意義務は「取引上必要な注意」ともいわれ，「私なりにベストを尽くしました」という弁解を許さない点に意味をもつ。その人の個人的な資質を問わず，合意（契約）をして引き受けた以上，その契約で求められる注意を尽くすよう求めるのである。もっとも，「サカナ屋が刺身をつくる」場合と「医師が手術で執刀する」場合とでは注意のレベルが異なってこよう。医師が副業としてサカナ屋を営んでいたとしても，サカナをさばくにあたって「善良な管理者」として手術のときのような注意まで求められることはない。

　医療契約や心理支援契約の場合は，専門職の幅広い裁量への信頼，そして保護すべき利益の重大性（患者・クライエントの生命や健康）という特質に照らして，善良な管理者には「**最善の注意**」（「危険防止のために実験上必要とされる最善の注意義務」——最高裁昭和36年2月16日判決民集15巻2号244頁〔東大輸血梅毒事件〕）が求められる（➡55-5，57-5，63-13）。具体的な契約に「善良な管理者としての注意」という物差しをあて，義務の内容・程度が定められるのである。　　　　（野﨑和義）

27-3　契約の当事者と報告義務

　報告義務は心理支援を依頼した契約当事者に対して負う義務であるが，クライエントが未成年者である場合には，クライエントが直接に心理支援を申し込むとは限らず，その親権者（保護者）が契約当事者となることもある。そのため，報告の相手方については区別して考えることが必要となる。

2　委任者が子どもの場合

27-4　親権者の同意と報告義務

　未成年者である子どもみずからが公認心理師と心理支援契約を結ぶにあたっては，親権者（保護者）の同意が必要となる（民法5条1項➡55-4）。ただし，こ

の場合，親権者が契約の当事者となるわけではなく，委任者はあくまでも子ど
もであるから，契約に基づく報告義務（民法645条）も子どもに対してのみ負う。

3　委任者が親権者（保護者）の場合

27-5　子ども（クライエント）の意向

　これに対して，心理支援契約が親権者（保護者）と公認心理師との間で締結
された場合，親権者が契約の当事者となるため，契約に基づく報告義務は，親
権者に対して負う。しかし，委任した者が親権者であったとしても，クライエ
ントはあくまでも子どもであって，親権者ではない。そうだとすると，子ども
の意向を確認せずに，親権者にカウンセリング結果等を報告することは許され
るのだろうか。

　クライエントは，みずからの秘密が第三者に漏らされることはないという信
頼がなければ，公認心理師にすべてを打ち明けることができない。秘密保持は
カウンセリングの基礎である（➡21-1）。したがって，クライエントが子どもで
あろうと，その同意なしに子どもの秘密を開示することは，秘密保持義務違反
となる（公認心理師法41条➡23-2）。

27-6　報告義務と心理支援

　公認心理師が親権者（保護者）と心理支援契約を結んだ場合であったとして
も，子どもの同意がない限り，その秘密を親権者（保護者）に開示することはで
きない。しかし，そうなると契約当事者である親権者との信頼関係を築くこと
ができなくなるおそれが生じる。こうした状況をどのように考えればよいのか。

　たしかに，公認心理師がその心理支援の結果等について親権者（保護者）に
報告することは，経過の適正を示す意味でも欠かせない。しかし，公認心理師
の負う報告義務は，財産管理の委任などにみられる機械的な計算報告とは異な
る。重要なのは，十分に経過説明をし親権者の納得を得ることである。報告を
全く拒否することはできないが，心理支援の目的を達成するために必要な範囲
で公認心理師には情報の留保が正当化される余地もある。ただし，そのような
場合であったとしても，一連の事情は後日のために事実として相談記録に残し
ておくことが望まれよう。

（舩野　徹／野﨑和義）

Question 28　未成年者の契約と秘密保持義務

Q 対象となるクライエントは未成年者であるが，心理カウンセリングを受けていることを親には言ってほしくないと懇願している。その場合でも，親に知らせなければいけないのか。知らせないでおくと何か法に触れるのか。

A クライエントが未成年者だからというだけで，カウンセリングの事実や内容等を親権者に伝えることは許されない。

　たしかに，心理支援契約の締結にあたっては親権者の同意を得ることが求められているが，しかし，それはクライエントである未成年者の経済的利益を保護するためである。一方，カウンセリングにあたっては本人の秘密保持が不可欠であり，カウンセリングについて内緒にしてほしいという未成年者本人の意向が損なわれることがあってはならない。それゆえ，公認心理師としては，契約にあたって親権者の同意を得ることが望ましいが，それが困難な場合には，契約の締結を断るか，後に契約が取り消されるリスクを甘受してカウンセリングを実施するほかない。

1　心理支援契約の締結と親権者の同意

28-1　親権者の同意と秘密の発覚

　公認心理師がクライエントに心理カウンセリングをする場合，公認心理師は，クライエントと心理支援に関する契約（**心理支援契約**）を締結する。設問ではクライエントが未成年者であるため，この締結には**親権者の同意**を必要とする*（民法5条1項➡**55-4**）。もっとも，親権者の同意を得ようとすると，その子が心理カウンセリングを受けていることが発覚するおそれがある。クライエントは心理カウンセリングを受けることを親には内緒にしてほしいと望んでいるのであり，公認心理師としては，心理支援契約を親権者の同意なしに結んでよいものか，その判断を迫られることになろう。

　＊　親権者の同意を得ないで心理支援契約を締結した場合，その契約は取り消すことができる（民法5条2項，120条1項）が，それまでは有効である（➡**28-4**）。

2 クライエント（未成年者）への説明と理解

28-2　クライエント（未成年者）への説得

　公認心理師は，クライエントに対して心理支援契約に基づいて心理カウンセリングを実施する。クライエントが未成年の場合，その対価は自身で支払うこともあろうが，親権者が負担することも少なくない。したがって，親権者に内緒で心理支援契約を締結し，心理カウンセリングを行なうことには困難を伴う。公認心理師としては，カウンセリングの実施を親権者に伝える旨をクライエントに了解してもらうよう努めることが望ましい。

28-3　クライエントの理解が得られない場合

　それでは，クライエントが心理カウンセリングを受けていることを親権者に伝えないでほしいと懇願する場合には，どうすればよいのか。まず，とりうる選択肢は，親権者の同意がない以上，心理支援契約の締結を断るということである。次に，親権者の同意はないが，心理支援契約を締結するという選択肢も考えうる（▶▶**56-3**）。この場合，公認心理師は，後から心理支援契約が取り消され，受領した報酬の返還を余儀なくされてしまうリスクを織り込んだ上で[*]，心理カウンセリングを実施することになる。

　　[*]　契約が取り消されるとそれは当初から効力がなかったものとされる（民法121条）。当事者は受け取った利益を互いに返還し，すべてを元の状態にリセットしなければならない（原状回復の義務を負う）。これが原則であり，公認心理師は未成年者から受け取った報酬の全額を返金しなければならないのであるが，一方，未成年者の側は利益が残っていなければ何も返さなくてよい。現に残っている利益あるいは形を変えて残っている利益を返還すれば足りるとされ（民法121条の2第3項），未成年者が契約によって不利益を被らないよう配慮されている［野﨑：2019：22-23］。

3 クライエントの秘密保護と未成年者の契約上の利益保護

28-4　親権者による同意の趣旨

　しかし，そもそも親権者の同意を得ないで心理支援契約を締結し，心理カウンセリングを実施することが許されるのだろうか。親権者に同意権が与えられているのは，未成年者が単独で契約をすると不測の損害（例：財産の散逸や過剰

な義務負担）を被るおそれをもつためにほかならない。未成年者は，若年のため判断能力が不十分とみられることから，その意思決定の適切さを保護機関（親権者）が利害得失という観点から判断することが望ましい［野﨑：2019：34］。そのため，未成年者が単独でした契約は親権者の同意を得ることで初めて確定的に有効なものとされ，それまでは，未成年者本人または親権者がこれを取り消すことで（民法5条2項，120条1項），契約の効力を否定することができるとされるのである。

28-5　秘密保持義務の趣旨

　一方，秘密保持は，クライエントのプライバシー保護のためだけでなく，カウンセリングの基礎でもある。みずからの秘密が第三者に漏らされることはないという信頼がなければ，クライエントは公認心理師にすべてを打ち明けることができず，公認心理師としても効果的な心理支援を実施することが困難となろう（➡21-1）。

28-6　法の目的

　このように，クライエントの秘密保護（公認心理師法41条）と未成年者の契約上の利益保護（民法5条1項）とでは，それぞれ法の目的が異なる。クライエントの秘密保持の必要性は，クライエントが成年であろうと未成年であろうと異なるところはない。したがって，公認心理師が，クライエントである未成年者の意向に反してカウンセリングの事実を親権者に伝えたとすれば，それは秘密保持義務違反に当たる。

28-7　設問について

　公認心理師は，未成年のクライエントから親権者に心理カウンセリングを受けていることを伝えてほしくないと言われた場合には，親権者に伝える必要はない。また，伝えなかったことが違法とされることもない。もっとも，クライエントの状態改善にとって親権者との連携が必要な場合には，これについて未成年者の理解を得るよう努め，その了承を得ることが望ましい。

【参考文献】
野﨑和義『ソーシャルワーカーのための成年後見入門』ミネルヴァ書房，2019年。

（舩野　徹／野﨑和義）

Question 29 連携義務と秘密保持義務

Q 訪問先で，クライエントが内服薬を多量にため込んでいることを打ち明けてくれた。しかし，「絶対に主治医に言ってくれるな。叱られるし，入院させられる。」と言う。医師に伝えることは連携上の義務と考えるが，クライエントの秘密を保持するという義務には反するのではないか。こうしたジレンマの際，公認心理師法上の「連携義務」と「秘密保持義務」との関係はどう考えたらよいのか。

A 公認心理師は，クライエントの意向を第一に考えるべきであり，その意向に反して内服薬の使用状況を当該支援に係る主治医に伝えると，秘密保持義務違反に問われかねない。公認心理師としては，主治医との連携の必要性をクライエントに説明し，その了解を得るほかない。

　もっとも，クライエントに「自傷他害のおそれ」が認められるなど，服用状況を主治医に開示することについて「正当な理由」があると判断される場合には，クライエントの了解なく状況を伝えたとしても秘密保持義務違反とはならない。

1 秘密保持義務と連携および指示を受ける義務との対立

29-1　義務の衝突

　公認心理師がクライエントを訪問した際，クライエントから内服薬をため込んでいることを打ち明けられた。クライエントは，信頼している公認心理師には秘密を話すが，それを当該支援に係る主治医には知られたくなかったものと思われる。この場合，クライエントが拒む以上，内服薬をため込んでいることを主治医に伝えることは秘密保持義務（公認心理師法41条）に反するように思われる。

　一方，公認心理師は，主治医と連携を保ち，場合によっては，その指示を受けることも求められている（同法42条）。この点からすると，主治医の治療効果を十分なものとし，クライエントの状態を改善するために，公認心理師は，ク

ライエントが内服薬をため込んでいることを主治医に伝えるべきようにも思われる。

　設問は秘密保持義務と連携および指示を受ける義務とが衝突する場面であり，公認心理師にはいずれの義務を果たすべきかの判断が求められている。

2　クライエントの意向・利益

29-2　秘密保持義務（公認心理師法41条）の趣旨

　秘密保持は，第1次的にはクライエントのプライバシーを保護するためであるが，同時に公認心理師の職務の適切な遂行にも資する。クライエントは，みずからの秘密が第三者に漏らされることはないという信頼がなければ公認心理師にすべてを打ち明けることができず，公認心理師としても効果的な心理支援を行なうことが困難となろう（**➡21-1**）。

29-3　関係する専門職との連携義務（公認心理師法42条1項）

　公認心理師の業務では，心理支援にあたって関係する職務と連携することが義務とされている（公認心理師法42条1項）。クライエントの抱える問題は必ずしも単一の要因に基づくものとは限らず，その解決のためには多面的・複合的な支援が効果的と考えられるからである［日本心理臨床学会 2020：2-3］。

29-4　主治医の指示を受ける義務（公認心理師法42条2項）の趣旨

　また，公認心理師は，クライエントに当該支援に係る主治医がいる場合，その指示を受けることが責務とされている*（公認心理師法42条2項）。主治医の治療方針と公認心理師の支援方針との間に対立や齟齬があると，クライエントの状態について効果的な改善が図られず，かえって症状の悪化をもたらしかねないと懸念されるからである（平成30年1月31日　29文科初第1391号　障発0131第3号「公認心理師法第42条第2項に係る主治の医師の指示に関する運用基準について」〔以下，「運用基準」と略記〕3-4頁）。

　＊　「指示を受ける」といっても「密接な連携を求める」ということが本義であり，医療行為の一部分担まで求められるわけではない（「一般社団法人　日本公認心理師協会　倫理綱領に関するガイダンス」〔『日本公認心理師協会倫理綱領』についての解説〕20頁）。

29-5 クライエントの意向・利益

　以上のとおり，秘密保持義務も連携・指示を受ける義務もクライエントの意向・利益を図る目的で，公認心理師に課されているものである。そうだとすると，いずれの義務を優先させるかについては，クライエントの意向・利益を第一に検討すべきである。

　したがって，クライエントが，秘密の開示を望まない場合，公認心理師は，主治医に対しても，その秘密を伝えることはできないと考えるべきであろう（秘密保持義務を優先する）。運用基準（4頁）も「要支援者が主治の医師の関与を望まない場合，公認心理師は，要支援者の心情に配慮しつつ，主治の医師からの指示の必要性等について丁寧に説明を行うものとする」としている。

3 秘密の開示

29-6 「正当な理由」に当たる場合

　もっとも，公認心理師は，第三者へ秘密を開示する「正当な理由」がある場合には，クライエントの秘密を第三者へ開示することができる（公認心理師法41条）。「正当な理由」としては，法令に基づく場合，クライエント自身や第三者の利益を保護する場合などが考えられる（➡25-2）。

4 設問の検討

29-7 自傷他害のおそれ

　公認心理師は，クライエントの意向を第一に考えるべきであり，本人が当該支援に係る主治医への開示を拒否している以上，内服薬をため込んでいる事実を主治医に伝えてはならない。主治医に伝えてしまった場合には，秘密保持義務違反となる。

　もっとも，内服薬をため込んでいることでクライエントに「自傷他害のおそれ」（例：クライエントが自殺に及ぶ危険性）がある場合には，その旨を主治医に伝達しても，「正当な理由」（公認心理師法41条1項）が認められるとして，秘密保持義務違反とされないことも考えうる。一方，そのような危険がない場合には，主治医と連携することがクライエントの症状改善のためにプラスになる旨を説明し，主治医に伝えることの了解を得るべくクライエントの心情に配慮し

ながら丁寧な説明に努めるべきである。

【参考文献】

日本心理臨床学会「公認心理師法第42条の運用に関する連携の考え方」（2020年 8 月22日版）

（舩野　徹／野﨑和義）

Question 30　私的な場での出会いと秘密保持義務

Q クライエントと近所のスーパーで出会ってしまった。近くに住んでいるとのこと。クライエントは一人ではなく，家族らしい人と一緒だった。そういう場面でどうしたらよいのか。

A 公認心理師は，買い物などの私的な場でクライエントに出会ったとしても，声をかけないほうがよい。このことは，クライエントに同行者がいるかいないかを問わない。

1　心理支援を受けているという事実の発覚

30-1　秘密保持義務という観点

公認心理師が，外出先でクライエントと出会うことは十分にありうるが，その場合，普通に挨拶してもよいのであろうか。設問のクライエントは家族らしい人（以下，「同行者」とする）と一緒であり，公認心理師がクライエントに声をかけることは，秘密保持義務（公認心理師法41条）という観点から疑問が生じる。クライエントが公認心理師の心理支援を受けていることが，同行者に発覚してしまうおそれが認められるからである。

2　公認心理師としてとるべき対応

30-2　秘密保持義務との抵触の可能性

クライエントが心理支援を受けている事実それ自体を誰にも知られたくないと考えていることは十分にありうる。しかし，公認心理師がクライエントに声をかけると，クライエントは，声をかけた者が公認心理師であることを同行者に説明しなくてはならないかもしれない。また，その説明の中で，公認心理師の心理支援を受けている事実を同行者に明らかにせざるをえないことも考えうる。このような事態は，公認心理師の秘密保持義務（公認心理師法41条）に抵触

する可能性をもつ。同様の問題は，クライエントが同行者を伴っていない場合
も生じる。第三者が見ているかもしれないからである。

30-3　心理支援とは無関係の場での対応

　それゆえ，公認心理師としては，心理支援とは無関係の場でクライエントに
出会った場合，クライエントに同行者がいるかいないかにかかわらず，クライ
エントには声をかけない方が望ましい。一方，クライエントの方から声をかけ
てきたときは，状況に応じて対応すれば，特に問題はないと考える。

（舩野　徹）

Question 31 社員の心理支援と秘密保持義務

Q 企業に公認心理師として勤務しているが，妻も同じ会社の別の部署にいる。妻は心理職ではなく，総合職である。自分が担当している社員（新型うつ病）の職場内での様子を妻から聞いて，心理支援の参考にしているが，問題はないか。

A 秘密保持義務違反に当たる可能性が高く問題がある。

1 他部署で就労している者との情報交換

31-1 担当している社員の秘密

　公認心理師が企業に雇用され，心理職として社員の心理支援をすることがある。設問で問題になるのは，秘密保持義務（公認心理師法41条）である。

　公認心理師が，支援を受けている社員について，他部署で就労している妻から様子を聞くことは，結果として，ア）その社員が心理支援を受けている事実を妻に知らせることになるが，さらに，イ）カウンセリング内容等を妻に漏らすことにもつながりかねない。しかし，支援を受けている社員は，上記イ）はもちろんア）だけでも，秘密にしてほしいと望むであろう。したがって，この社員の同意がない限り（同意はおそらく考えがたい），設問のケースは，秘密保持義務違反に当たる可能性が高く問題がある。

（舩野　徹）

Question 32　児童虐待の通告

Q クライエントである子どもが虐待を受けているように思われる。雇用されている機関の上司に伝えたが動いてくれない。この場合，公認心理師として適法に動くにはどうしたらよいか。

A 公認心理師は，クライエントが虐待を受けていると判断した場合，本人から誰にも言ってくれるなと懇願されていたとしても，児童相談所等に通告することができる。また，通告したことで公認心理師法や雇用契約に基づく秘密保持義務違反に問われることもない。

1　問題の所在

32-1　秘密保持義務と雇用契約上の義務

　公認心理師は，カウンセリング等で知ったクライエントの秘密を，正当な理由なく，第三者に漏らしてはならない（秘密保持義務——公認心理師法41条）。設問では，クライエントである子どもが虐待を受けている可能性に気づいた場合，公認心理師は，その事実を第三者に通報してもよいかという問題がある。

　また，公認心理師は上司に虐待の事実を伝えているが，上司はこれに応じていない。虐待への対応をめぐる判断が公認心理師と上司とで異なっている。しかし，公認心理師は雇用されている立場であり，雇用契約上の義務として，業務上知りえた秘密（虐待の事実）を通報等により第三者に明らかにしてよいのかという問題もある。

2　クライエントの意向と秘密保持義務

32-2　秘密保持義務の趣旨

　秘密保持は，クライエントのプライバシー保護のためだけでなく，カウンセリングの基礎でもある。クライエントは，みずからの秘密が誰にも漏らされる

ことはないという信頼がなければ，公認心理師にすべてを打ち明けることができず，公認心理師としても効果的な心理支援を実施することが困難となろう（➡21-1）。この点からすると，クライエントが望んでいない場合，公認心理師は，第三者への通報を控えるべきなのかもしれない。

32-3　虐待の通報の必要性

一方，虐待の可能性があるにもかかわらず，これを放置していると，クライエントの負傷や死に至るおそれなども否定できない。また，虐待を受けているクライエントは，加害者からの報復を恐れ，通報をためらっているのかもしれない。したがって，公認心理師は，クライエントの同意の有無に関わりなく虐待を受けている旨を警察等に通報すべきようにも思われる。

32-4　法による秘密保持義務の解除（正当な理由がある場合）

このように異なる要請が対立している場面で，児童虐待の防止等に関する法律（以下，「児童虐待防止法」と略記）は，虐待を受けたと「思われる」（虐待の確証を得たことまでは必要ない）児童を発見した者に対して，速やかに，福祉事務所，児童相談所等に通告＊することを義務づけている（児童虐待防止法6条1項）。そして，通告義務が秘密保持義務に優先すると定め（同法6条3項），虐待の状況が秘密保持義務を例外的に解除する「正当な理由」（公認心理師法41条）に当たることを明らかにしている。

＊　事実を知らせることを「通報」（例：火災の報知）といい，特に相手方に一定の行為を行なわせる（例：道路交通法違反による反則金の納付）ために知らせる場合には「通告」という用語が多く使用される。児童虐待防止法も，この意味で「通告」という文言を用いている。

3　雇用契約上の義務と秘密保持義務

32-5　雇用契約上の義務との関係

公認心理師が雇用されている場合，雇用契約上の義務として，雇用主との関係でも秘密保持義務を負う（上司の方針に従う義務も含む）。しかし，虐待されている児童を発見した者が通告を義務づけられていることを踏まえると，雇用主との関係でも秘密保持義務は解除されると考えられる。秘密保持義務が解除されないとすると，雇われている者は，職を賭して通告しなければならなくな

り，児童虐待防止法が目指す「児童の権利利益の擁護」（児童虐待防止法1条）は困難となってしまうからである。

　また，公認心理師が上司や雇用主の了解を得ずに通告したとしても，そのことが発覚することもないであろう。通告を受けた児童相談所等の担当者は，「通告をした者を特定させるものを漏らしてはならない」と定められているのである（児童虐待防止法7条）。もっとも，上司や雇用主に対して通告の必要性を伝え，理解を得るように努めるべきことは言うまでもない。

（舩野　徹／野﨑和義）

Question 33　DV の通報

Q 成人クライエントが心理支援に訪れたが，DV を受けている可能性が高い。しかし，誰にも言ってくれるなと懇願された。この場合，公認心理師として適法に動くにはどうしたらよいか。

A 公認心理師は，クライエントの意向に反しても警察官等に通報することができる。また，通報したとしても秘密保持義務違反に問われることはない。

1　秘密保持義務と虐待の通報

33-1　秘密保持義務

　公認心理師法は，公認心理師が正当な理由なくクライエントの秘密を漏らすことを禁じている（秘密保持義務——公認心理師法41条）。たしかに，秘密保持はカウンセリングの基礎である（➡**21-1**）。しかし，設問のようにクライエントにDV 被害が疑われる場合，これを放置していると，クライエントの生命・身体に危害が生じるおそれも否定できない。そのような場合であっても，公認心理師は，業務で知りえた事情を警察等の第三者に通報することが許されないのだろうか。

33-2　虐待の防止

　この点，「配偶者からの暴力の防止及び被害者の保護等に関する法律」（DV防止法）は，DV の通報が秘密保持義務に優先することを認めている（DV 防止法6条1項〜3項）。また，被害者が高齢者や障害をもつ成人の場合も同様である。「高齢者虐待の防止，高齢者の養護者に対する支援等に関する法律」（高齢者虐待防止法），「障害者虐待の防止，障害者の養護者に対する支援等に関する法律」（障害者虐待防止法）も通報義務の規定を設け（➡Q99），虐待から被害者を守ることを法律上求めている（高齢者虐待防止法7条1項〜3項，障害者虐待防

止法 7 条 1 項・2 項，16条 1 項〜 3 項)。

33-3　設問の検討

　したがって，公認心理師は，クライエントが DV を受けていると判断した場合，クライエントが誰にも言ってくれるなと懇願していたとしても，警察官等に通報することが許される。また，その通報によって秘密保持義務違反に問われることもない。もっとも，通報に際しては，クライエントの状態を慎重に吟味し，クライエントと十分に協議するなどして，その意思を十分に尊重する必要がある（DV 防止法 6 条 2 項参照)。

（舩野　徹／野﨑和義)

IV

個人情報の保護

Question 34

個人情報とは何か

Q 公認心理師 A は，私立病院 X の精神科でカウンセリング業務に従事している。クライエントやその当該支援に係る主治医である精神科医とメールで病状に関するやりとりをすることもあるが，そのメールにクライエントの氏名等を入れてはいない。しかし，パソコンがウイルス感染して，メールが流出した可能性を否定できない状態になった。A は何か責任を負うのか。

A 氏名等を削除したとしても，他の情報と照合することで個人情報とされることもある。その場合，公認心理師 A には民法上の損害賠償責任が問題とされる。また，流出したメールが個人情報に該当しないと判断される場合にも，A は事態をクライエントに報告することが望ましい。

1 自己情報コントロール権

34-1 高度情報化社会と個人情報

　伝統的にプライバシーの権利といえば「私生活をのぞかれない」あるいは「公開されない」ことを，その主たる内容としていた。しかし今日，この権利はさらに広い内容をもつに至っている。高度情報化社会のもとで，断片的に取得された個人情報もコンピュータにより結合処理することが技術的に容易となり，政府や民間企業は，個人の生活状況や人物像の細部に至るまで，その情報を瞬時に引き出すことも不可能ではないという状況が生まれている。そうした中で，漠たる不安にとらわれた諸個人は，みずからの言動を抑制し押し黙るほかないのであろうか。

　この自律性への脅威を前にしたとき，諸個人は，自己に関する情報がどのように取り扱われるのか（どのように取得・利用・提供・管理されるのか）についても関心をもたざるをえない。もはや私生活をみだりに公開されないというだけでは不十分である。個人の情報はその本人がコントロールする権利（**自己情報**

コントロール権）をもつという考え方がこうして生まれ，プライバシーの権利に加えられた。それは，情報の取り扱いに関する**自己決定権**の主張であり（➡ Attention！3），本人の意思に反する取得・利用・公表を禁止し，場合によっては開示・訂正・削除を求めることをも内容としている。

● **Attention！3　守秘義務と個人情報の保護** ●

　個人情報の保護を伝統的な**守秘義務**（秘密保持義務）と同列に扱ってはならない。たしかに，医師・看護師や公認心理師などは，その資格を定めている法律によって，罰則付きで守秘義務を課されている。しかし，それは関係者のプライバシー保護だけを目的とするものではない。公認心理師についていえば，守秘義務はクライエントとの信頼関係を維持し適切なカウンセリングを実施するために不可欠なものであり（➡**21-1**），業務の円滑な遂行を保護するという目的をも有している［野﨑2020：172］。

　守秘義務は医療職をはじめとする職能集団で古くから専門職の義務とされていたものであるが，これに対して，個人情報の保護は自己情報コントロール権という利用者の権利を基礎としている。公認心理師は，クライエントの秘密を保護していれば足りるわけではない。情報の利用に関するクライエントの自己決定権を積極的に保障していくことが，その責務である。

（野﨑和義）

2　個人情報保護制度

34-2　三つの法律と各地方公共団体の条例 ···

　個人情報保護制度は，三つの法律で構成されている。「個人情報の保護に関する法律」（以下，「個人情報保護法」と略記），「行政機関の保有する個人情報の保護に関する法律」（以下，「行政機関個人情報保護法」と略記），および「独立行政法人等の保有する個人情報の保護に関する法律」（以下，「独立行政法人等個人情報保護法」と略記）がそれである。

　このうち個人情報保護法は，個人情報の取り扱いについて公私を通じた一般的な定めをおくとともに，民間部門に適用される具体的なルールを用意している。一方，国の政府の行政機関については行政機関個人情報保護法が適用される。また，独立行政法人[*1]（例：国立博物館）や国立大学法人（例：国立大学医学部

附属病院）は，独立行政法人等個人情報保護法で規制される。行政機関個人情報保護法および独立行政法人等個人情報保護法は，いずれも公的部門について個人情報保護制度を定めたものであるが，その内容はほぼ異なるところがない。なお，市立病院など地方公共団体が運営する病院については，当該地方公共団体の個人情報保護条例に規定がおかれている。

　このように個人情報保護制度については複数の法律があり，また各地方公共団体には条例も設けられているが*2，本章では「個人情報保護法」に重点をおき，制度の大まかな仕組みを解説する。

　＊1　独立行政法人：国の行政組織をスリム化するために，国の機関とされてきた研究所等に独立の法人格を与えた上で，これを国から切り離したものである。その設置は個別法に基づくが，法人運営等の共通原則を定めた独立行政法人通則法が制定されている。

　＊2　それゆえ，医療分野などでは設置主体によって適用される法が異なってくるという事態が生じる。例えばカルテ等の診療記録（➡37-2＊）は個人情報であるが，近所の開業医に受診すれば，そのカルテは個人情報保護法によって守られる。しかし，受診先が国立大学附属病院であれば独立行政法人等個人情報保護法，市立病院であれば個人情報保護条例が適用されることになる。この錯綜した状況とその問題点については，［岡村 2017a：53-55，同 2017b：104］に詳しい。

3 事業者に対する規制

（1）事業者規制法

34-3　民間の事業者 ··

　個人情報保護法はその第4章（特に第2節〔17条～40条〕）で，「個人情報取扱事業者」に対して様々な義務を課している。**個人情報取扱事業者**とは，「個人情報データベース等」（➡34-10）を「事業の用に供している者」をいうが（個人情報保護法16条2項），このうち，国，独立行政法人等，地方公共団体は除外される。これらについては，行政機関個人情報保護法，独立行政法人等個人情報保護法，個人情報保護条例によって，それぞれ規制を受けるからである（➡34-2）。それゆえ，個人情報保護法に規定する個人情報取扱事業者は，実質上，民間の事業者に限定されることになる。

34-4　事業の用に供していること

　また，データベース等を「事業の用に供している者」であることが個人情報取扱事業者の要件とされているが，ここでいう「事業」は社会的に事業と認められるものであれば足り，営利・非営利（例：NPO法人）を問わない。あらゆる事業分野の者が含まれるのであり，公認心理師が個人事業主（自営業者）であったとしても，個人情報取扱事業者に当たる。

（2）個人情報保護委員会

34-5　監督権限の一元化

　個人情報保護法を所管するとともに，個人情報を取り扱う事業者を監督する権限をもつのは**個人情報保護委員会**（個人情報保護法第6章〔127条〜165条〕）である。従来，個人情報取扱事業者に対する監督権限をもつのは，それぞれの事業分野を所管する各省庁（主務大臣）であった。しかし，そうした主務大臣制による縦割り行政の弊害が懸念されたことから，2015（平成27）年の改正で監督権限が個人情報保護委員会に一元化され，併せてその内容も強化されている。

4　個人情報の範囲

（1）個人性・生存者性・個人識別性

34-6　三つの要件

　個人情報保護法は，A）「個人に関する情報」であること（個人性），B）「生存する」個人に関する情報であること（生存者性），C）「特定の個人を識別することができる」情報であること（個人識別性），という3要件を満たしたものを「個人情報」と定義している（個人情報保護法2条1項）。

34-7　個人に関する情報（A：個人性）

　まず，個人情報保護法は，個人の権利利益の保護を目的としており（個人情報保護法1条），その保護の対象は自然人である個人に関する情報に限られる。それゆえ，法人その他の団体そのものに関する情報が個人情報に当たることはない。一方，「個人」であれば足り，その本人の国籍を問わないことから，外国人に関する情報も個人情報に含まれる。

34-8　「生存する」個人の情報（B：生存者性）

　　次に，個人情報は，「生存する」個人の情報に限定され，個人であっても死者に関する情報は保護の対象とされない（➡Q35）。個人情報保護法は，後にみるように（➡Q37），開示請求権など様々な本人関与の仕組みを規定しているが，それらは本人が生存していて初めて行使しうるからである。

34-9　特定個人を識別可能な情報（C：個人識別性）

　　さらに，第3の要件として個人の識別性が挙げられる。純然たる私事に属する事項（伝統的なプライバシーの理解➡34-1）に限らず，本人との結びつきが明らかな情報は，その取り扱いのいかんによって本人の人格的・財産的な権利利益を侵害するおそれをもつ。そのため，個人情報保護法は，個人識別情報を広く対象とし，必ずしも私事に属するとはいえないものも射程とするのである。なお，個人識別性は，匿名化していても認められる場合のあることは後述する（➡34-13）。

（2）個人情報と個人データ

34-10　個人情報データベース等

　　個人情報保護法は，特定の個人情報を氏名等で検索できるように体系的に整理したものを「個人情報データベース等」と呼ぶが（個人情報保護法16条1項），これには，コンピュータ処理情報（電子データベース）だけでなく，一定のマニュアル情報も含まれる。例えば，書面ファイルであっても，病院のカルテのように個人情報が五十音順に整理されていれば，「個人情報データベース等」に当たる。

34-11　検索可能な情報

　　この「個人情報データベース等を構成する個人情報」が，「個人データ」といわれる（個人情報保護法16条3項）。生存する特定の個人を識別しうる情報であれば，それがどのような形で管理されていようと「個人情報」にほかならない。しかし，それがコンピュータへの入力によりデータベース化され，あるいは紙情報であっても名簿化されるなどして検索しうるものとなると，活用が高度化・多様化される反面，それが不適切に取り扱われた場合，本人の権利利益を侵害するおそれが高まる。そのため，個人情報保護法は，検索可能な状態に整理された個人情報を「個人データ」と位置づけ，それを取り扱うにあたって

は個人情報の場合よりも重い義務を課す。

　例えば，個人情報取扱事業者は，その取り扱うすべての個人情報について適正な方法で取得する義務を負うが（個人情報保護法20条１項），これに加えて，個人データについては安全管理措置をとり（同法23条➡Q36），さらに本人に無断で第三者に提供してはならないという義務（同法27条１項）も課される。

【図】

個人情報	取得にあたっての義務		
個人データ	同上	利用にあたっての義務	
保有個人データ	同上	同上	本人の要求に応じる義務

34-12　本人関与の対象

　個人データのうち，「個人情報取扱事業者が，開示，内容の訂正，追加又は削除，利用の停止，消去及び第三者への提供の停止を行うことのできる権限を有する」ものは「保有個人データ」といわれる（個人情報保護法16条４項）。個人情報保護法は，開示・訂正・利用停止など本人関与の仕組みを用意しているが，これに応じるためには，相手方たる事業者に相応する権限が与えられていなければならない。こうした本人関与を認める対象としてふさわしいものが「保有個人データ」と呼ばれているのであり，これに該当するものについては，例えば，開示など本人の要求に応じる義務（同法33条➡Q37）も生じる。情報の取得にあたっての義務（個人情報について）や利用にあたっての義務（個人データについて）だけでなく，さらに広い義務が課されるのである*（➡上図）。

　　＊　個人情報・個人データ・保有個人データをめぐる規制内容に関しては，**39-2**〜**39-6**でカウンセリング記録をもとに具体的に検討した。

5　設問の検討

34-13　照合による識別

　個人情報保護法は個人識別情報を対象としているが（➡**34-9**），この個人の識別は「氏名，生年月日」（個人情報保護法２条１項１号）などの記述だけでなされるわけではない。「他の情報と容易に照合することができ，それにより特定の

個人を識別することができる」（同法2条1項1号かっこ書）場合にも，その情報は個人情報となる。例えば，クレジットカード番号は，それのみでは個人情報とならないが，クレジットカード会社にとっては，特定の個人との照合が容易な情報であることから個人情報に該当する。同様に，クライエントに関する情報についても，氏名等を削除したからといって，直ちに個人情報ではないと断言することはできない。病院内で得られる他の情報と照合することにより，特定のクライエントを識別することができるのであれば，その情報は個人情報に該当する。そのため，個人情報かどうかについては個別の事例に応じて判断せざるをえないが，判断に迷う場合には，個人情報に該当するものとして取り扱うことが望ましいとされている（個人情報保護委員会事務局「『医療・介護関係事業者における個人情報の適切な取扱いのためのガイダンス』に関するQ&A（事例集）」8頁Q2-11）。

　そして，流出した情報が個人情報に該当すると判断される場合には，個人情報の漏えいとして扱われる。設問についていえば，病院Xには個人情報保護法上の責任および民法上の損害賠償責任が問われる。一方，公認心理師Aは個人情報保護法上の責任を負うことはないが，民法上の損害賠償責任が問題とされよう（➡Q36）。なお，流出したメールが個人情報に該当しないと判断される場合にも，メールが流出したことをクライエントに報告し，クライエントの特定に足りる情報は含まれていなかった旨を説明しておくことが，クライエントとの信頼関係を維持するためには望ましいと思われる。

【参考文献】

岡村久道『個人情報保護法の知識（第4版）』日本経済新聞社，2017年（＝岡村 2017a）。
岡村久道『個人情報保護法（第3版）』商事法務，2017年（＝岡村 2017b）。
野﨑和義『コ・メディカルのための医事法学概論（第2版）』ミネルヴァ書房，2020年。

（野﨑和義）

Question 35　死者に関する情報

Q 高齢者の事例で，専門学会における事例発表の許可を取ろうとしたら，亡くなられ
ていることがわかった。遺族に同意をとればよいのか。その場合，誰から同意をと
ればよいといった順番はあるのか。

A 発表する事例が死亡した高齢者の情報に限られる場合には，個人情報保護法上，誰
からも同意を得る必要がない。また，秘密保持義務違反に問われることもない。
もっとも，死亡した高齢者の法定相続人など利害関係者から事例発表に使用することの
同意を得ておくと，無用の紛争は回避することができる。

35-1　個人情報保護法の適用があるのか

設問では，高齢者の事例を発表しようとしたところ，その高齢者は死亡して
いる。このように死亡している者についての情報は，個人情報保護法の適用対
象にならない。個人情報保護法の保護対象となるのは，生存している者の情報
だからである*（➡34-8）。

> ＊　死亡した高齢者の記録が，生存する個人（例：高齢者の相続人その他の親族）の情
> 報でもある場合には，個人情報保護法の適用がある。

35-2　秘密保持義務の対象となるのか

もっとも，公認心理師には秘密保持の義務が課されている（公認心理師法41
条）。そうだとすると，高齢者の情報のうち秘密に当たる部分については，そ
の開示について高齢者本人の同意が必要ではないかという疑問も生じる。しか
し，秘密保持は第1次的にはクライエントのプライバシーを保護するための義
務である。クライエントが死亡した場合には，その利益を享受するクライエン
ト自身がもはや生存していないのであるから，秘密保持義務は解除されると考
える。したがって，高齢者の同意なくその秘密を事例発表したとしても，秘密
保持義務違反にはならず，秘密漏示罪（公認心理師法46条，41条）は成立しな
い。

35-3　設問の検討 ·······

　死亡した高齢者の記録に基づいて事例発表をする際，その記録の中に生存す
る者の個人情報も含まれている場合には，その生存する個人の同意を得る必要
がある。しかし，死亡した者の情報に限られるのであれば，その秘密も含め
て，法律上は誰からも同意を得る必要がない。

　もっとも，無用の紛争を回避する見地から，少なくとも死亡した高齢者の法
定相続人（➡ + α 93）から，事例発表に使用することの同意を取り付けること
が望ましい。また，高齢者の死後に事例発表をすることがある場合には，本人
が死亡する前に，その旨の同意を書面で得ておくのもよいかもしれない。

（舩野　徹）

Question 36　安全管理義務とその違反

Q 公認心理師 A は，私立病院 X でカウンセリング業務に従事している。

《Q 1》ある日，公認心理師 A は診療記録を自身のカバンに入れて院外に持ち出したが，電車の網棚にカバンごと置き忘れてしまった。A はどのような責任を負うのか。

《Q 2》ある日，病院に泥棒が入り，公認心理師 A の心理支援業務に関するパソコンの記録が盗まれた。この場合，誰がどのような責任を負うのか。

A 《Q 1》公認心理師 A が個人情報保護法上の責任を問われることはない。ただし，診療記録の持ち出しが原因でクライエントに権利利益の侵害が生じた場合には，このクライエントから損害賠償を求められる可能性がある。また，病院 X が就業規則等で診療記録の外部持ち出しを禁止していた場合，公認心理師 A は，労働契約違反として懲戒処分を受けることも考えうる。

《Q 2》公認心理師 A は，安全管理について病院の策定した内部規定を履践していない場合，労働契約違反に問われることになる。また，盗難が原因でクライエントの権利利益が侵害された場合には，損害賠償も問題となる。

1　個人データの安全管理

36-1　個人情報と個人データ

　データベース化された大量の個人情報は，漏えいによる被害が大きい一方，持ち出しは比較的容易である。個人情報保護法が，特に個人データ（➡34-11）について，その安全管理のために必要かつ適切な措置（同法23条）を個人情報取扱事業者（以下，「事業者」と略記）に求めているのはそのためにほかならない。

36-2　事業者の管理責任

　個人情報保護法は事業者の管理責任を問題とするのであるが，ただし，同法所定の義務違反が直ちに損害賠償や刑罰に結びつくわけではない。事業者に求められているのは基本的に行政法上の義務であり，管理に問題があれば行政機

関から処分が課され，これに違反したとき初めて処罰の対象とされる（➡**36-8**）。

36-3　事前の規制と事後の救済 ┈┈┈┈┈┈┈┈┈┈┈┈┈┈┈┈┈┈┈┈┈┈┈┈┈┈┈┈┈┈┈┈┈┈┈

　漏えい事故が発生したとき，これを起こした個人が個人情報保護法によって責任を追及されることはない。その場合も管理者である事業者が安全管理義務に違反したかどうかが問題とされるにとどまる。個人情報保護法は個人の権利利益の侵害を未然に防止するための法律であり，被害を受けた本人の事後的な救済は，民法のその他の法律によって図られる（➡**36-14**）。また，刑事責任についても基本的に個人情報保護法の問題とはされず，それは主として刑法の規制に委ねられている＊（➡**36-20**）。

　　＊　ただし，個人情報データベース等の提供や盗用については，個人情報保護法に事業者や個人を処罰する規定が設けられている（➡**36-9**）。

2　個人情報保護法上の責任

（1）安全管理措置

36-4　安全管理措置義務 ┈┈┈

　個人情報取扱事業者には「個人データの安全管理のために必要かつ適切な措置を講じなければならない」という義務（**安全管理措置義務**──個人情報保護法23条）が課されるが，さらに，この安全管理措置の一環として，その従業者および委託先に対する監督を行なうことも義務づけられる（個人情報保護法24条, 25条）。

36-5　従業者の監督 ┈┈┈

　「従業者」（個人情報保護法24条）には，個人情報取扱事業者に雇用されている常勤・非常勤の職員だけでなく，雇用関係のない実習生やボランティアなども含まれる。個人データの安全管理について，事業者は，みずからの指揮命令下で業務に従事している者に対して，雇用関係の有無を問わず必要かつ適切な監督を行なうよう求められているのである。

36-6　委託先の監督 ┈┈┈

　個人情報取扱事業者は，経営の効率化やサービスの向上のために，個人データの取り扱いの全部または一部を外部委託することも少なくない。そのような場合，個人データを安全に管理するためには，責任の所在を明確にしておく必要がある。この点，法は委託元である個人情報取扱事業者に対して，「委託を

受けた者に対する必要かつ適切な監督」を義務づけている（個人情報保護法25条）。委託元事業者は，本人からの信頼を得て個人情報の提供を受けた以上，たとえ外部委託をしたとしても，最後まで本人に対して責任を負って情報漏えい等の未然防止を図るべきだとされるのである。

（2）安全管理措置義務の違反

36-7　個人情報保護委員会による監督

以上の安全管理に関する義務（個人情報保護法23条〜25条）の違反が認められる場合，個人情報保護委員会（➡34-5）は，事業者に対して報告や資料の提出を求めたり，立入検査を行なうなどすることができる（同法143条1項）。また，必要な助言をするほか（同法144条），「違反行為の中止その他違反を是正するために必要な措置をとるべき旨を勧告する」こともできる（同法145条1項）。さらに，事業者がこの「勧告に係る措置をとらなかった場合において個人の重大な権利利益の侵害が切迫していると認めるとき」は，「その勧告に係る措置をとるべきことを命ずる」ことも個人情報保護委員会の権限に属する（措置命令──同法145条2項）。なお，命令には原則として勧告が前置されるのであるが，緊急性があるときは，勧告を経ずに命令が発せられることもある（緊急命令──同法145条3項）。

36-8　罰則

こうした監督制度を実効的なものとするために，課された処分（報告義務または措置命令・緊急命令）に違反した者には罰則も用意されている（個人情報保護法173条，177条1号）。

（3）個人情報データベース等不正提供罪

36-9　漏えい行為の処罰

さらに，事業者やその従業者（➡36-5），または過去にこれらであった者（例：退職した従業者）が，その業務に関して取り扱った個人情報データベース等[*]（➡34-10）を不正な利益を図る目的で提供または盗用する行為も処罰される。個人情報データベース等不正提供罪（個人情報保護法174条）がそれである。

従来，個人情報保護法には漏えい行為をした者を処罰する規定はなかった。しかし，大量の顧客情報が不正に持ち出され名簿業者に売却された事件などを受けて，2015（平成27）年の同法改正で新設されたのが，漏えい者を直接処罰

するこの規定である。

> ＊　個人情報データベース等には「その全部又は一部を複製し，又は加工したものを
> 含む」とされており（同法174条かっこ書），実質的には個人データが個人情報デー
> タベース等不正提供罪の対象となる［岡村 2017：234］。

（4）両罰規定

36-10　事業者の処罰

以上の罰則には，いわゆる両罰規定が用意されている。個人情報取扱事業者が組織的に事業活動を営んでいる場合には，事業者の業務について実際に違反した行為者だけでなく，監督責任のある事業者そのものも処罰の対象とするのである。

例えば，医療法人 X が，開設する病院での個人データ漏えいについて個人情報保護委員会から報告を求められたとしよう。その場合，同病院の事務長 A が虚偽の報告をすると，A が処罰される（個人情報保護法177条 1 号）だけではない。法人 X の使用人（X との雇用関係に基づいて業務に従事している者）A が，その法人の「業務に関して……違反行為」をしていることから，法人 X も処罰されることになる（同法179条 1 項）。

36-11　両罰規定による処罰の対象

両罰規定で処罰されるのは法人だけではない。「法人でない団体」（例：同窓会）や「人」（例：個人診療所の管理者である医師〔個人事業主〕）もその対象とされる。a) 法人等（法人でない団体も含む）の代表者，b) 法人等や人の代理人，使用人その他の従業者が，命令違反（個人情報保護法173条），報告拒否・虚偽報告（個人情報保護法177条 1 号）を理由に処罰された場合，その法人等や人にも刑事罰が科されるのである。

36-12　刑罰

もっとも，事業者それ自体に科される刑罰は罰金に限定される。法人その他の団体に自由刑（例：懲役➡＋α97）を科すことは不可能だからである。

虚偽の報告等については，行為者と同じ規定の罰金刑が科される（個人情報保護法179条 1 項 2 号）。一方，個人情報データベース等の不正提供や個人情報保護委員会からの命令違反については，特に厳しい罰金刑が設定されている（1億円以下の罰金──同法179条 1 項 1 号）

（5）漏えい等が発生した場合の対応

36-13　漏えい等の報告および本人への通知 ────────────

改正前は個人データの漏えい等（漏えい，滅失または毀損）の報告や本人への通知は，事業者の努力義務にとどまっていた（「個人データの漏えい等の事案が発生した場合等の対応について」平成29年個人情報保護委員会告示第1号）。しかし，2020（令和2）年6月の個人情報保護法改正（令和4年4月1日施行）により，事業者は，「その取り扱う個人データの漏えい，滅失，毀損その他の個人データの安全の確保に係る事態であって個人の権利利益を害するおそれが大きいものとして個人情報保護委員会規則で定めるものが生じたときは」，個人情報保護委員会への報告（26条1項）と本人への通知（26条2項）を行なうことが義務づけられた。

3 民法上の責任

（1）不法行為責任

36-14　民法の適用 ────────────────────────

不適切な個人情報の取り扱いを受けて損害を被ったとしても，個人情報保護法それ自体には損害賠償請求についての規定が用意されているわけではない。損害賠償の請求は民法その他の法律に基づいて行なわれることになる。

36-15　プライバシーの侵害 ──────────────────

個人情報の不適切な取り扱いがなされると，とりわけプライバシーの権利について，その侵害のおそれが大きい。このプライバシーの権利が実際に侵害された場合，その後の救済は民法上の不法行為（民法709条➡58-1，58-2）によって図られる。

伝統的な理解によれば，プライバシーとは私生活の平穏（私的領域の事実をのぞかれない・公開されないという法的利益）をいうが，自己情報コントロール権（➡34-1）という構想のもとでは，個人情報の漏えいや不適切な取得・利用（例：本人に無断で第三者提供）もプライバシーの侵害として不法行為を構成する。

36-16　プライバシー侵害の効果 ──────────────

このプライバシー侵害については，自己決定権という人格的利益（➡58-10＊）の侵害を理由とする損害賠償として慰謝料（「財産以外の損害」〔民法710条〕➡95-1）に対する賠償が認められることになろう。

（2）事業者自身の不法行為責任

36-17　管理上の落ち度 ··

　　事業者の管理上の落ち度が原因となって個人データの漏えい等が生じ，本人の権利利益が侵害された場合，事業者自身が本人から**不法行為責任**（民法709条）を追及される可能性がある。個人情報取扱事業者の義務は基本的に行政法上の義務であるが，しかし，それは不法行為法上の注意義務とみることもできる［新見 2001：21］。事業者が管理者として当然なすべき注意を怠っていた場合，これを理由として損害賠償責任を問われるのである。*

　　　＊　個人情報取扱事業者と本人との間に契約関係（特に一定のセキュリティ対策を講じることを義務づける条項）があるときは，従業者を当該事業者の**履行補助者**（➡**55-3**）と構成して，事業者の契約責任（**債務不履行責任**➡**58-10**）を問うこともできる。

（3）使用者責任

36-18　従業者に対する監督義務 ···

　　一方，従業者が個人データを不適切に取り扱ったために権利利益の侵害が生じたときは，第一次的にその従業者が被害者本人に対して不法行為責任を負う。しかし，その場合にも事業者は損害賠償責任を追及されることがある。事業者は，従業者に対して「必要かつ適切な監督」（個人情報保護法24条）を行なう義務があり，その監督を尽くしていないときは，使用者責任に基づいて従業者と連帯して損害賠償責任を負担しなければならないのである（民法715条➡**58-7**）。

　　この場合，被害者は，従業者に対して不法行為（民法709条）に基づく損害賠償を求めても，使用者である事業者に対して使用者責任（民法715条）による賠償を求めてもよい。従業者も事業者も全額の支払い義務を負い，いずれかが全額を支払えば被害者との間では賠償責任がなくなる（➡**58-8**）。

36-19　求償権 ··

　　事業者は，被害者に支払いをしたときは，その賠償金を従業者に請求することができる*1（**求償権**——民法715条3項）。この点，条文では事業者から従業者への全額の求償もできる建前となっているが，実際には事業者も応分の負担を求められる*2。

　　　＊1　なお，事業者は，事故対応に要した費用（例：被害者へのおわびのお知らせ）など予定外に必要となった費用についても，被用者に対して求償とは別に請求するこ

とができる。

＊2　もともと使用者責任は「利益の帰するところ損失も帰する」という考え方（**報償責任**）に基づく（**▶▶58-7**）。この報償責任の考え方からすれば，事業活動に伴うリスクについては，使用者である事業者にもその一部を負担することが求められよう。

4 刑法上の責任

36-20　財産犯の成否

　個人情報の適正な取り扱いに反する行為，特に個人情報の外部への流出（漏えい）があった場合，漏えい者個人が刑法によって処罰の対象とされることがある。例えば，個人データの媒体それ自体（例：ノートパソコン）を不正に持ち出したのであれば，窃盗罪（刑法235条）等に該当することになろう。

　一方，電子メールでデータを送信したような場合には，刑法上の財産犯は成立しない。

　たしかに，情報を記録・化体した媒体物については，その不正入手を窃盗罪等に問うことができる。しかし，情報それ自体にまで財物性を認めることはできない。窃盗罪の客体である「財物」についていえば，それは固体・液体・気体という有体物に限られる。[1]それゆえ，他人の財産的情報を持ち出したとしても，その媒体物の占有を侵害していない場合（例：複写，撮影），窃盗罪が成立することはない。[2]

＊1　情報の財物性を否定しないと，書店で立ち読みをしただけで窃盗罪として処罰されることにもなりかねない。

＊2　もっとも，先にみた個人情報データベース等提供罪（個人情報保護法174条**▶▶36-9**）に問われることはある。

36-21　刑法とプライバシーの保護

　刑法は，プライバシーを直接保護する規定をおいてはいない。秘密漏示罪（6月以下の懲役または10万円以下の罰金——刑法134条）のように，実質的にはプライバシーの保護を図っていると思われる規定もあるが，同罪の主体は医師・弁護士など条文に列挙された者に限定されている。これらの者の補助者（例：看護師）が秘密を漏示したとしても，刑法上，処罰の対象とされることはないのである。[*]

＊　ただし，特別法で処罰されることがある（例：看護師の秘密漏示〔秘密保持義務の
違反〕について保健師助産師看護師法42条の2，44条の4）。公認心理師による秘密漏
示も特別法に罰則が定められている（1年以下の懲役または30万円以下の罰金——公
認心理師法41条，46条1項➡**21-2**）。

5　資格法上の責任

36-22　行政処分

秘密の漏えいについては専門職の資格法上の処分もある。例えば，公認心理
師は，秘密保持義務（公認心理師法41条）に違反し罰金以上の刑に処せられる
と，その登録の取り消しという行政処分（➡Q8）を受ける（同法32条1項1号➡
7-2）。また，刑に処せられなくても，秘密を漏えいすると公認心理師の登録の取
り消し・名称の使用停止等の処分を受けることがありうる（同法32条2項➡**7-3**）。

6　労働契約上の責任

36-23　労働契約上の義務違反

従業者が個人情報の適正な取り扱いを怠った場合，事業者との間で締結した
労働契約やその詳細を定める就業規則に基づく義務に違反することも少なくな
い。そのような場合，従業者は労働契約上の義務に違反した責任を問われ，懲
戒の対象とされることになる。

7　設問の検討

36-24　《Q1》について

《Q1》を検討してみよう。たしかに，個人情報保護法は診療記録等の個人
データを持ち出す行為それ自体を禁止しているわけではない。しかし，診療記
録を持ち出せば，情報が漏えいするリスクは高まる。それゆえ，病院Xが診
療記録の持ち出しを禁止していなかった場合，それは安全管理措置義務（個人
情報保護法23条➡**36-4**）および従業者に対する監督義務（同法24条➡**36-5**）の違反
に問われ，個人情報保護委員会による勧告・命令等の対象とされる可能性も否
定できない（➡**36-7**）。また，診療記録の持ち出しが原因でクライエントに権利
利益の侵害が生じた場合には，クライエントから病院Xに対して損害賠償請

求がなされる可能性もある（➡**36-17**）。

　一方，公認心理師 A は，個人情報保護法上の責任を負うことはないが（➡**36-3**），やはりプライバシー等の権利を侵害したとして，不法行為を理由とした損害賠償を求められることがある。この場合，持ち出した A が従業者であることから（➡**36-5**），病院 X も使用者責任を問われることになる（➡**36-18**）。

　また，病院 X の就業規則等で診療録の外部持ち出しが禁止されていた場合，公認心理師 A は，労働契約違反として懲戒の対象ともされよう（➡**36-23**）。

36-25　《Q 2 》について ··

　盗んだ者が負う責任は犯行の態様により異なる。例えば個人情報の入ったノートパソコンを盗んだというのであれば，行為者には窃盗罪が成立することになろう（➡**36-20**）。一方，データだけを盗んだという場合には，刑法上の財産罪は成立しない。また，事業者や従業者，または過去にこれらの者であった者による盗用でない限り，行為者を個人情報データベース等不正提供罪（➡**36-9**）に問うこともできない。

　しかし，いずれの場合であれ，パソコンが盗まれたりパソコンの中の情報が盗まれたりすることのないように，適切な対策が講じられていたかどうかが問題の焦点である。その対策に不備があった場合，病院 X は個人情報保護法23条，24条違反に問われる。また，公認心理師 A は，安全管理に関して病院の策定した内部規定を履践していない場合，労働契約違反に問われることとなろう。さらに，盗難が原因でクライエントの権利利益が侵害された場合には，《Q 1 》と同様に損害賠償も問題となる。

【参考文献】

岡村久道『個人情報保護法（第 3 版）』商事法務，2017年。

新見育文「民間の個人情報保護」『法学教室』2001年 7 月号（No. 250）18-21頁。

（野﨑和義）

Question 37　個人情報の開示請求

Q 公認心理師が，とある私立病院でカウンセリング業務を行なっている。母子ともにその私立病院の精神科に通院しており，公認心理師は当該支援に係る主治医である精神科医と連携して心理支援業務に従事している。以下の場合，診療記録の開示は認められるか。

《Q 1 》母から子の診療記録について開示請求があった。開示した場合に子に不利益（あるいは母に不利益がある）と思われる場合でも開示しなければならないのか。

《Q 2 》母と子が自宅を出て父と別居しており，母は父と離婚調停中である。この場合，父から母または子の診療記録の開示を求めることはできるのか。

《Q 3 》上記《Q 2 》のケースで，父の代理人弁護士から弁護士会を通じて弁護士法23条の 2 による照会によって母または子の診療記録の開示が求められた場合はどうか。

A 《Q 1 》母は子の法定代理人として開示請求をすることができるが，開示することで母や子に自傷他害のおそれがあるような場合，病院側はこの請求に応じなくてもよい。

《Q 2 》父は，母の配偶者だからといってこの母の法定代理人となるわけではなく，その診療記録について開示請求する権限をもたない。一方，父は依然として子の親権者であるから，子の診療記録の開示は求めることができる。

《Q 3 》弁護士会照会に応じたとしても個人情報保護法上は違法とされない。しかし，診療記録などの医療情報についてはプライバシーの保護が強く求められることから，病院としては，弁護士会照会があった旨を本人に伝え，その同意を確認した上で情報提供することが望ましい。

1　自己情報コントロール権と開示請求

37-1　保有個人データの開示

　個人情報保護法は，保有個人データ（➡**34-12**）の開示・訂正・利用等を明文で規定している（同法33条以下）。ここにプライバシーという言葉は使用されて

いないが，実質的には自己情報コントロール権（➡**34-1**）としてのプライバシー権を保障しているものといえよう。誰にどのような個人情報が保有されているのかを知らなければ，本人は自己情報をコントロールすることなどできない。そのため，個人情報保護法33条１項は，個人情報取扱事業者（➡**34-3**）に対して，保有個人データを本人に対して開示しなければならない旨を定めるのである。

2 開示請求の対象

37-2　診療記録 ··

　クライエントの開示請求の対象となるのは，個人情報のうち「保有個人データ」に限られる（個人情報保護法33条１項）。もっとも，診療記録には医師等の判断や評価も含まれていることから，医師等の個人情報という側面があるとして，患者の権利行使を否定する考え方もある。しかし，診療記録にこうした二面性があるとしても，診療記録全体は患者の個人情報であり，それがデータベース化され６か月を超えて保有されるのであれば，それは保有個人データである（個人情報保護委員会　厚生労働省「医療・介護関係事業者における個人情報の適切な取扱いのためのガイダンス」Ⅲ10（２））。したがって，一定の不開示事由（個人情報保護法33条２項１号～３号）に当たる場合（➡**37-4**）を除いて，請求があればクライエントにこれを開示しなければならない。

　　＊　医師の診療結果を記載したものを**診療録**というが（医師法24条１項），それ以外の医療記録（例：看護記録）も含む場合には**診療記録**といわれる。

37-3　個人的な記録──保有個人データに当たらない場合 ················

　それでは，公認心理師が診療記録とは別に個人的な記録（以下，「個人的記録」と略記）を作成していた場合はどうか。たしかに，個人が特定できる情報の書かれたノートやメモも個人情報である。しかし，その個人的記録が氏名の五十音順等で特に整理されることもなく置かれているのであれば，それは個人データ（➡**34-11**）ではない。そうである以上，この個人的記録は保有個人データにも当たらず，したがって開示の対象とならない。

37-4　個人的な記録──保有個人データではあるが不開示事由がある場合 ········

　また，「保有個人データ」に当たるようなものであったとしても，ア）個人

的記録をクライエントが見た場合に精神的ショックを受けてしまい自傷他害行為に及んでしまうような場合（個人情報保護法33条2項1号：「生命，身体……を害するおそれがある場合」），イ）公認心理師法所定の秘密保持義務違反（公認心理師法41条，46条1項**➡21-2**）として刑事罰が科されるような場合（個人情報保護法33条2項3号：「他の法令に違反することとなる場合」）などには，例外的に開示を拒否することができる。

3　代理人による開示請求

37-5　法定代理と任意代理

　個人情報保護法は，本人自身が開示の求めを行なうことが困難な場合もあることから，その代理人が開示請求することを認めている（同法37条3項）。この規定を受けて，同法の施行令は，未成年者または成年被後見人（**➡92-1＊1**）の**法定代理人**（法律の規定に基づき代理権をもつ者），本人から開示の求めをすることを委任された者（**任意代理人**）に，その権限を与えている（個人情報の保護に関する法律施行令13条）。

37-6　法定代理人

　具体的には，未成年者の親権者，本人が後見開始の審判（民法8条**➡92-1＊2**）を受けている場合の成年後見人が，法定代理人として開示請求をすることができる。

　未成年者は一般に社会的経験に乏しく判断能力も十分でないと考えられることから，保護者として法定代理人が付される。この法定代理人となるのは「親権を行使する者」であり（民法824条），通常は未成年の子の父母がこれに当たる（民法818条）。

　一方，成年者であっても認知症やその他の精神障害等で判断能力が低下することは少なくない。そのうち，判断能力を欠く状況が通常（「欠く常況」──民法7条）である者（成年被後見人）については保護者として成年後見人が付され，この成年後見人には法定の権限として代理権が与えられる（民法859条1項**➡92-1**）。

　　＊　父母の死亡などで「親権を行う者」がいないときは，未成年後見人が法定代理権をもつ（**➡4-3＊**）。

37-7　任意代理人

代理が法律の規定に基づく場合が法定代理といわれるのに対して，代理人の選任が本人の意思に基づく場合を**任意代理**という。個人情報保護法は，本人が病気であったり遠隔地に在住しているなどの事情を考慮して，本人から委任を受けた代理人も開示請求をすることができるとしている。

4 設問の検討

37-8　《Q1》の検討——法定代理人としての親権者

母は，親権者であり子の法定代理人に当たることから，子の診療記録（「保有個人データ」）の開示を求めることができる。もっとも，診療記録を見た子または母が精神的ショックを受け自傷他害行為に及んでしまうような場合には，開示を拒否することができる。あるいは，診療記録のうち，子または母に開示しないほうがよいと思われる部分をマスキングした上で開示することも考えうる（個人情報保護法33条2項1号）。

37-9　《Q1》の検討——共同親権

父母が別居し，離婚調停中の場合はどうか。まず，父が開示を求めている情報は母および子の診療記録であるが，そのうち母の診療記録についてまで開示の求めを代理請求する権限はない。父は母の配偶者（夫）ではあるが，それだけでは法定代理人となるわけではないからである。

では，子の診療記録についてはどうか。婚姻中の父母は子に対して共同して親権を行使するのであり（民法818条1項），父母が婚姻関係にある以上[*]，父も法定代理人として診療録の開示を代理請求してくることが考えられる。この請求に応じるか否かについては，ア）開示に応じることによって子の利益を侵害することにならないか，イ）母の利益をも侵害することにならないのかを慎重に検討のうえ判断すべきことになる。

　＊　父母が離婚すると父または母の単独親権に移行するが（民法819条），《Q2》の場合はいまだ離婚調停中にとどまる。

37-10　《Q3》の検討——弁護士会照会

《Q3》では，父母の離婚調停にあたって，弁護士が父の代理人として就任している。この弁護士が，**弁護士会照会**（弁護士法23条の2）に基づき母と子の

診療録の開示を求めてきた場合，公認心理師はどのように対応するのか。

　弁護士会照会という制度は，その弁護士が所属する弁護士会を通じて，公務所や公私の団体に照会を行ない必要な事項の報告を求める手続きである。個人情報保護法は，あらかじめ本人の同意を得ないで個人データを第三者に提供することを禁止する（個人情報保護法27条1項柱書➡34-11）一方，様々な例外規定を用意している。その一つとして，「法令に基づく場合」があり（個人情報保護法27条1項1号），弁護士会照会もこれに当たる（個人情報保護委員会事務局「『医療・介護関係事業者における個人情報の適切な取扱いのためのガイダンス』に関するQ＆A（事例集）」27頁Q4-4）。それゆえ，《Q3》でも，病院は，母および子の同意を得ることなく診療記録を弁護士・弁護士会に提供することができる。＊

　　＊　ただし，この照会について医療機関側は回答が強制されているわけではなく，回答は任意の協力にとどまる。

37-11　医療情報の特殊性

　しかし，もともと診療記録などの医療情報はプライバシー保護の必要性が高く，本人の同意の範囲内での取り扱いが強く要請される。また，本人の同意を得ることなく情報提供を行なったとしても個人情報保護法違反に問われることはないが，場合によってはプライバシー権の侵害等を理由として本人から損害賠償を請求される（➡36-15）おそれ＊も否定できない。それゆえ，《Q3》のようなケースでは，本人から同意を得るという原則に立ち戻り，医療機関としては，弁護士会照会があった旨を本人に伝え，その同意を確認した上で情報提供するという方策も考えられよう。上記「『医療・介護関係事業者における個人情報の適切な取扱いのためのガイダンス』に関するQ&A（事例集）」Q4-4も，「回答するか否かについては個別の事例ごとに判断する」ことを求めている。

　　＊　弁護士会照会に応じて，地方公共団体が住民の前科を回答したところ，それが違法であるとして住民側の損害賠償請求を認めた最高裁判決もある（最高裁昭和56年4月14日判決『判例時報』1001号3頁）。

（舩野　徹／野﨑和義）

Question 38　開示拒否

Q スクールカウンセラーとして私立学校に雇用されているが，担当生徒が自殺した。自殺の原因として，他の生徒によるいじめが疑われた。自殺した生徒の心理カウンセリングを担当していたため，第三者委員会（心理職も入っている）から記録の開示を求められた。しかし実は，いじめのことは全く含まれておらず，両親，特に母親との関係の悪さが心理カウンセリングにおける主訴であったため，開示すると両親がひどく傷つく。開示を拒否できるか。

A 児童生徒のカウンセリング記録には母親の個人情報の記載があるため，このカウンセリング記録は母親の個人情報にも当たる。したがって，原則として母親の開示請求には応じなければならない。しかし，カウンセリング記録が母親の心身に重大な悪影響をもたらすような内容の場合は，「本人……の権利利益を害するおそれがある場合」（個人情報保護法33条2項1号）として，記録の全部または一部を開示しないとすることができる。

38-1　カウンセリング記録は保有個人データである

公認心理師は，私立学校においてスクールカウンセラー（以下，「SC」と略記）として雇用されている。したがって，その児童生徒のカウンセリング等の記録（以下，「記録」とする）は，私立学校のものであり私立学校が個人情報取扱事業者（➡34-3）となる。記録は児童生徒ごとに一定の規則（五十音順等）のもとに体系化され，氏名を入れることによって容易に検索できるようにデータベースとして整理されているものと思われるから，個人データに当たる（個人情報保護法16条3項➡34-11）。そして，私立学校は，この個人データの開示，内容の訂正，追加，削除等を行なう権限をもっていることから，これは「保有個人データ」である（個人情報保護法16条4項➡34-12）。

38-2　母親からの開示請求

記録はクライエントであった死亡生徒についてのものであり，この生徒との関係では個人情報ではない。個人情報は，生存しているものの情報に限られる

からである（個人情報保護法2条1項➡**34-8**）。

　もっとも，記録には，母親の情報も記載されているとのことであるから，母親の個人情報という側面は否定できず，したがって，母親は私立学校に対して記録の開示を求めることができる。

　しかし，記録には，いじめのことは全く記載がなく，生徒と母親との関係の悪さについて記載されているにとどまり，開示すれば母親がひどく傷つくおそれもある。そのため，記載の内容を踏まえ，母親の心身に重大な悪影響をもたらすような内容のものであれば，「本人……の権利利益を害するおそれがある場合」として，記録の全部または一部を開示しないとすることができる（個人情報保護法33条2項1号）。

38-3　第三者委員会からの開示請求

　もっとも，設問で開示を求めているのは母親ではなく，学校が設けた第三者委員会である。しかし，母親は，いじめの真相究明を求めており，SCが第三者委員会に記録を開示することにも応じるはずである。第三者委員会としては，あらかじめ母親の同意を取り付けた上で，情報の開示を求めることになろう。

（舩野　徹）

Question 39　カウンセリングの記録と個人情報の保護

Q 20年以上前に担当していたクライエントから当時の記録を開示してほしいと電話があった。記録は廃棄されているのでその旨を伝えたところ，覚えている範囲でよいので会って当時の様子を話してほしいと要求された。理由は，その当時の自分を知ることで，現在の自分（うつ病は治癒していると本人の弁）に役立たせたいとのことであった。心理カウンセリングの再開なら受けると申し出たところ，心理カウンセリングを受ける気はなく，当時の様子を教えてほしいだけだという。覚えている内容も多くなく，それも本人に有利になる記憶というよりも，本人の浮気や本人のパーソナリティの歪みに関する記憶だったので断ったが，元クライエントはもともとパーソナリティ障害であり（保険病名はうつ病），医師の診療の拒否のようには当たらないと思うが，法的根拠はあるか。

A 心理支援契約は20年以上前に終了しており，この契約に基づく報告・説明の義務はない。また，記録の保管期間についても責められる点はない。

1　記録の作成

39-1　記録の作成義務

　クライエントが，公認心理師に対して記録の開示を求めている。公認心理師は，そもそも記録を作成する義務があるのか。公認心理師が，クライエントに対して心理支援をする場合，1回限りの面談で終わることは少なく，一定程度の期間，継続して面談等が繰り返されることになろう。また，公認心理師が受けもつクライエントは，たった一人ではなく，複数人に及ぶことになろう。

　このような場合，公認心理師が，何らの記録も残さずに適切な心理支援を行なうことは期待できない。記録を残すことにより，前回の心理支援の状況・結果を踏まえて，その次にとるべき適切な心理支援を検討することが可能となるし，クライエントが複数人に及ぶ場合には，記録の混同・混乱を避けることが

できる。また，記録に残すことによって，他職種への情報提供による連携を円滑に進めることができる（公認心理師法42条１項の連携に資する）。さらに，記録を残すことにより，後日，心理支援をめぐりクライエント（もしくはその親族など関係者）と紛争になった際，心理支援に落ち度はなかったことを立証する証拠にもなる。

したがって，公認心理師は，法的な義務までは課されていないものの，クライエントの心理支援の内容，経過，採用した支援方法，検査結果等の詳細について，記録すべきである（臨床心理士の倫理条項であるが，一般社団法人日本臨床心理士会倫理綱領４条６項は，「面接等の業務内容については，その内容を客観的かつ正確に記録しておかなければならない」としている）。

2　カウンセリング記録と個人情報保護法

39-2　記録は個人情報保護法の適用対象か

公認心理師は，作成した記録を，クライエントからの求めがあった場合，開示しなければならないのか。記録は，以下に述べるとおり，個人情報保護法の適用を受ける。同法が保護する情報には，①「個人情報」，②「個人データ」，③「保有個人データ」の３種がある（➡34-6〜34-12）。それぞれについて，規制内容が異なるため，公認心理師の記録がいずれに該当するか検討する。

39-3　①：記録は「個人情報」に当たる

公認心理師が作成する記録には，クライエントの氏名・住所などが記載されており，クライエントが誰なのかわかる情報が記載されている。したがって，記録は「個人情報」に当たる（個人情報保護委員会のホームページには，個人情報の定義として，「生きている個人に関する情報であって，『その人が誰なのかわかる』情報」とされている）。

クライエントの記録が「個人情報」に当たるため，公認心理師は，利用目的を心理支援などに特定し（個人情報保護法17条１項），その目的の範囲内で取り扱う義務がある（同法18条１項）。したがって，公認心理師は，記録をダイレクトメール業者などに売却する等の目的外使用をしてはならない。

39-4　②：記録は「個人データ」に当たる

公認心理師は，記録を作成する際，それが紙媒体であろうとコンピュータで

あろうと一定の規則（五十音順，生年月日順等）に従って整理・分類し，特定の個人情報を容易に検索できるようにデータベース化して整理・保存するであろう。この状態で保有されたものを「個人データ」という（個人情報保護法16条3項）。

　公認心理師は，個人データの保有にあたり，内容を正確かつ最新の内容に保つことが求められる（個人情報保護法22条）。また，公認心理師は，個人データが第三者へ漏れないように記録を管理しなければならない（同法23条）。個人データが第三者へ容易に漏れてしまうような管理方法を許しては，個人情報について，「取得→利用→提供→管理」の全般について規制した法の目的が達成できなくなってしまうからである。

　さらに，公認心理師が，あらかじめ本人の同意を得ることなく，第三者に対して個人データを提供することは，一定の例外を除いて禁止される（同法27条1項）。

39-5　③：「保有個人データ」に当たる

　公認心理師が保管する記録は，上記のとおり，個人データに該当する。そして，記録を取り扱う公認心理師は，その記録の開示，内容の訂正，追加または削除，利用の停止，消去および第三者への提供の停止を行なうことのできる権限をもっている（個人情報保護法16条4項）。したがって，公認心理師が保管する記録は，保有個人データに当たり，クライエントは，公認心理師に対して，ア）個人データの開示（同法33条1項），イ）訂正（同法34条1項），ウ）利用停止（同法35条1項）等の請求をすることができることになる。

39-6　小括

　設問に戻ると，記録は，保有個人データに当たるため，クライエントは，公認心理師に対して記録の開示を求めることができる（個人情報保護法33条1項）。

3 記録の保管期間

39-7　記録の廃棄

　クライエントが，記録の開示を請求することができるにしても，心理支援終了から20年以上経過しており，記録も廃棄済みとのことである。記録の保管期限について定めはあるのか。

　クライエントの記録の保管期間に関する明文の定めはない。したがって，公認心理師としては，クライエントの記録は，目的を達するまで保管することになろう。目的を達し，公認心理師が不要と判断した場合には，外部に漏えいしないようにシュレッダーにかけたり，業者に依頼して溶解処分するなどの方法により記録を廃棄することになる（個人情報保護法22条）。

　なお，一般社団法人日本臨床心理士会倫理綱領4条6項は，記録について「原則として，対象者との面接等の最終日から5年間保存しておく」としており，一定の目安になると考える*。

　　*　診療録についてであるが，医師法24条2項もまた，その5年間の保存を義務づけている。

4　設問の検討

39-8　法的な観点と実際上の配慮 ··

　設問は，心理支援が終了してから20年以上経過し，しかも記録が廃棄済みの場合である。

　まず，記録は，20年経過による廃棄済みであるから保管期間の点で責められるべき点はない。

　次に，心理支援契約は20年以上前に締結され終了したものであり，心理支援契約に基づく報告義務・説明義務（➡27-1）もない。たしかに，公認心理師の好意で，当時の様子を説明することも一つの選択肢かもしれない。しかし，覚えている内容も多くなく，それも元クライエントにとって有利になる記憶というよりも，本人の浮気や本人のパーソナリティの歪みに関する記憶であるから，元クライエントが記録の開示によって受けるメリットはない。むしろ，元クライエントの要望に従ったことによって，元クライエントの状態が悪化し，元クライエントから賠償請求をされる可能性も否めない。

　そうだとすれば，きちんと心理支援契約を締結した上で，心理支援をするか，回答を断るかのいずれかを選択すべきであり，そのような対応をしたことによって医師の診療拒否のような事態に当たることもない。

（舩野　徹）

Question 40 個人情報の破棄

Q 一人で私設心理相談をしている公認心理師が急死した。あとを誰がどうするのか。また，記録（個人情報満載）の破棄等について法的にはどうなっているのか。公認心理師でない素人が破棄してよいのか。

A 心理支援契約は公認心理師の死亡によって終了する。後任の公認心理師がいれば，クライエントと新たに心理支援契約を締結し，記録も引き継ぐことになる。

記録を引き継ぐ者がいない場合，死亡した公認心理師の相続人が，記録を引き継ぐことになる。記録の保管期間について法律の明文はないが，５年が目安である。５年を経過した後は，相続人が記録を確実に廃棄し，第三者への漏えいを回避するべきである。

1 公認心理師の死亡により契約が終了する

40-1 心理支援契約の終了

公認心理師は，クライエントとの間で，心理支援契約を締結するが，この契約は準委任契約である（民法656条➡**55-2**）。したがって，公認心理師の死亡によって，心理支援契約は終了する（民法653条１号）。

2 死亡後の処理

（1）事業を引き継ぐ者がいる場合

40-2 記録の承継とクライエントの同意

死亡した公認心理師の事業を引き継ぐ者がいる場合，後任の公認心理師が，クライエントと新たに心理支援契約を締結することになる。また，死亡した公認心理師が残した記録は，クライエントの同意がなくても後任の公認心理師が承継することになる。記録は保有個人データであるが（➡**39-5**），後任の公認心理師は「第三者」に該当しないため（個人情報保護法27条５項２号），クライエントの同意は不要とされるのである。

（2）事業を引き継ぐ者がいない場合

40-3　相続人による権利義務の承継 ································

　公認心理師に相続人（**➡93-2**）がいる場合，その相続人が，死亡した公認心理師の権利義務を承継する（民法896条）。もちろん，心理支援契約は終了しているので，相続人が心理支援をしなければならないというものではない。

　相続人として対応すべき作業は，ア）終了した心理支援契約の費用精算（クライエントへ返金すべきものの処理，およびクライエントから追加で支払われるべき費用の処理），イ）記録の処理がある。

40-4　記録の処理 ···

　クライエントが後任の公認心理師を探し出し，そこへ通うことになった場合，記録は後任の公認心理師へと引き継がれる。その際には，クライエントの同意を得ることが必要とされる（個人情報保護法27条1項）。

　誰にも引き継がれることなく手元に残った記録については，明文の規定はないが，一定程度の期間（一般社団法人日本臨床心理士会倫理綱領4条6項は5年としている**➡39-7**）保管の上，廃棄されたことを見届けるか，もしくはそれと同等の確実な方法（廃棄までの一部始終を録画するとか，廃棄証明を発行する業者に依頼するなど）によって廃棄し（個人情報保護法22条），第三者への情報漏えいを回避すべきである。

（舩野　徹）

V

主治医との連携

Question

41

主治医の存在を確認する義務はあるのか

Q 地域で私設心理相談室を開業している。訪れたクライエントが統合失調症で加療を受けている可能性の高いことが面接で分かった。本人は医療不信が強く，医療機関にかかっていること自体を否定している。もちろん，主治医の名前も分からず，内服薬の内容も分からない。本人は独居の成人であり，家族とも疎遠になっているとのことでその連絡先も教えてくれない。このような場合，主治医がいることは予測されるものの，主治医や医療機関を同定できず，連携できないだけでなく，無理矢理に本人を問い詰めると，心理支援も途切れてしまう。そのため私設心理相談室での心理支援を続けているが，これは公認心理師法42条2項に反し違法ではないか。

A クライエントに心理支援に係る主治医がいると判断した場合には，クライエントに対して当該支援に係る主治医の有無を確認すべきである。もっとも，クライエントが主治医の有無の確認を拒否している場合にまであえて確認する必要はない。公認心理師としては，クライエントとの信頼関係を損ねたり，精神状態を悪化させたりするなどして心理支援を行なうことができなくなってしまうことを回避すべきである。設問の場合，公認心理師が，主治医の有無を確認せずに心理支援を継続していることは違法ではない。

1 主治医の有無まで確認する義務があるのか

41-1　公認心理師法との関係 ....

　設問の公認心理師は，心理支援を行なうにあたって，クライエントには「当該支援に係る主治の医師」がいるのではないかと予測している。この場合，公認心理師は，クライエントに対してその主治医の有無を確認しなければならないのか。公認心理師は，「クライエントに主治の医師があるときは，その指示を受けなければならない」（公認心理師法42条2項）。この公認心理師法の規定は，公認心理師に対して主治医の有無を確認する義務まで課すものなのか。この義務は，クライエントが拒否する場合にまで要求されるものなのか。

2 主治医の指示を受けるべきとされる理由

41-2　主治医の指示を受ける義務の趣旨 ·······························

　公認心理師は，クライエントに「当該支援に係る主治の医師」がいる場合，その指示を受けることが義務とされている（公認心理師法42条2項）。主治医の治療方針と公認心理師の支援方針との間に対立や齟齬があると，クライエントの状態について効果的な改善が図られず，かえって症状の悪化をもたらしかねないと懸念されるからである（平成30年1月31日　29文科初第1391号　障発0131第3号「公認心理師法第42条第2項に係る主治の医師の指示に関する運用基準について」3-4頁）。

3 主治医の有無を確認すべき義務の有無および内容

41-3　主治医の有無を確認すべき義務はある ·······················

　公認心理師法42条2項の趣旨を踏まえると，公認心理師が，心理支援を通じて，クライエントに当該支援に係る主治医がいる可能性があると判断した場合には，その指示を受けるために主治医の有無を確認すべきことになる。したがって，公認心理師は，クライエントに主治医がいることを知るか，または，主治医がいると判断した時点で，クライエントに対して主治医の有無を確認すべきである。

41-4　クライエントの意向に背いて確認するまでの義務ではない ·······

　クライエントの中には，当該支援に係る主治医による診療に不満をもっている等の事情で主治医がいることを隠したり，話すことを避けたりする者もいる。このような場合にクライエントに主治医の有無を確認すると，クライエントとの信頼関係を築くことができなかったり，構築した信頼関係を崩してしまうおそれがある。また，クライエントの精神状態が悪化してしまうこともあろう。

　公認心理師に対して主治医の有無を確認する義務まで課してしまうと，クライエントの利益にならないことになる。このような結果は，クライエントの利益を図るために主治医の指示を受ける義務を課した公認心理師法42条2項の趣旨に反する。したがって，同法42条2項は，クライエントが拒否する場合にま

で，公認心理師に対し主治医の有無を確認する義務を課すものではない。

4 設問の検討

41-5　クライエントの意向

　公認心理師は心理支援を通じてクライエントに当該支援に係る主治医がいる可能性があると判断している。この場合，公認心理師は，クライエントに対して，統合失調症での通院の有無，受診医療機関名，主治医の有無を確認すべきである。

　しかし，クライエントは医療に対する不信が強く，医療機関にかかっていること自体を否定している。このような場合にまで，公認心理師が主治医の有無等を確認すると，クライエントの心情を悪化させることにもなりかねない。また，クライエントとの信頼関係を損なう結果となり，心理支援を行なうことすらできなくなってしまう。

　設問の場合，公認心理師は，クライエントの心理支援を行ない精神状態を改善することに配慮すべきである。公認心理師は，クライエントが拒否している以上，その意向に背いて主治医の有無を確認することまでは求められておらず，主治医との連携のないまま心理支援を継続したとしても，違法となるものではない。

（舩野　徹）

Question 42

主治医の方針と公認心理師の方針とが異なる場合(1)：スクールカウンセラーとしての公認心理師

Q 公認心理師が，公立小学校のスクールカウンセラーとして勤務している。担当している児童が不登校であるが，公認心理師も学校側（校長等）もまだ登校刺激は早いと判断している。一方，外部で診療を担当している精神科医は早期の登校刺激を求めている。児童の両親は，いずれの方針がよいのか判断がつかない。このような場合，公認心理師はどうしたらよいのか。「主治医の指示」に従わなければならないとするとチーム学校の動きに反することになってしまう。逆に，「主治医の指示」に従わないとすると，チーム学校としてはまとまるが，公認心理師は公認心理師法42条2項に違反したとされてしまうのではないか。

A 公認心理師は，合理的理由がある場合には，当該支援に係る主治医の指示に従わず自身が適切と考える心理支援を行なったとしても，公認心理師法42条2項に違反することはない。ただし，この場合，公認心理師は，自身が採用した心理支援行為について説明責任を負うことになる。

1 異なる支援行為を採用する「合理的理由」

42-1　方針の食い違い

クライエントに主治医がいる場合，公認心理師は，「当該支援に係る主治の医師」の指示に従うものとされている（公認心理師法42条2項）。この規定は，主治医の治療方針と公認心理師の支援方針に食い違いが生じるとクライエントに不利益となることから設けられたものである（**▶▶41-2**）。

主治医は医師としての専門的知見に基づいてクライエントの精神状態を改善するための最適な治療方針および治療計画を立てている。一方，公認心理師も同様の目的で専門的知見に基づいて心理支援の方針および計画を立てている。

主治医と公認心理師は，連携することが期待されているが（公認心理師法42条1項），その方針が異なる場合も十分にありうる。この場合，公認心理師は，

自身の方針を撤回し，主治医の方針に従わなければならないのであろうか。公認心理師は，主治医と異なる心理支援をすることは許されないのであろうか。

42-2　医師の指示に従わなくてもよい場合

もともと当該支援に係る「主治医の指示」に関する規定（公認心理師法42条2項）は，クライエントの不利益を避けるために設けられている。この趣旨からすると，公認心理師は，クライエントの利益を確保するために必要と判断した場合には，主治医の指示に従わず，みずからが適切と判断する心理支援を行なうこともできると考えることができる。「主治の医師の指示に関する運用基準」（平成30年1月31日　29文科初第1391号　障発0131第3号「公認心理師法第42条第2項に係る主治の医師の指示に関する運用基準について」〔以下，「運用基準」と略記〕4頁）は「合理的な理由がある場合」には，主治医の方針と抵触する支援行為をしうるとするが，それはこのような考えに基づくものといえよう。

42-3　説明責任

公認心理師があえて当該支援に係る主治医と異なる方針を採用して心理支援を行なった場合には，当該支援行為に関する説明責任を負う（運用基準4頁）。また，異なる方針で支援を行なったためクライエントの精神状態を悪化させるなどの事態を招いた場合には，公認心理師がその責任を負担すべきことになる。

2　「合理的理由」の判断基準

42-4　合理的理由の有無を判断する視点

「合理的理由」がある場合には，公認心理師が当該支援に係る主治医の指示に従わなくても直ちに公認心理師法42条2項に違反することにはならないとされている（運用基準4頁）。もっとも，ここにいう「合理的理由」の有無をどのように判断すべきなのかは必ずしも明らかでない。同法42条2項の趣旨が，クライエントの利益を確保する点にあることを踏まえると，以下の①から④の視点を基礎にして，個別具体的に判断することになろう。

42-5　①：主治医との十分な議論を経ていること

公認心理師が，クライエントの支援方針について当該支援に係る主治医と議論を尽くしていることが必要である。

主治医が学校と十分な連携ができていないことも考えられる。この場合，公

認心理師としては，主治医との連携を図り改めて支援方針について双方向の議論を尽くすべきである。その結果，主治医が学校および公認心理師の採用する支援方針に賛成してくれればそれで解決となるが，主治医の賛同が得られない場合には，以下の②から④の検討を経た上で，公認心理師はみずからが必要と考える支援行為を採用することになる。

42-6　②：当該患者に対する支援行為として適切なこと

公認心理師の採用する心理支援行為が，当時の専門的な水準からみて客観的に，当該クライエントの精神状態を改善するに足りる（悪化させない）ものでなければならない（➡57-6）。主治医が主張する治療方針よりも当該クライエントを悪化させるような支援行為はしてはならない。

42-7　③：専門的知見から合理的な説明が可能なこと

公認心理師が選択した心理支援行為が，専門的知見から合理的に説明できることが必要である。

公認心理師として，ア）学校との十分な連携，イ）当該クライエントの十分な観察・分析を経ており，主治医と異なる支援行為を採用したことについて，専門的知見から合理的に説明できることが必要である。この説明は，感覚的・情緒的なものであってはならず，あくまでも書面で，しかも十分な客観証拠をもって説明できるものでなければならない。

42-8　④：クライエントが公認心理師の心理支援方針の採用を望んでいること

当該クライエントが，主治医の方針よりも公認心理師の方針を選択している場合でなければならない。主治医の指示に関する公認心理師法42条2項の趣旨がクライエントの利益を確保する点にあることからすれば，クライエントの意向は必要な検討要素である。

42-9　設問の検討

公認心理師は，担当公認心理師として（また，学校として）適切と考える支援方針を当該支援に係る主治医に対して説明すべきである。その説明をしてもなお，主治医が自身の治療方針の採用を主張する場合には，公認心理師は，上記②から④の条件を検討し，いずれの条件も満たすと考えるのであれば，みずからが適切と判断する心理支援をすることになる。

（舩野　徹）

Question

43

主治医の方針と公認心理師の方針とが異なる場合(2)：企業内に勤務している公認心理師

Q 企業内に勤務している公認心理師（雇用者は社長）がうつ病になった社員を担当することになった。この社員は現在は休職中であるが，本人と家族は早期の復帰を希望している。また，外部の担当医師（精神科医）もその希望に沿った診断書を提出している。一方，会社は再発予防のために十分な回復の後に復帰するよう希望しており，その会社には非常勤だが産業医がおり，産業医も会社の意向に賛成している。このような場合，公認心理師は，外部の主治医の「指示」に従って，会社や産業医の意向に反した行為を求められることになるのか。公認心理師として公正中立に判断して復職はまだ早いと判断すれば，医師の「指示」に従わなかったとしても，処分されないのか。

A 公認心理師としては，合理的理由がある場合には，当該支援に係る主治医の治療方針と抵触する方針を採用したとしても，直ちに公認心理師法42条2項に違反するものではない。ただし，「合理的理由がある場合」とされるためには，①主治の医師との十分な議論を尽くしたこと，②公認心理師が選択する方針が客観的な水準に達していること，③当該クライエントに対して公認心理師の考える支援方法を採用すべき合理的理由が説明できること，④当該クライエントが公認心理師の指示する支援方法を選択していることが必要と考えられる。

1 「合理的な理由がある場合」には主治医の方針と異なる支援行為も可能

43-1 支援行為が主治医の方針と抵触する場合

　　設問の公認心理師が社員の「復職はまだ早い」と判断した場合，その支援行為の方針と主治医の治療方針とは食い違うことになる。

　　公認心理師は，クライエントに「当該支援に係る主治の医師」がいる場合，その指示を受けなければならない（公認心理師法42条2項）。もっとも，公認心理師は，「合理的な理由がある場合」には，主治医の方針と抵触する支援行為をしうるものとされている（平成30年1月31日　29文科初第1391号　障発0131第3号「公認心理師法第42条第2項に係る主治の医師の指示に関する運用基準について」〔以

下,「運用基準」と略記〕4頁)。したがって設問では,公認心理師が主治医の治療方針と異なる支援行為をすることが「合理的な理由がある場合」に当たるか否かを検討しなければならない。

2 「合理的な理由」の判断基準

43-2　判断にあたって考慮すべき事情 ·······························

「合理的な理由がある場合」に当たるか否かについては,クライエントの利益を第一に考えるべきである (➤**42-2**)。そのためには,次の諸事情を踏まえて個別具体的に判断することが求められよう。

①主治医との十分な議論

公認心理師が,主治医との間で,支援方針について双方向の十分な議論を尽くしてもなお当該支援に係る主治医と異なる支援行為をとるべきと判断する場合であること。

②当該クライエントに対する支援行為として適切であること

その主治医の方針と異なる支援行為が,当時の専門的な水準からみて客観的に,当該クライエントの状態を改善するに足りる(悪化させない)ものであること (➤**57-6**)。

③専門的知見から合理的な説明が可能なこと

公認心理師がその支援行為を,当該クライエントに選択・適用したことについて,専門的知見から合理的に説明できること(運用基準4頁には,「公認心理師が主治の医師の指示と異なる方針に基づき支援行為を行った場合は,当該支援行為に関する説明責任は当該公認心理師が負うものであることに留意することとする」とある)。

④クライエントの意向

当該クライエントが,主治医の方針よりも公認心理師の方針を選択している場合であること。

3 設問の検討

43-3　①主治医との十分な議論 ·······························

当該支援に係る主治医が,企業側と十分な連携ができていない場合もありうることから,公認心理師としては,企業のみならず主治医とも十分な連携を図

りつつ，主治医との間で，支援方針について双方向の十分な議論を尽くすべきである。その上で，主治医が，企業および公認心理師の採用する支援方針に賛成してくれればそれでよい。もし，主治医の賛同が得られなければ，以下の②から④を満たすことを前提として，公認心理師は自身が相当と考える支援行為を採用することになろう。

43-4　②当該クライエントに対する支援行為として適切なこと

公認心理師が，当該クライエントに選択しようとする支援行為が，主治医の治療方針とは異なるものの，当時の専門的な水準からみて客観的に，当該クライエントの状態を改善するに足りる（悪化させない）ことが必要である。主治医が主張する治療方針よりも当該クライエントを悪化させるような支援行為はしてはならない。

43-5　③専門的知見から合理的な説明が可能なこと

公認心理師として，ア）企業との十分な連携，イ）当該クライエントの十分な観察・分析を経ており，主治医と異なる支援行為を採用したことについて，専門的知見から合理的に説明できることが必要である。合理的な説明は，感覚的・情緒的なものであってはならず，あくまでも書面で，しかも十分な客観証拠をもって説明できなければならない。

43-6　④クライエントの意向

設問では，クライエントが公認心理師の方針よりも主治医の方針を選択している。この場合，公認心理師としては，クライエントに対して自身の意見をわかりやすく伝え，理解してもらえるよう努力する必要がある。それでも，クライエントが主治医の方針を選択する場合，公認心理師としては，主治医の指示を拒否することはできないであろう。

（舩野　徹）

Question 44
主治医の方針と公認心理師の方針とが異なる場合(3)：私設心理相談室における公認心理師

Q 精神科クリニックに通院している患者が，担当医師の紹介状をもって外部の私設心理相談機関にカウンセリングを希望してきた。そして，精神科クリニックでの薬物療法と私設心理相談室における心理カウンセリングとが並行して行なわれることになったが，次第に心理支援の方向性が異なってきた。精神科医は認知行動療法を行なうよう指示してきたが，公認心理師はそれよりも当面は森田療法が適切であると判断している。このような場合，公認心理師はどのように対応したらよいのか。

A 公認心理師としては，【Q43】と同様，合理的理由があれば当該支援に係る主治医の治療方針と抵触・齟齬する支援方針を採用することも許される。

1　公認心理師の支援方針が優先される場合

44-1　主治医との連携義務

クライエントに「当該支援に係る主治の医師」がいる場合，公認心理師は，その指示を受けなければならない（公認心理師法42条2項）。その指示を受けず，または指示に従わなかった場合，公認心理師は，合理的な理由のない限り（➡**43-1**），登録の取り消し（➡**7-3**）や名称の使用停止等の処分を受けることがある（同法32条2項）。

44-2　公認心理師法42条2項の趣旨

クライエントに当該支援に係る主治医がいる場合，その治療方針と公認心理師の支援方針との間に対立や齟齬があると，クライエントの状態について効果的な改善が図られず，かえって症状の悪化をもたらしかねない。こうした懸念を避けるために同法42条2項は規定されている（平成30年1月31日　29文科初第1391号　障発0131第3号「公認心理師法第42条第2項に係る主治の医師の指示に関する運用基準について」〔以下，「運用基準」と略記〕3頁から4頁）。

また，主治医の指示は，医師のつかさどる医療および保健指導の観点から行

われるものであり，公認心理師は，合理的な理由がある場合を除き，主治医の指示を尊重すべきとされている（運用基準3頁）。

　これらの点からすると，主治医の考える治療方針と公認心理師の考える支援行為の方針とに食い違いが生じてしまった場合，公認心理師は，主治医の治療方針に沿って支援行為をすべきようにも思われる。

44-3　運用基準にいう合理的な理由とは

　もっとも，公認心理師も専門家として自身の知識・経験に基づいて支援方針を判断・選択する。そのため，当該支援に係る主治医の治療方針と抵触する支援方針を強く望む場合もあろう。具体的にどのような場合に「合理的な理由がある」とされるのかは，①主治医と十分に議論を尽くしていること，②当該クライエントに対する支援行為として適切であること，③専門的知見から合理的な説明が可能なこと，④クライエントの意向に基づいていること，といった諸事情を踏まえて個別具体的に判断することになろう（➡43-2）。

（舩野　徹）

Question
45 主治医以外の医師の意見・紹介を求められた場合の対応

Q クライエントから当該支援に係る主治医以外の医師のセカンドオピニオンを受けたい，主治医を変更したいという話があった。この場合，クライエントの希望に応じて，主治医以外の医師を紹介することは主治医の指示を受ける義務（公認心理師法42条 2 項）に違反することにならないか。法律的にはどのように対応すべきか。何か指針等はあるか。

A 当該支援に係る主治医以外の医師を紹介することは，公認心理師法42条 2 項に抵触しないと思われる。しかし，クライエントの症状の改善を第一に考え，医師を紹介することによってクライエントに悪影響が出ないか慎重な検討および配慮が求められる。

1 主治医の指示を受けなければならない事項

45-1 主治医の指示を受けなければならない事項なのか

クライエントから，「セカンドオピニオンを受けたい」とか「主治医を変えたい」などという相談を受けることがあるかもしれない。この場合，クライエントには当該支援に係る主治医がいるのであるから，主治医以外の医師の紹介をするに際しても主治医の指示（公認心理師法42条 2 項）を受ける必要があるのか。主治医の指示を受けなければならない事項はどのようなものか。

45-2 クライエントから依頼される背景：主治医に対する不信を抱いている場合

クライエントから設問のような相談を受けるのは，クライエントが当該支援に係る主治医に対して不信感を抱いているような場合であることが多い。もちろん，クライエントは主治医を信頼しているが，念のためセカンドオピニオンを求めたいと考えることもあるかと思われる。このような場合，クライエントからは，「主治医に内緒にして欲しい」旨の依頼がなされることが通常であろう。

45-3 公認心理師として取るべき対応

公認心理師としては，どのような対応をすべきか。まずは，クライエント

が，当該支援に係る主治医に対して，どのような理由から，どのような点に不満を抱いているのかを十分に聞き取るべきである。その上で，主治医に対する不信がクライエントの誤解である場合には，その点を説明し，クライエントと主治医の関係を修復することが望ましい。それが困難な場合，クライエントは新たな医師をみずから探すことになるが，ときには公認心理師が，クライエントから主治医以外の医師を紹介するよう求められることもあろう。

45-4　公認心理師法42条 2 項の射程範囲：医師の指示を受けるべき事柄 ⋯⋯⋯⋯⋯⋯

　公認心理師が当該支援に係る主治医以外の医師を紹介するよう求められた場合，主治医の指示を受けることは現実的でなく，その指示を得ることなく紹介することになると思われる。この場合，主治医の指示を受けなかったとして，公認心理師法42条 2 項に反するのか。主治医の指示を受けなければならない事項はどのようなものなのか。

　主治医の指示が求められた趣旨（公認心理師法42条 2 項の趣旨）は，主治医と公認心理師との方針に食い違いが生じ，クライエントの症状を悪化させてしまうことを回避する点にある（➡44-2）。そうだとすると，主治医の指示を受けなければならない事項は，当該クライエントに対する心理支援行為に関する具体的事項といえる。

　一方，このような具体的事項とはいえないこと（例：心理に関する支援とは異なる相談，助言，指導その他援助を行なう場合，心の健康についての一般的な知識の提供を行なう場合）については，主治医の指示を受けなくてもよい（平成30年 1 月31日　29文科初第1391号　障発0131第 3 号「公認心理師法第42条第 2 項に係る主治の医師の指示に関する運用基準について」 4 頁）。

45-5　設問の検討 ⋯⋯⋯⋯⋯⋯⋯⋯⋯⋯⋯⋯⋯⋯⋯⋯⋯⋯⋯⋯⋯⋯⋯⋯⋯⋯⋯⋯

　設問を検討すると，当該支援に係る主治医以外の医師を紹介することは，当該クライエントに対する具体的な心理支援行為に関する具体的事項に当たらず，主治医の指示を受ける義務（公認心理師法42条 2 項）に抵触することにはならない。もっとも，公認心理師は，主治医以外の医師を紹介することによって，当該クライエントの症状が悪化しないか，当該クライエントの現状を踏まえて慎重に判断する必要がある。

（舩野　徹）

Question 46 クライエントが主治医との連携を拒絶した場合

Q クライエントが，公認心理師に対して，主治医と連携をしないこと，主治医の指示に従わないことを求めてきた。この場合，法的な観点からはどのように対応すべきか。また，この場合，クライエントが話す「主治医の指示」（主治医に真偽は確認していない）に沿わずに支援しても問題ないか。

A 公認心理師は，クライエントに対して，当該支援に係る主治医と連携し，その指示を受けることは，クライエントの精神状態の改善に必要であることを説明し，主治医との連携等について了解してもらうよう努力する必要がある。

それでも，クライエントが，主治医との連携，その指示を受けることを拒否するのであれば，公認心理師としては，クライエントからの依頼を断るか，あるいは自身の判断で，主治医と連携せず，また指示を受けないで心理支援を行なうことになる。ただし，後者の場合には，合理的理由がない限り，心理支援が公認心理師法42条2項違反となる可能性が高い。

1 連携義務と秘密保持義務の衝突

46-1　義務の衝突

公認心理師は，クライエントに「当該支援に係る主治の医師」がいる場合，この主治医と連携し，その指示に従わなければならない（公認心理師法42条1項・2項）。しかし，設問のクライエントは，公認心理師に対して主治医と連携しないよう求めている。そのような場合，公認心理師がクライエントの了解なく主治医と連携すると，秘密保持義務違反を問われる可能性もある。公認心理師は，主治医との連携にあたって，クライエントの家族歴・生活歴・治療歴等の秘密事項を主治医と共有することになるが，それはクライエントの了解のもとになされるべきだからである。

このように，設問では，「秘密保持義務と連携および指示を受ける義務との

対立」（➡29-1）が生じる。この場合，公認心理師としては，主治医との連携の必要性をクライエントに説明し，了解を得る必要がある。また，了解が得られない限り，秘密保持義務違反に問われることになるため，主治医との連携を図ることができない。運用基準（平成30年1月31日　29文科初第1391号　障発0131第3号「公認心理師法第42条第2項に係る主治の医師の指示に関する運用基準について」）4頁が，「要支援者が主治の医師の関与を望まない場合，公認心理師は，要支援者の心情に配慮しつつ，主治の医師からの指示の必要性等について丁寧に説明を行うものとする」としているのも，上記の点を踏まえてのことと思われる。

2　公認心理師がとりうる選択肢

46-2　依頼を断る

　公認心理師が，心理支援業務にあたり当該支援に係る主治医との連携を必要不可欠と判断した場合，クライエントに対して医師との連携の必要性を説き，連携を受け入れるよう粘り強く説明する必要がある。それでも，クライエントが医師との連携を拒むようであれば，公認心理師の考える十分な心理支援行為を行なうことができない旨を説明した上で，当該クライエントからの依頼を断ることも考えなければならない。

46-3　医師の指示を受けずに心理支援をする

　もっとも，クライエントの精神状態の悪化を回避するために，公認心理師みずからが，当該支援に係る主治医と連携をしないで，またその指示を受けないで心理支援を行なうべきだと判断する場合もある。ただし，この場合は，主治医の指示を受けないで心理支援を行なう合理的理由（➡43-2）が認められなくてはならない。そして，公認心理師は，主治医の指示を受けずに心理支援をした場合には，その心理支援について説明責任を負うことになる。

（舩野　徹）

Question

47

主治医の指示を受けることができない場合

Q 災害の際に避難所で公認心理師が話を聞いた相手は，統合失調症で治療中であった。そのことが後から分かった場合，「主治医の指示」を受けないで話を聞いたので，公認心理師法42条2項に違反することになるのか。

A 心理支援の際には当該支援に係る主治医がいることは分からなかったのであるから，主治医の指示を受けようがない。したがって，公認心理師は公認心理師法42条2項に違反することにはならない。ただし，後に主治医がいることが判明した場合には，主治医の指示を受けるなどして緊密に連携をして，クライエントの精神状態の改善に努めるべきである。

1 後に主治医がいることが判明した場合

47-1　主治医の有無の確認

公認心理師は，クライエントに「当該支援に係る主治の医師」がいる場合には，その主治医の指示に従わなければならない（公認心理師法42条2項）。また，この公認心理師法の規定の趣旨からすると，公認心理師は，クライエントに主治医がいるかもしれないと判断した場合，クライエントに主治医の有無を確認する義務が生じる（➡41-3）。設問は，公認心理師が心理支援をした後に，クライエントに主治医がいることが判明した場合である。このような場合，主治医の指示を受けなかったとして，42条2項違反として処分の対象となるのだろうか。

47-2　主治医の有無を確認できない場合

クライエントに「当該支援に係る主治の医師」がいない場合，あるいは主治医の有無の確認をとることができない場合，公認心理師は，主治医との連携を図りようがない。したがって，公認心理師は，自身の専門的知見に基づいてクライエントの支援行為をすることになる。また，心理支援を行なった際に，クライエントからの聴き取りでは主治医がいることを推測できなかった場合も同

様である。

2　主治医の指示を受けることができない場合

47-3　災害等で主治医と連絡を取りようがない場合 ·······································

　公認心理師からの聴き取り等でクライエントに「当該支援に係る主治の医師」のいることが判明した場合であっても，災害等で連絡手段が途絶しており，主治医からの指示を受けることができないときはどうか。主治医の指示を受けることができないからといって公認心理師による心理支援行為がなされず，クライエントの状態がかえって悪化してしまうということは，連携義務について規定する公認心理師法42条１項の趣旨（➡**29-3**）に反する結果となってしまう。

　このような場合には，公認心理師は主治医の指示を受けることを優先する必要はない（平成30年１月31日　29文科初第1391号　障発0131第３号「公認心理師法第42条第２項に係る主治の医師の指示に関する運用基準について」４頁）。したがって，公認心理師が心理支援行為に及んだとしても，公認心理師法42条２項に違反することはない。

　もっとも，公認心理師が，主治医と連絡をとりうる状況になった後には，当該クライエントに実施した支援行為の内容およびクライエントの状況について，情報の共有を図り，主治医との連携を図ることが求められよう（上掲，運用基準４頁）。

47-4　設問の検討 ···

　公認心理師が当該支援に係る主治医の存在をうかがわせる事情を知ったのは，心理支援の後であり，心理支援を行なっていた時点では，主治医の有無を確認しえない。また，仮に心理支援を通じて主治医の存在を確認できたとしても，公認心理師は災害発生時の避難所で心理支援行為を行なっていたのであるから，連絡手段の途絶等によって主治医への連絡ができないこともある。そのような場合も主治医の指示を受けることはできないのであるから，公認心理師は，主治医の指示を受けずに心理支援を行なったとしても，公認心理師法42条２項の違反に問われることはない。

（舩野　徹）

VI

公認心理師の業務

Question 48

書面による同意

Q 心理支援の開始にあたって，クライエントから書面による同意（同意書）を取り付けなければならないのか。書面による同意を得る場合，どのような事項について同意を得ておくべきか。

A 必ずしも書面による同意（同意書）を取得する必要はない。しかし，後日の紛争回避の観点から，公認心理師は，クライエントの同意が必要な事項については，同意書等の書面の形で残しておくことが望ましい。

1 心理支援の開始

48-1　心理支援開始にあたり協議すべき事柄

公認心理師は，クライエントから心理支援をするように依頼を受け，その依頼に応じて心理支援をする場合，少なくとも以下の事項についてクライエントと打ち合わせる（「一般社団法人　日本公認心理師協会　倫理綱領に関するガイダンス」〔『日本公認心理師協会倫理綱領』についての解説〕15頁を参照）。

1　心理支援によって目指す到達点（当該クライエントの精神状態の改善）
2　心理支援の技法（メリット・デメリットの説明も含む）
3　心理支援に要する時間・期間，心理支援の実施場所
4　心理支援に要する費用，途中解約の場合の費用の精算方法
5　心理支援を中断したり，終結する場合について
6　心理支援によって取得した個人情報や秘密の取り扱い
7　当該支援に係る主治医および他の職種との連携方法，主治医の指示を受ける方法等
8　記録の保管，その期限（廃棄時期）

2　契約の締結方法

48-2　心理支援契約の締結

　公認心理師は，心理支援の開始にあたり，クライエントとの間で前記の1から8について協議し合意することになる。その際，公認心理師は，クライエントから心理支援をするよう依頼を受け，クライエントから報酬の支払いを受けることも合意している。公認心理師は，クライエントと心理支援契約（➡ Q55）を締結した上で心理支援を開始するのである。

48-3　必ず書面にする必要があるのか

　公認心理師は，クライエントとの間で心理支援契約を締結するにあたり，契約書を作成することになる。その契約書には，心理支援の目的，心理支援の技法，その実施期間，実施場所，料金，途中解約の場合，心理支援の終了時期および中断する場合などが明記されているはずである。

　では，公認心理師が，心理支援契約書のみならず，同意書ほか何らの書面も作成しない場合，それは倫理綱領に反するのか。

　上記の「倫理綱領」6には，「会員は，要支援者等の自立性を最大限に尊重し，心理支援にあたっては適切な説明を行い，同意を得るように努める」とある。これは，公認心理師が実施しようとしている心理支援について，クライエントの理解および納得を得た上でなければ心理支援を実施してはならないとするものである。

　もっとも，ここではクライエントの口頭による同意から，さらに進んでその同意の意思を書面化することまでが求められているわけではない。しかし，後日，公認心理師とクライエントとの間で「言った，言わない」となり，両者間の紛争が生じることを回避するためには，公認心理師はクライエントとの合意内容について記録に残しておくことが望ましい。その方法としては，クライエントから同意を得る必要事項について契約時に契約書に記載しておくとか，別途クライエントの同意書として取得しておくなど，書面化の工夫が考えられる。

（舩野　徹）

Question 49　ボランティア活動も業務とされるのか

Q　A市では台風による甚大な風水害が生じ，その住民が4か月近くの避難所生活を強いられていた。私設心理相談室を運営している公認心理師は，このA市住民の心理支援のボランティアに行くことを決意した。公認心理師は，A市住民が生活を送る避難所へ行き，カウンセリング等の心理支援を無償で行なった。この業務も公認心理師法2条にいう業務に当たるのか。

A　ボランティア活動における公認心理師の仕事も，公認心理師として行なっているのであれば，公認心理師の業務に含まれ，公認心理師は公認心理師法で課されている義務を負担することになるし，また，倫理綱領にも服することになる。

1　無償の支援

49-1　業務とされると法律上の義務および倫理綱領に服することになる

　公認心理師がボランティア活動として無償で心理支援を行なった場合，それは公認心理師として行なった業務（公認心理師法2条）とされるのか。公認心理師の業務とされるのであれば，無償での心理支援であったとしても，公認心理師は，公認心理師として課される各種義務（秘密保持義務，連携義務等）を負担することになるし，「日本公認心理師協会倫理綱領」（以下，「倫理綱領」と略記）にも服することになる。

49-2　公認心理師の業務に当たらない場合

　例えば，公認心理師が「炊き出し」や「泥かき」をしていて住民に損害を与えたとしても，これは公認心理師の業務に従事した際に生じたものとはいえない。この場合の公認心理師の行為は，不法行為責任（民法709条➡**58-1, 58-2**）に基づく損害賠償請求の対象にはなるとしても，公認心理師法40条所定の信用失墜行為になるわけでもないし，倫理綱領違反になるわけでもない。

2 公認心理師としての心理支援

49-3 公認心理師として心理支援を行なう場合 ······························

　一方，ボランティア活動の一環として無償で心理支援を行なう場合であったとしても，公認心理師が，「公認心理師」と名乗り，その専門的知見と一定の技法に基づいて心理支援をする場合には，公認心理師としての責任は負うべきである。なぜなら，「公認心理師」は一定の教育を受け資格試験を合格した者であり，かつ一定の水準の専門的知識を有する国家資格保持者であり，クライエントの「公認心理師」という名称に対する信頼は，心理支援が有償であろうと無償であろうと変わることはないからである。実際に，公認心理師法も，有償か無償かによって「業務」の範囲を画してはいない。

　公認心理師が，公認心理師として心理支援をしている以上，それは公認心理師としての業務に当たる。ボランティア活動の一環としてたとえ無償で行なったとしても，公認心理師法によって課される義務や倫理綱領を遵守する責務を免れない。

（舩野　徹）

Question 50
意見書の作成依頼に応じなければならないか

Q クライエントが，その夫から日常的に暴力を受けていること（DV）を証明するために，意見書を書くよう求めてきた。公認心理師は，このクライエントの要望に応じなければいけないか。応じた場合にどのようなリスクが考えられるのか。

A クライエントの要望に応じる義務はない。応じた場合には，意見書が不利に作用する側からの問い合わせや面談による説明を要求されたり，場合によっては訴訟において証人としての出席および証言を求められる可能性がある。正当な理由なく証人としての出席を拒むと制裁を課されることもある。意見書の作成にあたっては，その書面がどのようにして利用されるのか，どこに提出が予定されているのかを十分に確認する必要がある。

1 心理支援契約の目的

50-1　意見書を作成する義務はあるのか

　公認心理師は，クライエントから，その夫による日常的な暴力について意見書の作成を求められている。この意見書は，クライエントと夫との離婚紛争等の法的紛争でクライエントに有利な証拠として利用されるものであり，最終的には裁判所への提出が予定されているはずである。公認心理師はこのような意見書の作成に応じなければならないのか。

　公認心理師は，クライエントから報酬の支払いを受けることにより，クライエントに対して心理支援を実施する契約上の義務がある（心理支援契約➡Q55）。心理支援契約は，クライエントの精神状態の改善を目的とする心理支援を実施するものであるから，紛争上の証拠となる意見書を作成する義務まで負うものではない。

2　意見書作成の目的とそれに伴うリスク

50-2　意見書作成に応じる場合のリスク

　公認心理師が，クライエントとの間で，心理支援契約とは別に意見書作成の契約を締結したり，好意で意見書を作成する場合，考えうるリスクはあるのか。

　公認心理師が作成する意見書は，クライエントと夫との交渉で利用される可能性がある。その際，クライエントに有利な証拠として利用されるのであるから，夫または夫側の関係者から，作成者である公認心理師に対して意見書の内容について問い合わせの連絡がなされ，場合によっては面談による説明を求められるかもしれない。もちろん公認心理師としては，意見書を作成したからといってそのような照会に応じる義務まではなく，断ってもかまわないが，夫側からの接触を受け，それに対応しなくてはならなくなる煩わしさが生じることになる。

　また，意見書が，離婚訴訟等の証拠として提出された場合，意見書の内容について，問いただしたいとして夫側から公認心理師に対して証人尋問手続きへの出席を求められる可能性もある。訴訟手続きにおいて，意見書を作成した公認心理師が証人としての出席を求められると，裁判所に出席のうえ証言する義務が生じる（民事訴訟法190条）。そして，裁判所から証人としての出席を求められたにもかかわらず，正当な理由なく応じなかった場合，過料・罰金等の制裁が加えられ（民事訴訟法192条，193条），場合によっては身柄拘束のうえ強制的に裁判所への出席を求められることにもなる（勾引——民事訴訟法194条）。意見書を作成するにあたっては，提出された書面がどのように利用されるのかに無関心でいることはできないであろう。

（舩野　徹）

Question 51 途中からの料金変更の可否

Q クライエントとの間で心理支援契約を締結し心理支援を行なっていたが，当初の見立てと異なり，心理支援の期間・実施すべき技法等に変更が生じた。そのため当初の契約内容では料金不足となり料金を変更したいが，それは可能か。予告しておけば，大丈夫か。その場合，どういうタイミングで予告しておけばよいのか。

A 公認心理師とクライエントが合意できれば料金の変更も可能である。ただし，心理支援契約を締結する際に，あらかじめ料金変更もありうることを明示しておくことが望ましい。また，契約後の料金変更にあたっては，変更に関する合意書，または新たな心理支援契約書を作成したほうがよい。

1 料金変更についての合意

51-1 合意できれば変更も可能
　公認心理師とクライエントは，クライエントが報酬を支払い，公認心理師が心理支援を実施するという契約（心理支援契約➡Q55）を締結する。心理支援契約には，実施予定の技法，予定契約期間，それに必要となる料金が明示されているはずである（➡48-1）。しかし，心理支援を実施するうちに，当初の見立てと異なり，実施すべき技法や期間を変更する必要が出てくる場合もある。この変更に伴い，当初予定していた料金を増額する必要性も出てくることもある。この場合，心理支援契約は，公認心理師とクライエントとの合意なのであるから，両者が変更について合意できれば，変更も可能である。

51-2 合意できない場合
　では，公認心理師とクライエントとの間で，料金の変更について合意できない場合はどうか。合意に至らない以上，公認心理師は，料金変更をすることができない。公認心理師としては，当初の心理支援契約所定の料金で心理支援を実施するか，クライエントとの契約を解除（➡Q52）のうえ契約を解消するか

のいずれかの選択をすることになる。

2　設問の検討

51-3　可能な限り事前に書面にて明示することが望ましい ……………………

　クライエントとの契約の解除等のトラブルを未然に回避するために，可能で
あれば，心理支援契約書には，ア）料金の変更が必要になる場合，イ）実施す
る技法ごとに必要となる料金などをあらかじめ明示して，契約締結時におい
て，クライエントに料金変更について予測できるようにしておきたい。また，
実際に料金を変更する時点でも，料金変更が必要となる理由をわかりやすく説
明し，クライエントの納得を得るように努めることが望ましい。そして，料金
を変更する際にはその合意内容を書面化し（変更契約書を新たに作成する），さら
には，その書面には説明過程も盛り込んでおいたほうがよいであろう。

（舩野　徹）

Question 52 心理支援の中断と損害賠償

Q 公認心理師の病気やケガによる心理支援の中断は，損害賠償の対象になるのか。

A 公認心理師が心理支援を中断せざるをえなくなった事情が何であるかによる。公認心理師自身の責任で中断する場合には，公認心理師は，クライエントに対して損害を賠償しなければならない。これに対して，公認心理師に責任のない事情で支援を中断せざるをえない場合には，公認心理師は損害を賠償する必要はない。もっとも，いずれの事情で中断するのであっても，公認心理師としては，中断するにあたり，別の公認心理師への紹介や引き継ぎ等のフォローをすべきである。

1 支援の中断と契約の解除

52-1 心理支援の中断とその責任
　公認心理師がクライエントと心理支援契約（➡Q55）を締結し心理支援を行なっていたが，交通事故に遭い長期入院することになるなどして心理支援の継続が困難になる場合がある。このような場合，公認心理師は，クライエントに対する心理支援を中断せざるをえないが，クライエントに対する賠償責任を負わなければならないのか。

52-2 準委任契約である心理支援契約はいつでも解約できる
　公認心理師が，心理支援をすることができなくなってしまった場合，公認心理師もクライエントも，心理支援契約をいつでも解除することができる（民法651条1項，656条➡55-2）。心理支援契約を継続させておくことは，いずれにとっても利益にならない。契約を継続させたとしても，公認心理師は心理支援を実施する義務を現実には果たすことができない。一方，クライエントは，公認心理師の復帰を長期にわたり待ち続けるという不安定な状況に陥ってしまうのである。

2　契約解除の時期とその事情

52-3　不利な時期に解除する場合には損害を賠償しなければならない ················

　心理支援契約がいつでも解除できるからといって，各々が好き勝手なタイミングで心理支援契約を解除すると，解除される立場の者にとって不利益になることがある。

　例えば，クライエントが時間と手間をかけて公認心理師を探し，ようやく当該公認心理師にたどりついていたとしよう。契約が解除されると，クライエントは再度時間と手間をかけて別の公認心理師を探さざるをえない。また，心理支援を受けて精神状態が改善し就労も可能になった矢先に心理支援が中断されると，クライエントの精神状態は再び悪化し休業も余儀なくされてしまうかもしれない。

　一方，解除は公認心理師にとっても不利益をもたらすことがある。例えば，当該クライエントのために長期間にわたり時間枠を確保し，他のクライエントの依頼を断っていたとしよう。それにもかかわらず，当該クライエントの一方的な事情で途中解約されてしまうと，当該クライエントからの依頼を失うというだけではすまないであろう。

　クライエントであれ公認心理師であれ，相手方に不利な時期に契約を解除するのであれば，その解除によって相手方に生じる損害を賠償しなければならない（民法651条2項1号）。設問の公認心理師についていえば，心理支援を続行することができない以上，心理支援契約を解除せざるをえないが，そのためクライエントに不利益が生じるのであれば，これを補償しなければならない。

52-4　「やむを得ない事由」があるときは損害を賠償しなくてもよい ·················

　もっとも，解除することがやむをえない場合には，公認心理師はクライエントにとって不利な時期に心理支援に関する契約を解除したとしても，損害賠償をしなくてもよいとされている（民法651条2項ただし書）。

　この「やむを得ない事由」とは，どのような事情をいうのか。これは，解除に至った理由が，公認心理師自身ではどうしようもないものであることをいう。このような場合，解除に至ったことについて公認心理師に責任があるとは言い難い。例えば，公認心理師が信号無視の車両にひかれて負傷したような場

合である。

　これに対して，負傷したことについて公認心理師に責任がある場合には，「やむを得ない」とはいえない。例えば，公認心理師が喧嘩をして負傷したとしよう。この場合，公認心理師は，自身のとった短絡的な行動から負傷するに至り，その上で心理支援の遂行が不可能になっているのであるから，それによって生じたクライエントの損害を賠償する必要がある。

（舩野　徹）

Question 53 前払いシステム

Q 私設心理相談室で，心理支援の費用として，前払いシステム（心理検査を含む心理支援が15回で30万円）を採用している。途中でクライエントが来なくなっても「返金には応じない」とパンフレットには書いている。この場合であっても，クライエントから返金を求められたら，それに応じる義務があるのか。

A クライエントが勝手に来なくなった場合，公認心理師は，前払い金を返金する必要はない。一方クライエントが来なくなった原因が，クライエント自身の責任でない場合には，公認心理師は前払い金のうち，心理支援を実施していない分に相当する料金を返還すべきである。

1 解約に合意した場合

53-1 解約およびその後の処理について合意できる場合

　心理支援の解約とその後の前払い金の処理方法について，公認心理師とクライエントの間で合意ができた場合には，その合意が尊重される。クライエントが，前払い金30万円のうち15万円の返金を求め，公認心理師もパンフレット記載の条項にこだわらず，クライエントの返金希望に応じた場合などである。

2 解約に合意できない場合

53-2 合意できない場合①：クライエントに責任がある場合

　公認心理師とクライエントが，解約および解約後の前払い金の精算方法について合意できないときは，場合を分けて考える必要がある。

　まず，クライエントに責任がある場合はどうか。例えば，クライエント自身が公認心理師と約束していた支援を受けず，一方的に連絡も絶ってしまった場合である。この場合，公認心理師は，クライエントに対する心理支援の行程を終了してはいなかったとしても，心理支援契約において予定されていた報酬の

全額を請求することができる（民法536条2項）。公認心理師は，クライアント
との心理支援契約における報酬を得る期待をしていたのであり，この期待をク
ライアントの自己都合で一方的に奪うことは公平でないからである。

53-3　合意できない場合②：クライアントに責任がない場合

　次に，クライアントに責任がない場合はどうか。例えばクライアントが信号
無視の車両にひかれて負傷し長期入院をせざるをえなくなってしまった場合で
ある。この場合，公認心理師は，クライアントに対してすでに実施した心理支
援の分の報酬（出来高報酬）を請求することができるにとどまる（民法648条3項
1号）。

3　返金しない旨の特約

53-4　消費者契約法による保護

　それでは，設問のように「途中解約の場合であっても返金しない」旨の特約
があった場合はどうか。この場合，公認心理師は，出来高報酬を超えて前払い
金全額について報酬とすることができるのか。

　公認心理師は，心理に関する専門家として私設心理相談室を開設し，それを
事業として行なっているのであるから，いわば「事業者」としての側面をも
つ。一方，クライアントは，事業者ではなく「いち消費者」ともいえる。一般
的に，消費者は事業者に比べて法律知識に乏しく，また契約内容も事業者が準
備のうえ一方的に決定しがちである。そのため，何らの規制もしないと契約内
容が事業者にとっては一方的に有利となる反面，消費者にとっては一方的に不
利益をもたらすものとなりかねない。そこで，消費者を保護する見地から，事
業者と消費者との間の契約については，消費者にとって不利な契約部分につい
て，強制的に効力を失わせるというルールがある（消費者契約法9条1項1号）。
設問についても，「途中解約の場合であっても返金しない」旨の取扱いが，こ
の消費者契約法のルールによって無効とされることはないだろうか。

53-5　設問の検討

　「途中でクライアントが来なくなっても返金しない」旨の取り扱いは，報酬
全額と出来高報酬との差額を，クライアントが負担すべきペナルティーとする
ものである（消費者契約法9条1項1号にいう「当該消費者契約の解除に伴う損害賠

償の額を予定し」たものか,「違約金を定める条項」のいずれかに当たる)。たしかに,公認心理師は基本的に完全予約制をとっており,当該クライエントが予約した日時については他のクライエントの予約を入れることができない。公認心理師としては当該クライエントが無断キャンセルをしたことによって報酬を得る機会を失ってしまうことになる。もっとも,通常の予約は,当該クライエントが来る度に次回の予約をすることになっているものと推測されるから,機会損失はせいぜい1・2回か数回にとどまるのではないか。また,当該クライエントの予約日に他のクライエントからの予約希望が必ずしも入っているとは限らない。こうした事情からすると,途中キャンセルの場合に前払い金の返還に一切応じないという契約条項は,すでに実施した分の返還を拒む部分を超える部分,すなわち未実施分の返還を拒む部分が無効になると考えてよい。公認心理師は実施していない分の料金を返還すべきである。

（舩野　徹）

Question 54　研究目的の検査につき通常料金を求めることの可否

Q　研究のための心理検査の場合，通常の料金を請求することはできないか。

A　クライエントの精神状態の改善に必要な検査であれば，研究目的であったとしても通常の料金を請求することができる。もっとも，研究目的に利用する対価として，検査料金を減額してもよいと考える。一方，クライエントの精神状態の改善に必要のない検査の場合，それは心理支援契約に含まれないものであるから，通常の料金を請求することはできない。

1　症状改善目的の有無

54-1　クライエントの症状改善に必要な検査の場合

　研究のための心理検査の中には，その検査がクライエントの症状改善に必要なものがある。研究目的であっても，そうでなくても，通常実施されるような検査の場合である。この場合，当該クライエントの症状改善に必要な検査を実施しているのであるから，通常の料金を請求することができる。

　クライエントは，検査結果が研究目的で利用されることを知らないのが通常である。したがって，公認心理師は，クライエントに対して当該検査結果を研究目的で利用する旨を説明し，クライエントの了解を得ておく必要がある（「一般社団法人　日本公認心理師協会　倫理綱領に関するガイダンス」10(2)）。事情によっては，検査結果を研究に利用する対価として，検査に必要となる費用を通常よりも減額することを考えてもよいかと思う。

54-2　クライエントの症状改善に必要でない検査の場合

　これに対して，当該クライエントには実施する必要がないが，研究のために実施する検査の場合はどうか。公認心理師とクライエントは，当該クライエントの精神状態の改善を目的として心理支援契約（➡Q55）を締結しているので

あるから，目的達成に効果のない検査の実施は契約の範囲外である。したがって，公認心理師はクライエントの症状改善に必要でない検査を実施することはできない。また，その費用を請求することもできない。

しかし，クライエントが，研究目的に賛同し，検査を受けることに同意しているのであれば，公認心理師は検査を実施することができる。この場合も，心理支援契約の範囲外の検査であるから，費用を請求することはできない。

なお，検査に際しては，当該検査が精神状態の改善のためには実施する必要がないこと，あくまでも研究目的のために必要な検査であること，検査結果は研究目的以外には利用することがないこと，料金はかからないことを事前に明示し，クライエントの了解を得る必要がある。

（舩野　徹）

VII

公認心理師と民事責任

Question 55 心理支援契約

Q 心理職がクライエントと結ぶ契約は，どのようなものなのか。

A 1　心理支援の一連のプロセスを準委任契約と理解し，その権利義務関係を整理することが望ましい。

2　心理職が個人で開業している場合，クライエントが契約を結ぶ相手方当事者は心理職自身である。一方，クライエントが学校や病院等で心理支援を受ける場合は，その開設者が契約の相手方当事者となり，個々の心理職は履行補助者にとどまる。

3　支援を受ける側の契約当事者は一般にクライエント本人と考えてよいが，ただし，中学生が心理職のもとを訪れたような場合は，親権者の関与のもとで契約が結ばれる。

4　一般に裁量性を伴う事務では，適切な任務遂行への信頼が契約の基礎であるが，とりわけ心理支援契約の場合，配慮すべき法益の重要性に鑑み，心理職は「最善の注意」を尽くして業務に当たることを要請される。「善良な管理者」だから高い水準の義務を課されるわけではない。

1 契約の法的性格

55-1　契約関係：申し込みと承諾

心理支援は，クライエントが申し込み心理職がこれに応じることで始まる一連のプロセスであり，そこでは両者の協働による心理的問題の解決が目指される。こうして形成される関係を法的な観点からみれば，それは契約関係として立ち現れる。

55-2　準委任契約

お互いの間に法的な権利義務が生まれる約束を契約というが，心理支援契約は**準委任契約**という性格をもつものと一般に考えられている。

役務（サービス）を提供して初めて報酬を請求することのできる契約として

は，代表的なものが三つある。使用者の指揮命令に服して労働に従事する「雇用」，注文者からの仕事を完成させて（例：建物の建築）報酬をもらう「請負」，法律行為を依頼する（例：弁護士への訴訟依頼）「委任」がそれである。

しかし，**心理支援契約**の場合，心理職はクライエントの命令に従うわけではなく（≠雇用），また，心理的問題の完全な解決を約束することもできない（≠請負➡57-4）。さらに，心理支援契約は専門家を一方当事者とする点で委任契約に近似するが，心理技法の実施等は事実行為であり法律行為とはいえないため，こうした行為の委託を委任契約とみることもできない。

もっとも，民法は「法律行為でない事務の委任」を準委任とし，委任の規定を準用している（民法656条）。それゆえ，心理職による支援行為については，さしあたり準委任事務の処理として位置づけ，その権利義務関係を具体的に整理していくことが望ましいといえよう。

　＊　法律行為と事実行為：例えば，タバコの購入は**法律行為**であるが，それを吸う行為は**事実行為**である。タバコの売り買いを約束すると（売買契約），売主にはタバコの引き渡し義務，買主には代金の支払い義務が発生する。このように法的効果（権利義務の変動）を直接の目的とする行為が法律行為といわれる。これに対して，タバコを吸うという行為は，法的効果の発生を目的としているわけではない。この行為の法的効果は当事者の意思と無関係であり，法がそれをどのように評価するかによって定まる。こうした行為は事実行為と呼ばれる。

2 契約の当事者

（1）支援を行なう側の当事者

55-3　学校等の開設者と個々の心理職との関係 ·································

クライエントが契約を結ぶ相手方当事者については，場合分けが必要となる。まず，心理職が個人で開業している場合には，その者が契約当事者となることに争いはない。これに対して，学校や病院等で心理支援を受ける場合，その相手方当事者は，これらの組織体の開設者（経営の主体）である。心理支援という役務の提供と対価関係にある報酬等の帰属先は開設者であり，また，担当する心理職には交替の可能性もある。そのため，役務提供については開設者がクライエントと契約上の権利義務関係に立つと考えられるのである［莇＝中

井編1994：61〔高嶌英弘〕〕。この場合，個々の心理職は**履行補助者**という地位に*1
おかれる。*2

> *1　例えば，運送会社に荷物の運搬を依頼したとしよう。この場合，運送契約の当
> 事者は客と運送会社であり，配送トラックの運転手は，会社がその契約上の義務
> （**債務**）を履行するにあたっての補助者という立場にある。このように債務者（運
> 送会社）が債務の履行のために使用する者（トラック運転手）を履行補助者という。
> *2　なお，開設者と個々の心理職との間には雇用契約が結ばれているが，具体的な
> 支援行為の決定にあたっては個々の心理職に相応の裁量が認められている。支援内
> 容を具体的に特定する権限が担当心理職に与えられているのであり〔前田ほか
> 2000：214〔前田達明〕参照〕，この点に，心理支援契約における履行補助者の特徴
> をみることができよう。

（2）支援を受ける側の当事者

55-4　クライエントが未成年者の場合

　クライエントみずからが直接に心理支援を申し込んだ場合は，このクライエント本人が契約の当事者となる。これが原則であるが，心理支援契約はクライエント側に報酬の支払い義務を負わせる契約であることから，これを有効に結ぶためにはクライエントに財産上の**行為能力**（➡Q94）が必要とされる（民法4条以下）。この点で問題となるのが，クライエントが未成年者の場合である。特に**意思能力**のある未成年者（例：中学生）が心理職のもとを訪れたような場合をどのように考えればよいのか。

　未成年者について，その親権者（通常は父母）は，子の監護および教育をする権利を有し義務を負う（民法820条）。子を心身両面にわたって一人前の健全な大人にすることが，親権者には求められているのである。また，親権者は，未成年者本人に代わって取引をする権限（**代理権**）をもつ（民法824条）。親権者は法律の規定に基づき代理権をもつことから**法定代理人**といわれ，未成年者の保護者となる。

　さらに，法定代理人である親権者には，同意という形で取り引きの適切さを判断する権限（**同意権**）も認められている（民法5条1項本文）。たしかに，未成年者もある程度の年齢に達すれば，みずから契約を結ぶことが不可能ではない。しかし，未成年者は十分に分別があるとは限らず，また取り引きの経験も少ないため，保護の必要性も否定できない。そのため，未成年者が契約を結ぶ

にあたっては，あらかじめ法定代理人である親権者の同意を得なければならず，同意を得ないで行なった契約は，本人や法定代理人が取り消しうるものとされるのである（民法5条1項・2項）。

心の健康の保護もまた監護義務の一内容であり，親権者がこれに無関心でいることは許されない。その目的を達成するために必要であれば，親権者は，未成年者本人を代理して心理支援契約を結ぶことができる。また，未成年者が一人で相談に訪れているのであれば，法定代理人である親権者の同意を得て契約を結ぶことが必要とされよう。

*　15・16歳にもなれば，未成年者であっても医療行為の同意権をもつと一般に考えられている［野﨑 2020：21-22］。そこで，診療契約（医療契約）については，この未成年者本人が単独で有効に契約を締結することを認めて差し支えないという見解も有力である。親権者による同意・取り消しの可能性を否定するのであるが，しかし，医療行為の同意は個別の医療についての問題にとどまる。契約に伴う金銭的負担等を考慮に入れると，未成年者を契約によるリスクから解放し未成年者を保護する必要はなお留保されるべきだと思われる。

3 契約上の権利義務：「善良な管理者としての注意」をめぐって

55-5　最善の注意

心理支援契約は心理職がもつ専門的な知識・技術の提供を受ける契約であるが，どのような支援を行なうかは心理職みずからが判断する。心理支援契約では役務の提供が心理職の幅広い裁量のもとで行なわれるのであり，クライエントは専門家のそうした判断を信頼するほかない。クライエントは，心理職が信頼に足る措置をとったのか否かを知るよしもないのである。

裁量を伴う事務（仕事）を委ねる場合，その担い手の適切な行動は信頼の基礎である。しかも，心理支援契約の場合，その履行に際して配慮すべき法益（クライエントの生命や健康）の重大性に照らすと，心理職は最善の注意[1]を怠ることを許されない。クライエントとの信頼関係を支えるためにどれだけの注意を払わなければならないかは「善良な管理者」という基準によって具体的に定まるが[2]，心理支援契約においては，単純な事務の委任と比べて義務の水準は高いものとならざるをえないのである。

＊1　この最善の注意は，「心理臨床実践の場で一般的に定着している水準」に照らして判断される（**➡57-6**）。

＊2　「善良な管理者としての注意」は債務者一般に求められるものであり，注意の程度は契約ごとに異なる。心理支援契約の目的（＝「委託の本旨」）からすれば，「善良な管理者」として高い水準の義務に従った行為が求められるのである［道垣内 2006：43-44］。

【参考文献】

莇　立明＝中井美雄編『医療過誤法』青林書院，1994年。

道垣内弘人「善管注意義務をめぐって」『法学教室』305号（2006年）37-44頁。

野﨑和義『コ・メディカルのための医事法学概論（第2版）』ミネルヴァ書房，2020年。

前田達明＝稲垣喬＝手嶋豊執筆代表『医事法』有斐閣，2000年。

（野﨑和義）

Question 56 未成年者の契約

Q 中学生が，親権者である両親から暴力を受けているとして，公認心理師に対して心理支援を求めてきた。この中学生は，両親には心理支援を受けに来たことは内緒にしてほしいと言っている。心理支援をするにあたり，親権者である両親の同意を書面で得なければならないか。中学生が親権者から暴力を受けていることが疑われる場合にまで，親権者の同意を得なければならないのか。

A 1　公認心理師は，未成年者との間で心理支援契約をする場合には，その親権者の同意を得る必要がある。

2　親権者の同意を得るにあたり，後日の紛争を回避するために，書面で同意を取り付けておくことが望ましい。

3　親権者による虐待が疑われ，その同意を得ることが困難な場合には，未成年者の精神状況の改善を優先し，親権者の同意がなくても未成年者と心理支援契約を締結のうえ心理支援を開始することが望ましい。

4　また，児童相談所等にその虐待の事実を知らせるべきである。

1　未成年者と心理支援契約を締結するには親権者の同意が必要であること

56-1　親権者の同意が必要とされる理由 ····································

　未成年者がクライエントになる場合，その多くは両親などの親権者とともに公認心理師を訪れる。この場合，あまり意識することはないが，実際は，親権者の同意のもとに未成年者と心理支援契約を締結する（準委任契約➡55-2）。

　未成年者との間で契約をするためには，その親権者の同意を得なければならない（民法5条1項）。親権者の同意を得ないで契約をした場合，未成年者およびその親権者は，契約を取り消すことができる（民法5条2項，120条1項）。その理由は，未成年者は成年と比べると未熟であり，親権者の同意を求めることによって未成年者にとって不利な契約等の成立を回避することにある（➡55-

4）。設問のように未成年者が単独で公認心理師のもとを訪れ心理支援を求めてきた場合には，後日，親権者から同意を得た上で心理支援契約を締結する。

2　同意は書面で得る必要があるのか

56-2　同意は紛争回避の見地から書面で得ておくことが望ましい ················

親権者からの同意を得るにあたり，公認心理師は，書面による同意を得なければならないのか。法律上は，書面により同意を得ることを求められているわけではなく，口頭による同意でも構わない。しかし，後日，未成年者やその親権者との間で，心理支援契約を締結したのか否かについて争いになってしまうこともある。このような争いを回避するためには，親権者から書面で同意を得ておくことが望ましい。また，可能であれば，同意書は未成年者を介して取得するのではなくて，親権者から直接に取得したほうがよい。これは，同意書が真に親権者によって作成されたものなのか否かについて紛争を回避するためである。未成年者を介して同意書を取得しようとすると未成年者自身が記入することが考えられなくもない。

3　親権者からの同意を得ることが困難な場合

56-3　親権者の同意なく結ばれた契約も取り消されない限りは有効である ············

設問は未成年者が親権者から虐待を受けていることが疑われる場合であり，本人は親権者に内緒で公認心理師のもとを訪れていることが推測される。また公認心理師が親権者から同意を得ることも困難であろう。この場合，公認心理師は未成年者の心理支援をすることができないのか。

たしかに，公認心理師が親権者の同意を得ないで心理支援契約を結んだときは，すでにカウンセリング等が実施されているにもかかわらず，未成年者やその親権者によって契約を取り消されるおそれがある（民法5条2項➡28-4）。また，契約を取り消されると，公認心理師はカウンセリング料金を返還しなければならない（➡28-3＊）。しかし，取り消しがなければ契約は有効なままである。未成年者が単独で結んだ契約であったとしても権利・義務は発生するのであり，公認心理師は料金の支払いを受ける権利をもつ。

もともと親権者による同意は，未成年者の判断力を補い財産上の不測の損害

を防止するためにある（➡28-4）。しかし，設問の未成年者は，虐待が疑われる状況にある。親権者の同意がないからといって契約の締結を拒絶することは，かえって未成年者の保護に欠けることとなろう。親権者の同意を得ないでした契約は，取り消しの可能性を残す点で不安定なものにとどまる。とはいえ，未成年者自身が心理支援の内容に納得していれば，未成年者側は契約を取り消さないでおくことも考えられる。親権者による虐待が疑われるというのであれば，公認心理師としては，児童相談所との連携（➡56-4）等を通じて，まずは当該未成年者を保護するための方策を探っていくことが求められよう。

4 親権者からの虐待が疑われる場合には通告義務があること

56-4　公認心理師の通告義務

公認心理師は，未成年者が親権者から暴力を受けているのではないかと考えた場合，児童相談所等にその事実を知らせなければならない（児童虐待防止法6条1項）。この場合，公認心理師に課されている守秘義務は解除され（同法6条3項），虐待の知らせを受けた児童相談所等は通告（➡32-4*）した者（公認心理師）が誰であるか分かってしまう事項を親権者に漏らしてはならないとされている（同法7条）。したがって，公認心理師は，未成年者が親権者から暴力を受けているのではないかと疑った場合には，ためらうことなく虐待の事実を児童相談所等に知らせるべきである。

（舩野　徹／野﨑和義）

Question 57 心理支援契約の違反

Q クライエントの症状が改善しなかった場合，公認心理師は損害賠償を請求されるのか。

A 心理支援を受けたが症状が改善しなかった場合，それだけで直ちに心理職に対して損害賠償の請求ができるわけではない。支援の実施にあたって何が期待されるべき行為であったかを明らかにし，それが履行されたかどうかをまずもって判定しなければならない。

1 損害賠償責任

57-1　契約がなくても生じる責任

　例えば，Xの運転する自転車が歩行者Aに衝突し，Aが負傷したとしよう。Xは，Aに生じた損害を賠償という形で償うが，この責任は，あらかじめX-A間に契約が結ばれていたから生じるわけではない。それは事故それ自体によってもたらされたものであり，ここでは「他人を害することなかれ」という市民の一般的な義務に違反したことが責任の根拠となる。こうした場面で適用されるルールは，民法の**不法行為**の章（709条以下）におかれている（➡**58-1**,**58-2**）。

57-2　契約を前提とする責任

　一方，当事者が契約によって設定した利益が侵害された場合には，契約上の義務違反を理由として損害賠償が請求される。例えば，建物を購入したが引き渡しを受ける前にそれが焼失したという場合，買い主の被った損害を売り主が負担するかどうかは契約の趣旨によって定まる。売り主は，みずからの火の不始末にのみ責任を負うとは限らない。契約の内容によっては，隣家からの延焼により建物が焼失した場合であっても買い主に生じた損害を賠償する責任を負わなければならない。

2　債務不履行とその態様

57-3　債務不履行の類型 ·······

　契約が守られないこと（契約違反）を**債務不履行**というが，民法は，これを「その債務の本旨に従った履行をしないこと」と規定している（民法415条1項本文）。

　この債務不履行には，❶**履行遅滞**（例：リンゴの引き渡しが遅れた場合），❷**履行不能**（例：引き渡す約束のリンゴを食べてしまった場合），❸**不完全履行**（例：引き渡したリンゴが腐っていた場合）という三つの類型がある。心理支援の場面でも，❶履行遅滞（例：約束の時間に面談しない場合），❷履行不能（例：心理職がクライエントを殺害した場合）を考えられないわけではないが，心理支援契約上の債務不履行といえば，通常は❸不完全履行の場合である。履行はなされたが，それが不適切であったとされるのである。それは，以下にみるように，心の支援がもつ特性による。

　　＊　厳密にいうと，債務不履行は，契約に基づく債務だけでなく契約以外の発生原因（例：不法行為）に基づく債務においても生じる。

3　心理支援契約における「債務の本旨」

57-4　適切な手段を尽くすこと ·······

　クライエント一人ひとりには個体差があり，刻々と変化する状況の中で何が最適な支援なのかを決定することは容易でない。また，クライエントは多様なニーズを抱えて来談するが，支援にあたっては，このクライエントの協力も欠かせない。それゆえ，心理職がどれほど高度な職業的訓練を受け専門的な技術を備えていたとしても，症状の完治にまで責任を負わせることはできない。心の支援に求められるのは，結果の実現そのものではなく，それに至るプロセスである。症状が必ずしも完治しなくても，これに向けて十分な努力をすれば債務は果たしたことになる。

　　＊　何が「債務の本旨」かをめぐっては結果の実現まで債務の目的とするかどうかによる区別がある。例えば本の売買では，売り主は本を引き渡す義務を負う。本の引き渡しという特定の結果の実現が債務の目的であり，このような債務は**結果債務**と

いわれる。この結果債務では，結果の実現（本の引き渡し）がなければ，それだけで債務不履行があると判断される。

　これに対して，例えば予備校は，そこに学ぶ学生との間に志望校の合格まで約束するわけではない。特定の結果の達成まで債務の目的とはしておらず，期待された教育を適切に行なうことが在学契約の内容とされるのである。心理支援契約も同様であり，このように結果の実現そのものではなく，結果の実現に向けて適切な手段を尽くすことを内容とする債務は**手段債務**と呼ばれる。ここでは，債務者のとった手段が適切でなかったと評価されたとき初めて債務不履行とされる。

4　臨床心理学の実践における一般的水準

57-5　医療水準論

　問題は，何をどこまで行なえば「債務の本旨」に従った履行になるのかということであるが，心理支援契約の場合には，心理職のとった措置が必要とされる水準に達していないと評価されたとき債務不履行があると判断されることになる。

　心理支援契約で目指されるべきは「心の健康」の保持増進（公認心理師法1条）であり，そこで提供される役務はクライエントの生命・健康と切り離すことができない（**→58-12**）。このような性質をもつ役務給付の典型は診療行為であるが，そこでは**医療水準論**がすでに判例として定着している。医療従事者は「危険防止のために実験上必要とされる最善の注意義務」（最高裁昭和36年2月16日判決民集15巻2号244頁——「東大輸血梅毒事件」）を課されるが，その内容は，「診療当時のいわゆる臨床医学の実践における医療水準」を基準として具体化される（最高裁昭和57年3月30日判決『判例時報』1039号66頁）。診療行為にあたって学問としての医学の最高水準によることまでは要求されないが，不適切な医療慣行に漫然と従うことでは足りないとされるのである。

57-6　心理支援の水準

　この医療水準論で示された枠組みに準拠するならば[*]，心理職が適切な支援を行なったか否かは「臨床心理学の実践における**心理支援の水準**」をもとに判断される。支援実施当時，心理臨床実践の場で一般的に定着している水準に照らして，期待されるべき行為（具体的な債務内容）が明らかにされるのである。そして，事実としての不履行（「債務の本旨」に従った履行がなかったという客観的事

実）が認められた場合，この不履行と損害発生との間の因果関係（原因・結果の
関係）など民法415条１項所定のその他の要件も満たすことで損害賠償請求権
は発生する。

＊　なお，裁判例には，カウンセラーの守秘義務についての判断の中で，相談者との
　間には「医師と患者との治療契約に類似した……契約」が成立していると認定した
　ものがある（東京地裁平成７年６月22日判決『判例時報』1550号40頁）。

（野﨑和義）

Question 58   不法行為責任と債務不履行責任

Q 公認心理師 X は，ADHD の子ども A と面談していたところ，A がポットを倒しそうになったため，思わず A を抱きしめた。しかし，A は余計に興奮してしまいヤケドを負ってしまった。治療費はどうなるのか。

A 1　子ども A は治療費等の損害を賠償してもらえるが，その請求の仕方には二通りがある（不法行為責任と債務不履行責任）。

2　不法行為責任を追及する場合には，公認心理師の就業形態で区別する。

　(1)公認心理師が独立自営の事業として心理相談を行なっている場合には，公認心理師が不法行為責任を負う。

　(2)公認心理師が組織に所属している場合には，その組織が民間か公的なものかによる区別がある。

　　①公認心理師が民間団体に所属している場合には，公認心理師自身の不法行為責任と併せて当該団体の使用者責任も問題となる。

　　②公認心理師が国や地方公共団体の組織に所属している場合には，国・地方公共団体が責任を負担し，公認心理師個人が責任を追及されることはない。

　　③公認心理師が民間委託を受けている組織に所属している場合も②と同様である。

3　公認心理師とクライエントとの間に心理支援契約が結ばれていることに着目するならば，債務不履行責任を問題とすることもできる。

　(1)みずから開業している公認心理師との間で心理支援契約が結ばれている場合，債務不履行責任を負うのは公認心理師自身である。

　(2)これに対して，公認心理師が民間団体に雇用されている場合，債務不履行責任を負うのは当該民間団体である。公認心理師は，この団体が心理支援契約を履行するにあたっての履行補助者にとどまり，クライエントに対して直接の責任を負うことはない。

4　被害者は，以上にみた不法行為責任と債務不履行責任とを自由に選択して追及してよいが，ただし，二重取りをすることが認められるわけではない。

1　不法行為責任

（1）不注意による加害行為

58-1　損害賠償のルール

　設問の子ども A がヤケドを負いそのため通院を余儀なくされたというのであれば，A（あるいはその親権者である親）には，ア）治療費，イ）通院交通費といった財産上の損害が発生している。また，財産上の損害ではないが，ウ）ヤケドやその治療・通院に伴う精神的苦痛も損害の一種とされている*（民法710条）。

　このように A には客観的にみて損害が発生しているが，それは，公認心理師 X の行為と無関係ではない。A が勝手に転んでケガをしたといった場合と異なり，X の行為がなければ A がヤケドすることはなかったともいいうる。そうだとすると，A は X の責任を追及し，みずからの被った損害の賠償を請求することはできないだろうか。

　不注意で人にケガをさせたり他人の物を壊してしまうなど，ある行為によって他人に損害を与えた場合，これを賠償する際のルールが民法その他の法律には定められている。**不法行為**という制度（民法709条以下）がそれであり，設問の場合，A はこの制度を用いて損害賠償を求めることが考えられる。

　　＊　こうした精神的損害に対する賠償金は**慰謝料**といわれる（**➡95-1**）。

（2）不法行為に基づく損害賠償責任

58-2　民法709条の要件

　この不法行為に関する一般法は民法709条であり，そこには，「故意又は過失」（＝❶）による行為で，「他人の権利又は法律上保護される利益を侵害」（＝❷）した者は，「これによって」（＝❸）「生じた損害」（＝❹）を賠償する責任を負うと定められている。❶～❹の要件を満たす場合，A は X に対して損害賠償を求めることができるのである。

　上述のように，A には「損害」（＝❹）が認められる。また，A はヤケドを負ったというのであるから身体的利益を侵害されており，「権利・利益の侵害」（＝❷）という要件も満たしている。

　さらに，「故意・過失」（＝❶）の要件であるが，たしかに，X はわざと A に

ヤケドを負わせたわけではない。それゆえ「故意」を認めることはできないが，その「抱きしめた」行為が，ADHD の子どもへの対処方法として適切であったかどうかは問題としうる。そして，不適切と判断されたならば「過失」（➡62-5）があったということになる。

　残るのは，「これによって」（＝❸）という要件であるが，Xの過失による行為とAの損害との間に原因結果の関係（因果関係）が認定されると，この要件も満たすことになり，公認心理師Xは，Aに対して不法行為に基づく損害賠償責任（不法行為責任）を負うという結論になる。

（3）公認心理師の就業形態

58-3　個人の責任と組織の責任

　公認心理師の就業形態は多様である。公認心理師が私設の心理相談所を開業しみずから運営しているのであれば，Aの被った損害については，上記❶〜❹の要件を認定し，この公認心理師自身の不法行為責任を追及すれば足りる。もっとも，公認心理師は，学校や病院，さらには企業・施設などでカウンセラーとして勤務することもある。こうした組織に所属している場合には，公認心理師個人の責任と併せて組織の責任も問題となる。

（4）スクールカウンセラーとしての心理職

58-4　学校設置者による区別

　設問の事故がスクールカウンセラー（以下，「SC」と略記）として勤務する学校で起きた場合，その損害について公認心理師Xはどのような責任を負うのか。ここでは，法の体系上，学校設置者が国ないし地方公共団体か（国公立学校の場合），それとも学校法人か（私立学校の場合）を区別して整理することが必要となる。

58-5　国公立学校の場合

　SCが国公立の学校に勤務しており，そこで設問のような事故が起きた場合には，学校設置者である国・地方公共団体が，国家賠償法に基づき被害生徒に対して賠償責任を負う。加害者であるSCが，被害生徒に対して直接の責任を負うことはない（➡59-1〜59-3）。このことは，当該SCが臨時採用であれ非常勤であれ同様である（➡59-6）。

58-6　私立学校の場合

　一方，不法行為を構成する事故が私立学校で起きた場合には，国家賠償法ではなく，もっぱら民法の規定に基づいて賠償請求が行なわれる。SC は，被害生徒から個人として不法行為の責任を追及されるのである。

58-7　使用者責任

　また，SC 個人の不法行為責任が認められると，これを前提に学校法人の**使用者責任**（民法715条）も問題とされる。これは，「利益の帰するところ損失も帰する」という**報償責任**の考え方に基づく。使用者である学校法人は，被用者（SC）の行為によって利益を受けているのであるから，損失もまた負担すべきだとされるのである。

58-8　不真正連帯債務

　使用者責任が認められると，使用者（学校法人）は被用者（SC）と並んで損害賠償責任を負う。その場合，被害者である生徒はどちらに対しても全額の損害賠償を請求することができ，いずれかが賠償金を支払えば，そこで債務（子どもに対する賠償責任）は消滅する（**不真正連帯債務**）。

　　＊　なお，使用者は被害者に対して支払った賠償金を被用者に対して求償することができる（民法715条3項➡**36-19**）。

（5）その他の民間団体に所属する心理職

58-9　民法の適用とその例外

　心理職がその他の民間団体に所属して業務を遂行している場合も同様の構成となる。その団体も心理職と連帯して子どもに生じた損害を賠償する責任を負うのである。

　ただし，これには例外がある。本来は行政がサービス提供の責任を担っているが，その提供を社会福祉法人等の民間団体に委ねることがある。このような**民間委託**の仕組みの中で事故が起きた場合は，委託している国や地方公共団体が国家賠償法に基づいて被害者に対する責任を負担するのであり，民間団体の職員が損害賠償責任（民法709条）を負うことはない。また，その職員を使用している団体の損害賠償責任（民法715条）も否定される（➡Q60）。

　　＊　なお，国公立の病院での医療事故についても，国家賠償法ではなく民法の適用を認めるのが判例となっている（➡**64-11**）。

2 債務不履行責任（契約責任）

（1）完全性利益の侵害と契約責任

58-10　契約上の義務に対する違反 ·································

　　不法行為責任は，「他人を害することなかれ」という一般的な法義務への違反がみられるときに問題となる。他人の人格的利益や財産的利益に危害を加えてはならないという義務は，本来的には不法行為法上の義務である。しかし，この一般的な法義務が契約上の義務となり，その違反について**債務不履行責任**（**契約責任**）が問われることもある。

> 　＊　生命・身体・健康（身体の内部的機能）等の**人格的利益**および所有権その他の**財産的利益**は，一般的には不法行為法による保護の対象であり，それらは**完全性利益**といわれる。なお，人格的利益にはプライバシーや自己決定権も含まれる（➡**36-16**）。

58-11　生命・身体・健康等の保護が契約目的となる場合 ·············

　　例えば，入院患者に対して医療の提供が全くなされず，あるいは誤った処置がなされたため，患者が死亡したとしよう。そのような場合には，不法行為に基づく損害賠償責任だけでなく，診療契約上の債務不履行に基づく損害賠償責任も問題となる。診療契約では，患者の生命・身体・健康等の保護それ自体が契約目的とされているためである。

（2）心理支援契約と完全性利益

58-12　心理支援契約と生命・身体・健康等の保護 ··················

　　心理支援契約においても，クライエントの生命・身体・健康等の保護があらかじめ合意されていると考えることができる（➡**57-5**）。たしかに，クライエントからその所持品を盗むなど，契約の履行とは直接の関わりのないケースでは，心理職の不法行為責任を問題にすれば足りる。しかし，契約を結んでいるにもかかわらず，カウンセリング等の心理支援がなされず，あるいはそれが適切になされなかった結果，クライエントの完全性利益が侵害されたという場合には，契約責任（債務不履行責任）もまた問題とされるのである。

（3）履行補助者

58-13　組織内における心理職の位置づけ

　この心理支援契約が心理職個人と結ばれている場合，債務不履行責任を負うべき主体は心理職自身である。これに対して，心理職が学校法人や民間施設・企業などに雇用されている場合には，クライエントと心理支援契約を結ぶ当事者は学校法人等の民間団体である。心理職は，カウンセリング等の提供義務を民間団体が履行する上での補助者（**履行補助者**➡**55-3**）にとどまる。そして，事故が起きたときは，この履行補助者である心理職がその期待される水準に適う措置（➡**57-6**）をとったか否かを問うことで，学校等の契約上の義務違反が追及されることになる（➡Q96）。

（4）請求権の競合

58-14　債務不履行・不法行為のいずれの要件も満たしている場合

　以上にみた債務不履行に基づく損害賠償請求権と不法行為に基づく損害賠償請求権はともに成立し，被害者は一方だけを主張することも双方を主張することもできる。しかし，それは民事責任の発生する理由が二つあることを意味するにとどまり，二重取りが許されるわけではない。例えば，【Q58】でAの被った損害が100万円だとしよう。Xの行為が債務不履行と不法行為の双方の要件を満たしていたとしても，Aは各責任を理由としてそれぞれ100万円（合計200万円）を得るのではない。Aが最終的に手にすることができるのは100万円にとどまる。いずれの構成をとって損害賠償を請求するのであれ，損害の補塡という点で目的は同じである。それゆえ，一方の請求によって満足を受けると他方の請求権は消滅する。

（野﨑和義）

Question 59 国家賠償法に基づく責任(1)：公立学校の場合

Q 公認心理師Ｙはスクールカウンセラー（以下，「SC」と略記）として公立学校に勤務している。生徒Ｂとの面談中，Ｙの不注意でＢが負傷した。Ｙは治療費等を支払わなければならないか。

A SCにミスがあったとしても，学校設置者である地方公共団体がSCに代わって損害賠償の責任を負う。SC個人は被害者に対して直接の責任を負わないが，ただしSCに重大なミスがあった場合，地方公共団体は肩代わりした分の支払いをSCに対して求めることができる。

1 国家賠償法1条

（1）公権力責任

59-1 学校設置者による区別 ·································

　私立の学校で教育活動中に事故が起きた場合には，学校設置者である学校法人が民法715条に基づいて被害生徒に対する賠償責任（使用者責任）を負う。また，教師や公認心理師個人も民法709条に基づいて被害生徒に対して直接的に賠償責任（不法行為責任）を負う（➡58-6〜58-8）。これに対して，教育活動中の事故が国公立の学校で起きた場合には国家賠償法（以下，「国賠法」と略記）が適用され，学校設置者である国・地方公共団体が損害賠償責任を負う。同法は「公権力の行使に当る公務員」が不法行為を行なったときの規定であり，その損害は国または公共団体が賠償する旨を定める（国賠法1条1項）。**公権力責任**といわれるものであるが，一方，教師や公認心理師自身については，被害生徒に対して直接的な責任を負うことはないと解されている（➡59-3）。教育活動は私立学校も国公立学校も同じ性質のものである。それゆえ，教育活動に伴って生じた学校事故については，学校設置者が誰であるかということが重要な意味をもつことになる。

＊1　国賠法は不法行為制度について定める民法（709条以下）の特別法であり，公務員による不法行為についてはまず国家賠償法が適用され，その適用がない場合に初めて民法による救済が議論される。

＊2　公共団体の主なものは地方公共団体（例：都道府県や市町村——地方自治法１条の３）であるが，ほかに，例えば健康保険組合（民間被用者が対象）や共済組合（公務員等が対象）といった公共組合なども賠償責任の主体になると考えられている。これらは強制加入であり，また，法令により公権力を行使する権限を与えられているからである。

（2）代位責任

59-2　政策的判断

上述のように，加害者が公務員であれば国・地方公共団体が責任を負う。本来であれば公務員個人が責任を負うべきであるが，これを行政主体が肩代わりし，公費（税金）を使って損害の賠償をするのである。被害者は確実な支払いを期待できるという政策的判断がここにはみられる。

59-3　使用者責任との比較——公務員の個人責任の否定

そして，国賠法１条の責任（➡59-1）が成立するケースでは，加害公務員個人の責任を直接問うことはできない。これが確立した判例である（最高裁昭和30年４月19日判決民集９巻５号534頁）。支払い能力のある国や公共団体が賠償責任を引き受ける以上，これによって被害者の救済は十分確実なものとなるからである。

＊　このように，加害公務員が被害者に対して責任を負うことはないが，ただし，当該公務員が全く責任を負わないというわけではない。公務員がわざと（故意）加害行為に及んだり，あるいはわずかの注意さえ払えば損害を避けえた（重過失）ような場合，国または公共団体は，賠償を支払った後に，この肩代わりした分の支払いを当該公務員に対して求めることができる（求償権——国賠法１条２項）。一方，軽過失の場合には求償権の行使が許されない。軽過失についてまで個人責任を追及すると，公務員は萎縮して公務の執行に消極的になることが懸念されるからである。この点，求償権についての制限規定をもたない民法の使用者責任（民法715条３項➡36-19）と異なる。

2 学校事故と「公権力の行使」

59-4　教育の本質──非権力作用 ‥‥‥‥‥‥‥‥‥‥‥‥‥‥‥‥‥‥‥‥‥‥‥‥‥‥

　教育は子どもの学習権を保障するという文化的な作用であり［兼子 1978：199-200，517］，国または地方公共団体によって行なわれるものであったとしても，命令・強制等の権力作用を本質とするものではない。教育活動は本来的に非権力な作用なのであり，これに起因する学校事故を国賠法の適用対象とするのであれば，そうした教育活動をも「公権力の行使」とみることが必要となる。

59-5　教育活動と「公権力の行使」 ‥‥‥‥‥‥‥‥‥‥‥‥‥‥‥‥‥‥‥‥‥‥‥‥‥‥

　この点，判例は「公権力の行使」を広い意味に理解し，警察活動や営業停止命令のような権力的な行政活動だけでなく，公立学校の教育活動も「公権力の行使」に当たるとしている（最高裁昭和62年2月6日判決『判例時報』1232号100頁）。

　国賠法が適用される場合，教師個人は被害生徒に対して直接的な賠償責任を負わない。国・地方公共団体が賠償することで被害者は十分な救済を得ることができるためであるが（➡59-3），さらに，教師個人が紛争の直接的な当事者になることを回避するという帰結は，教師の身分保障（教育基本法9条2項）という教育法原理にも資することになろう［兼子 1978：518］。

> 　＊　ただし，文房具の購入のような私経済作用は含まれない（➡64-5）。民間と同じ
> 　　立場で行なわれる取引行為については，民法に基づく損害賠償責任が追及される。

59-6　「公務員」 ‥‥‥‥‥‥‥‥‥‥‥‥‥‥‥‥‥‥‥‥‥‥‥‥‥‥‥‥‥‥‥‥‥‥‥‥

　この「公権力の行使」を担うのが国賠法1条1項にいう「公務員」にほかならない（➡Q60 Attention！4　国家賠償法1条と公務員）。SCも学校職員として（学校教育法施行規則65条の3，79条，79条の8，104条）「公権力の行使」に該当する職務の一端を担当している以上，臨時採用であれ非常勤であれ，国賠法1条1項にいう公務員として扱われることになろう。それゆえ，設問においてもSCの行為が不法行為の要件（➡58-2）を満たしているのであれば，地方公共団体は国賠法に基づき損害賠償責任を代わって負担しなければならない。

【参考文献】
兼子　仁『教育法（新版）』有斐閣，1978年。

（野﨑和義）

Question 60　国家賠償法に基づく責任(2)：民間委託の場合

Q 公認心理師の勤務する児童養護施設で入所中の児童が負傷した。それは，公認心理師の不注意によるものであった。この事故について公認心理師はどのような責任を負うのか。

A 都道府県の措置によって入所中の児童が負傷した場合，これについて公認心理師が個人責任を問われることはない。措置児童の養育監護を委託した当該都道府県が国家賠償法1条1項に基づく損害賠償責任を負う。

1　公共的事務の民間委託

60-1　私人が「公務員」に当たる場合

　公認心理師が民間団体に所属している場合，その不注意でクライエントに生じた損害については公認心理師個人（不法行為責任——民法709条）と民間団体（使用者責任——民法715条）が連帯して賠償責任を負う（➡**58-8, 58-9**）。これが原則であるが，ただし，私人である公認心理師が国家賠償法上（以下，「国賠法」と略記）の「公務員」に当たる場合には（➡ **Attention! 4**），公認心理師が不法行為責任を負わないだけでなく，その使用者である民間団体が使用者責任を負うこともないと解される。国賠法を適用して国・公共団体の損害賠償責任を追及すれば，被害者の救済は達成しうると考えられるからである。

● **Attention! 4　国家賠償法1条と公務員** ●

　国賠法1条にいう「公務員」は，国家公務員あるいは地方公務員という身分をもつ者に限定されるわけではない。臨時に勤務している者や給与・報酬を支給されていない者も公務員とみなされる。また，「公権力の行使」を委託された民間人も「公務員」である。裁判例には，県立高校の生徒の保護者について，国賠法1条にいう「公務員」に当たるとしたものもある。この保護者が野球部の監督を委託され，事故当時も「野球部の練習にほとんど毎日のように立ち会って指導していた」

という事実を認定し，「国家賠償法１条にいう『公務員』には組織法上の公務員のみならず委託・委嘱を受け，または派遣されるなどして国や公共団体のため公権力の行使に該当する職務の一端を担当する者をも含む」（浦和地裁平成元年３月31日判決『判例時報』1327号91頁）とするのである。　　　　　　　　　　　　（野﨑和義）

60-2　最高裁平成19年１月25日判決（暁学園事件）

　社会福祉行政の分野での裁判例であるが，県が公共的事務を民間団体に委託している場合，この団体の職員は「公権力の行使に当たる公務員」であり，その者の過失によって与えられた損害については，委託している県が被害者に対して国賠法１条の責任を負うとするものがある。事案は，民間の社会福祉法人が運営する児童養護施設に入所している児童が，他の児童から暴行を受けて傷害を負ったというものであり，当該施設の職員には，入所児童を保護監督すべき注意義務を懈怠した点に過失があったと認められている。そして，❶児童福祉法の諸規定に照らしてみると，要保護児童の養育監護は「本来都道府県が行うべき事務」であり，したがって，❷養育監護行為は国賠法１条１項にいう「公権力の行使」に該当すること，❸施設における養育監護行為は，この「本来都道府県が行うべき事務」を県による入所措置（児童福祉法27条１項３号）によって「委譲されてこれを都道府県のために行使する」ものであることを明らかにして，❹「当該施設の職員等による養育監護行為は，都道府県の公権力の行使に当たる公務員の職務行為と解するのが相当である」と判断するのである（最高裁平成19年１月25日判決民集61巻１号１頁）。

2　公認心理師と国家賠償法

60-3　職員・施設の責任

　この最高裁判決は，行政から公共的事務の委託を受けて活動する民間団体の職員も「公務員」に当たることを示した点で重要であるが，その場合，当該職員の個人責任（民法709条）だけでなく，職員を使用する団体の損害賠償責任（民法715条）をも否定した点は注目に値する。実際に，職員の個人責任や団体の使用者責任を追及するとなると，民間団体は委託を受けることを躊躇し，あえて公共的事務に携わる者はいなくなることが懸念されよう〔武田 2007：

178]。

60-4 職員・施設の責任

公認心理師もまた児童養護施設で心理的ケアや生活支援に取り組むことがある。こうした施設心理職としての公認心理師や民間の精神科病院に勤務する公認心理師（➡64-7）などは，国家公務員や地方公務員という身分をもっていなくても，国賠法 1 条 1 項にいう「公務員」とされることがある。国公立学校に勤務中の事故（➡Q59）は言うに及ばず，公認心理師にとって国賠法の適用が問題とされる場面は必ずしも少なくない。

【参考文献】

武田真一郎「社会福祉法人が運営する養護施設に入所していた児童が傷害を受けた場合の県および同法人の賠償責任」『判例時報』1978年，175-178頁。

（野﨑和義）

Question 61 未成年者の民事責任：生徒間事故と公認心理師

Q 公務員（心理職）として働いている。地域支援で，暴力的な子どもをもつ親から電話相談や面接相談を受けていたが，その子どもが学校で同級生をシャープペンシルで刺してしまった。幸いケガは大したことがなかったが，刺された子どもの両親が激怒して，学校の担任だけでなく心理職も訴えると電話をしてきた。どう対処すればよいか。

A 1 加害生徒が小学生や中学校低学年生である場合
(1)加害生徒本人が，被害生徒のケガについて損害賠償責任を負うことはない。加害生徒の親権者（通常は父母）が責任を負う。
(2)担任教師については，その職務の性格や内容に照らして損害賠償責任の有無が具体的に判断される。
(3)心理職については，電話相談や面接相談を受けていたにすぎず，損害賠償責任を負うことはない。
 2 加害生徒が中学校高学年生や高校生である場合
(1)加害生徒本人が，被害生徒のケガについて損害賠償責任を負う。また，その親権者は，加害生徒の加害行為について監督義務違反があれば，損害賠償責任を負う。
(2)学校の教師や心理職が，被害生徒のケガについて損害賠償責任を負うことはない。

1 未成年者の責任能力

61-1 責任能力の政策的基礎

　未成年者であっても，意図的に（故意）または不注意で（過失）他人に損害をもたらしたときは，損害賠償責任を負うのが原則である（民法709条）。もっとも，この未成年者の年齢が低い場合には，例外的に賠償義務を負わないこともある。「そのようなことをすると法的に問題がある」と認識できるだけの能力を**責任能力**というが，これを備えていない者は責任を問われることがない。不適切な行為は3歳の子どもにもみられるが，こうした者にまで賠償責任を追

及することは酷なことから，政策的に負担を免れさせているものといえよう。

* 　民法はこの責任能力を「自己の行為の責任を弁識するに足りる知能」と定義している（民法712条）。

61-2　責任能力の個別的判断

　民法上の責任能力は，刑法上のそれとは異なり*，具体的な年齢によってその有無が画一的に定められているわけではない。「自己の行為の責任を弁識するに足りる知能」（民法712条）を備えていたかどうかは，個々人の能力や行為の種類・内容によって個別に判断しなければならないが，目安としては小学校を終える12歳前後が基準とされている。それゆえ，設問の加害者が高校生や中学校高学年生であれば責任能力が認められるが，中学校低学年生や小学生についてはこれが否定されることになろう。

* 　刑法41条では，14歳未満の者の行為は罰しないとされている。

2 監督者の責任

（1）責任無能力者の監督

61-3　被害者保護

　加害者に責任能力がないとされた場合，被害者は，その者の責任追及をあきらめざるをえない。とはいえ，被害者は誰からも賠償を受けられないというのではない。そのようなことになると，被害者保護に欠ける事態が生じる。そこで民法は，当該**責任無能力者**を監督する義務を負っている者（**法定監督義務者**），および，これに代わって責任無能力者を監督する者（**代理監督者**）に賠償義務を課している*（民法714条）。

* 　未成年者が責任能力を備えている場合，責任は未成年者自身が負うのであり，民法714条を根拠として監督者（例：父母）に賠償請求をすることはできない。同条に基づく監督者の責任は，直接の加害者に賠償責任が認められない場合に限って発生するのである。もっとも，中学生や高校生には賠償する資力はないのが通常であろう。そこで判例は，未成年者に責任能力があったとしても，監督者は責任を免れないとしている。監督者は，未成年者の加害行為について監督義務違反があれば，民法709条に基づいて責任を負うというのである（最高裁昭和49年3月22日判決民集28巻2号347頁）。

（2）法定監督義務者

61-4　法定監督義務者となる者 ⎯⎯⎯⎯⎯⎯⎯⎯⎯⎯⎯⎯⎯⎯⎯⎯⎯⎯⎯⎯⎯⎯⎯⎯⎯

　　法律の規定に基づいて監督義務を負う者を**法定監督義務者**という。未成年者
の場合，通常は親権者（例：父母）が法定監督義務者に当たる。親権者は子に
対する監護教育義務を負い（民法820条），この義務には監督義務も含まれると
されるのである。

　　また，未成年後見人（➡4-3＊）も親権者と同一の義務を負うことから（民法
857条，820条），法定監督義務者となる。さらに特別な場合には，児童福祉施設
の長や児童相談所長も法定監督義務者となる＊。なお，親権者のいない未成年者
については，法定監督義務者がいないこともある。例えば，未成年後見人が付
されておらず，児童福祉施設にも入所していないような場合である。

　　　＊　　入所中の児童について「親権を行う者又は未成年後見人」がいない場合は児童福
　　　　　祉施設の長，里親委託中の児童について同様の事情がある場合は児童相談所長が親
　　　　　権を行なうとされている（児童福祉法47条１項・２項）。

（3）代理監督者

61-5　意義および種類 ⎯⎯⎯⎯⎯⎯⎯⎯⎯⎯⎯⎯⎯⎯⎯⎯⎯⎯⎯⎯⎯⎯⎯⎯⎯⎯⎯⎯⎯⎯⎯

　　法定監督義務者に代わって責任無能力者を監督する者（**代理監督者**）も法定
監督義務者と同様に責任を負う（民法714条２項）。幼稚園教諭や保育士，小学
校の教員，精神科病院の担当医師などがこれに当たるとされ，裁判例にもこう
した個人を代理監督者とみるものが少なくない[1]。例えば，小学３年生の生徒が
教室内で担任教師の授業を受けていたところ，隣席の生徒から突然鉛筆の尖っ
た先で左眼を突き刺され傷害を負ったという事案で，裁判所は，この担任教師
について代理監督者としての義務違反があると判断している。「公立小学校の
担任の教員は学校教育法の精神や教師としての職務の性格，内容からの当然の
帰結として，……親権者等の法定監督義務者に代って児童を保護し監督する義
務を負」うとされるのである[2]（神戸地裁昭和51年９月30日判決『判例時報』856号73
頁以下〔77頁〕）。

　　　＊１　　これに対して，学校や病院等の施設・事業体が監督を引き受けている場合に
　　　　　は，この施設・事業体それ自体を代理監督者とみる見解が，学説上はむしろ有力で
　　　　　ある。教師等の個人は，施設・事業体の被用者として監督業務を履行しているにす

ぎず［橋本ほか2011：257〔小池　泰〕］，そうした個人に過大な責任を負わせるべきではない［四宮 1987：679］とされるのである。

＊2　このように教員個人が代理監督者に当たるとみるときは，この代理監督者責任を前提として，学校設置者には使用者責任（私立学校の場合）または国家賠償法1条の責任（国公立学校の場合）が問われることになる（➡59-1）。

61-6　代理監督義務の範囲

法定監督義務者は責任無能力者の生活全般にわたって監督義務を負うが，代理監督者は法定監督義務者から付託された範囲で監督義務を負うにとどまる。代理監督者は特定の生活関係について監督を期待されているにすぎず，学校生活関係でいえば，その監督義務の範囲は，「学校における教育活動及びこれと密接不離の関係にある生活関係」（東京地裁昭和40年9月9日判決『判例時報』429号26頁）に限られる。

なお，法定監督義務者の責任と代理監督者の責任は，ともに認められることもありうる。父母など法定監督義務者の監督義務は本人の生活全般に及ぶものであるから，代理監督者の監督下にあったとしても，そのことだけで責任を免れるものではないのである。

3　生徒間事故と心理職

61-7　代理監督者に当たるか

設問を検討してみよう。当該心理職は，加害生徒の親権者から電話相談および面接相談を受け，加害生徒およびその親権者に対して心理学的側面から援助をしていたにとどまる。それゆえ，この加害生徒が小学生や中学校低学年生であったとしても，被害生徒のケガについて心理職が代理監督者としての責任を負うことはない。

なお，このケースとは離れるが，公認心理師等の心理職が，スクールカウンセラーとして学校で心理業務を担うことも少なくない。その場合も，心理職が代理監督者としての責任を負うことはないと思われる。たしかに，スクールカウンセラーも学校の職員である（➡59-6）。しかし，教師と異なり，学校における教育活動やそれと密接不離の関係にある活動について指導・監督することは，心理職の業務範囲とはいえない。心理職は教員組織からは独立した専門家

なのである。

【参考文献】

四宮和夫『不法行為（事務管理・不当利得・不法行為　中巻・下巻）』青林書院，1987年。

橋本佳幸＝大久保邦彦＝小池　泰『民法Ⅴ　事務管理・不当利得・不法行為』有斐閣，2011
　年。

（野﨑和義）

Question 62 精神障害による責任無能力者の加害行為

Q 興奮したクライエント（成人）に顔面を殴られた。本人は精神運動興奮状態で何も覚えていないようだ。メガネが壊されたので，その賠償と外科の受診費用だけでも払ってほしいが，誰に請求すればよいのか。

A 1　クライエントに責任能力がない場合，ア）クライエントに請求することはできないが，イ）クライエントを監督する法定の義務を負う者がいれば，この者に対して請求することができる。ただし，ウ）今日そうした者は存在せず，被害者は泣き寝入りをせざるをえない。

2　クライエントに責任能力がある場合，ア）クライエントに請求することができるが，イ）そのクライエントに支払い能力がなければ被害者は泣き寝入りを余儀なくされる。

3　以上の場合であっても，ア）労災もしくは公務災害に基づく補償によって，損害の回復を図ることができる。また，イ）民間の保険に加入していれば，それによって損害の回復を図ることもできないわけではない。

1 クライエントへの請求

62-1　損害賠償請求

　公認心理師が，クライエントから顔面を殴られて負傷し，メガネも壊されている。その場合，公認心理師は，クライエントに対して，負傷に伴う治療費や通院交通費，さらにその慰謝料（➡95-1），メガネの補修費用（補修が不可能な場合にはメガネの時価額）を請求することができるか。

2 クライエントの責任能力

62-2　不法行為責任と責任能力

　もっとも，クライエントの暴行が「自己の行為の責任を弁識する能力を欠く

状態」（民法713条）で行なわれたのであれば，クライエント自身は損害賠償責任を問われることがない。[*]不法行為責任（➡58-1，58-2）は，年齢的に能力が未熟な場合だけでなく，精神の障害のため行為の責任を理解できるだけの判断能力（責任能力➡61-1）を欠く場合にも免除されるのである。

　＊　ただし，「故意又は過失によって一時的にその状態を招いたとき」は賠償責任を問われる（民法713条ただし書）。例えば，泥酔すると乱暴になることが分かっていながら度を超して飲酒した場合，泥酔中の不法行為について責任を免れることはできない。

3　成年の責任無能力者と監督義務者

（1）法定の監督義務

62-3　誰が法定監督義務者か

　民法714条は，責任無能力を理由として不法行為者が免責される場合，監督義務者が責任を負う旨を定めている。しかし，同条それ自体は，誰が監督義務者に当たるのかを具体的に示してはいない。法定監督義務者（➡61-4）とされるためには，その者の負う義務が民法714条1項にいう監督義務でなければならないのであるが，この点，加害者が精神障害のため責任能力を欠く場合については，かねてより，成年後見人および精神保健福祉法上の保護者が法定監督義務者に当たるかどうかが議論されてきた。[*]

　＊　なお，代理監督者は法定監督義務者の存在を前提としている。例えば，精神科病院が代理監督者だというのであれば，クライエントの成年後見人や保護者などを本来の法定監督義務者と認めなければならない。

（2）精神保健福祉法上の保護者

62-4　保護者の自傷他害防止義務

　精神障害をもつ加害者に精神保健福祉法上の保護者が選任されている場合，かつては，その保護者が法定監督義務者に当たると考えられてきた。保護者は自傷他害防止義務を課されており（精神保健福祉法旧22条1項），第三者の利益を保護する義務を負うことから法定監督義務者に当たるとされていたのである。しかし，1999（平成11）年の精神保健福祉法改正によって，保護者の自傷他害防止義務は削除された。また，2013（平成25）年の精神保健福祉法の全面的な

改正によって保護者制度それ自体も廃止されている。今日の精神保健福祉法は，もはや精神障害者を監督する義務を私人に課すものとはいえないであろう［久保野 2016：39］。

（3）成年後見人

62-5　成年後見人の他者加害防止義務

　精神障害による責任無能力者が後見の要件（➡92-1）を満たしていることもある。そのような場合，選任された成年後見人は，その地位・権限に基づいて法定監督義務者となるのではないかも問題とされる。しかし，今日の成年後見制度は，財産面での保護を図ることを中心としたものである（➡4-3）。成年後見人は被後見人の身上に配慮する義務は負うものの（民法858条），それは，成年後見人が契約等の法律行為を行なうにあたって求められる指針にとどまる。たしかに，未成年の責任無能力者を監督する法律上の義務を負う者（親権者，未成年後見人）は，監護教育権，居所指定権，懲戒権（民法820条～822条）などの権限をもって，その行動を制御することができる。しかし，成年後見人は，こうした権限をもつわけではない［久保野 2012：142］。他者加害の防止という監督義務を成年後見人に認め，その監督者責任を問うことは困難であろう［上山 2004：68-70］。

（4）判　例

62-6　JR東海事件上告審判決

　最高裁判所も，以下にみる「JR東海事件上告審判決」で，精神の障害による責任無能力者については，法定の監督義務者が存在しないことを認めている。事案は，認知症の男性（91歳）が徘徊中，駅構内の線路に立ち入って轢死し列車に遅延が生じたことから，鉄道会社が男性の遺族に損害賠償を請求したというものである。この事件で，最高裁は，事故が発生した2007（平成19）年当時において，「保護者や成年後見人であることだけでは直ちに法定の監督義務者に該当するということはできない」という判断を示した（最高裁平成28年3月1日判決民集70巻3号681頁）。

62-7　準法定監督義務者

　もっとも，そうなると，賠償義務者がいなくなってしまうこととなり，被害者救済の観点からは問題が生じよう。そこで，上記の判決で最高裁は，「監督

義務を引き受けたとみるべき特段の事情が認められる場合には」，「法定の監督義務者に準ずべき者として」，民法714条１項が類推適用されるとしている。しかし，このような考え方については，準監督義務者の責任がどのような場合に発生するのかが個別事情に依拠せざるをえず不透明であるだけでなく，責任無能力者の監護に積極的であればあるほど賠償責任のリスクにさらされるため，介護への萎縮効果を招くのではないか，といった点が懸念されている［窪田2016：66-67］。

4　損害負担の社会的分散

62-8　法定監督義務者の不在

　　今日，成年の責任無能力者については法定監督義務者を想定しえない。* それゆえ設問についていえば，クライエントに責任能力がない場合，公認心理師は誰に対しても損害賠償を請求することができない。一方，クライエントに責任能力があれば，クライエントに対して損害賠償を請求することになるが，ただし，クライエントが支払い能力をもたないこともある。こうした場合であっても，公認心理師が民間の法人に所属しており，その業務に服していた場合には，労災（➡Q79）として損害の回復を図ることができる。また，公務員であれば，公務災害として損害の回復を図ることもできよう。これに対して，公認心理師が個人経営で業務を行なっている場合，クライエントから回収できないとなると，公認心理師は，事実上，泣き寝入りをせざるをえない。もっとも，このような場合をカバーする民間の保険があれば，これに加入することで損害の回復を図ることは可能である。

　　＊　民法714条は，未成年者の場合には機能している（➡Q61）。

62-9　家族責任の衰退

　　かつては，民法714条にいう法定監督義務は責任無能力者と家族的な共同生活を営んでいる者［加藤 1974：161］に発生する責任であるとされ，近親者が当然に法定監督義務者となり賠償の責任を負うものと理解されていた。しかし，保護者制度の廃止や成年後見人の身上配慮義務にみられるように，今日，責任無能力者の監護は特定の近親者にのみ求められているわけではない。家族を前提とした法定監督義務者の制度は，成人についてはもはや機能していないので

ある。[*]

　民法は，私人間の紛争を解決するためのルールであり，責任無能力者による加害行為から生じた損害は，加害行為の当事者に分担させることを予定している。しかし，「精神上の障害」が法的に非難されるいわれはない。障害に起因して生じた損害の負担は，個人だけでなく広く社会全体で引き受けるべき事柄である［上山 2015：189］。被害者の救済は，公的補償の拡充など民法の枠組みを超えた制度設計に求められることとなろう。

　　*　なお，責任無能力者の配偶者や子だからといって，これらの者が法定監督義務者となることはない。たしかに，民法752条は夫婦の同居・協力・扶助の義務を定めるが，「これらは夫婦間において相互に相手方に対して負う義務であって，第三者との関係で夫婦の一方に何らかの作為義務」を課しているわけではない（前掲・最高裁平成28年3月1日判決）。また，責任無能力者の子については，これを法定監督義務者とする法令上の根拠は見当たらない。

【参考文献】

加藤一郎『不法行為法〔増補版〕』有斐閣，1974年。

上山　泰「成年後見人等と民法714条の監督者責任」『家族〈社会と法〉』20号（2004年）58-80頁。

同『専門職後見人と身上監護（第3版）』民事法研究会，2015年。

窪田充見「最判平成28年3月1日──JR東海事件上告審判決が投げかけるわが国の制度の問題」『ジュリスト』1491号（2016年）62-68頁。

久保野恵美子「精神保健福祉法と民法714条」『精神医学』54巻2号（2012年）137-143頁。

同「法定監督義務者の意味」『論究ジュリスト』16号（2016年）33-40頁。

清水恵介「認知症者の人身事故における親族の監督責任」『実践成年後見』49号（2014年）79-87頁。

（野﨑和義）

Question 63　クライエントの自殺と損害賠償請求

Q 私設心理相談室を開設している公認心理師。クライエントの心理支援を実施していたが，当該クライエントの状況を十分に把握することを怠り，実施すべき技法を行なわなかった。そのため当該クライエントの精神状態が悪化し，クライエントは自殺するに至った。公認心理師は，クライエントの相続人から民事上の賠償請求を受けている。請求に応じなければならないのか。そもそも公認心理師に求められる注意義務とはどのようなものなのか。

A クライエントが自殺したからといって，直ちに損害賠償責任が発生するわけではない。公認心理師のクライエントに対する責任は債務不履行あるいは不法行為として追及される。いずれの場合であれ，損害賠償責任は自殺の具体的な予見可能性と結果回避可能性が認められたにもかかわらず，心理支援の水準を逸脱した行為があった場合に初めて生じる。

1　自殺と損害賠償責任

63-1　本人の意思的行動

　　自殺はクライエント本人の意思に基づく行動の結果であり，公認心理師にとって，その発生を事前に予見することの困難な場合が少なくない。また，予見ができたとしても，自殺を確実に回避する方法を講じることは必ずしも容易ではなかろう。

63-2　遺族による責任追及

　　そもそも心理支援は，クライエントの自殺防止を保証するものではない。しかし，クライエントが自殺した場合，その遺族が公認心理師に対して損害賠償の責任を追及することも考えうる（➡Q95）。公認心理師はどのような場合に損害賠償責任を負うことになるのだろうか。

63-3 損害賠償責任の二つの制度 ····································

　他人に損害を与えた場合，それを金銭に換算して賠償するものとして，民法は二つの制度を用意している。債務不履行責任（契約責任）と不法行為責任がそれである。債務不履行責任（民法415条）は，被害者と加害者との間に契約関係があることを前提とする。これに対して，不法行為責任（民法709条以下）にはそうした限定がなく，契約関係の有無にかかわらずこれを追及しうる（➡ 57-1，57-2）。以下では，自殺に関する予見や回避の問題をこの二つの制度に則して検討していこう。

2 不法行為と過失

（1）不法行為責任

63-4 不法行為責任の要件 ····································

　医師等の専門職に限らず，およそ人は他人の生命・身体・健康等を損なわないようにすべき義務を負っており，それを違法に侵害した場合には不法行為責任を負う。公認心理師も，その義務に反して他人の生命・身体・健康等を侵害した場合には，不法行為責任を負う。この責任は，故意・過失，因果関係など民法709条に規定される要件（➡58-2）が満たされると成立する。

（2）客観的過失

63-5 結果回避義務違反 ····································

　心理支援の過程で生じた事故については基本的に故意が問題になることはなく，公認心理師に「過失」があったかどうかが争われる。過失といっても心の問題ではない。たしかに，日常的な意味での過失は「うっかり」することであり，精神の緊張を欠いた状態を指している。しかし，例えば無灯火の自転車が暗い夜道を猛スピードで走行中，歩行者と衝突しこれを負傷させたとしよう。運転者は，十分に精神を緊張させていたのであれば，過失を否定されるのだろうか。運転者には責任が問われて然るべきであり，そうだとすると，暗い夜道を無灯火・猛スピードで走行する行為それ自体に着目しなければならない。「うっかり」という心理状態ではなく，減速するなど歩行者との衝突という結果を回避すべき行為を想定し，その期待される行為を怠ったこと（**結果回避義務違反**）を過失と評価するのである。

　＊　結果の発生を回避できたはずであり（**結果回避可能性**），また回避すべきであった（**結果回避義務**）にもかかわらず，これを怠ったときに過失として非難される。法は不可能なことまで強いることはない。例えば医療の領域でいえば，治療にあたって高度の注意を尽くしたが結果を回避できなかったというのであれば，過失が否定されることもあろう。

63-6　予見可能性

　この結果回避義務については，その前提として結果の**予見可能性**がなければならない。「夜間，無灯火・猛スピードで自転車を走行させれば事故が起きるかもしれない」という予見が不可能であれば，結果回避の手段を講じることなど期待できないからである。

　予見可能性といっても，具体的にその者が予見可能であったかどうかを問題としたのでは，被害者の救済にとって十分ではない。それゆえ，次にみる回避義務の判断と同じく，ここでも行為者の類型に照らした客観的な判断が行なわれる。当該具体的結果について行為者の職業・地位等に応じた**予見義務**を設定し，行為者がこの義務を尽くしていれば結果発生が予見可能であったかどうかを問うのである。

63-7　注意義務の基準

　過失は結果回避義務違反として客観的に判断されるだけでなく，その基準も客観的である。結果を回避すべき注意義務を尽くしたかどうかは，行為者本人ではなく通常の人を基準として判断される。例えば，自転車の運転が未熟な初心者であっても，通常の運転者と同様の結果回避行為が期待されなければならない。被害者からすると，たまたま初心者に衝突された場合，救済を受けられないというのでは納得がいかないからである。

63-8　通常人の類型化

　このように，過失の前提となる注意義務は通常人の能力を基準として決定されるが，それは，各人が社会生活の場で合理的に行動することを期待されているからにほかならない。それゆえ，この通常人の注意能力は，さらに職業・地位・地域といった社会活動の場に応じた類型化がなされ［四宮 1987：337］，過失の判定は，その類型にある「通常人」が期待される行為を行なったかどうかを基準とすることになる。

63-9　心理支援の水準

　例えば，医師の注意義務の基準が「医療水準」であることについては，数多くの裁判例の集積がみられる（最高裁昭和57年3月30日判決『判例時報』1039号66頁，最高裁昭和60年3月26日判決『判例時報』1178号73頁）。この基準が債務不履行構成をとった場合にも機能することはすでにみた（➡57-5）。それは，診療契約をはじめ役務の提供を約束する契約が，多くの場合，手段債務（➡57-4＊）という性格をもつことから導かれる（➡63-12）。心理支援契約（準委任契約としての性格をもつ役務提供契約➡55-2）についていえば，「心理支援の水準」に適合しない支援がなされた場合，不法行為法上は過失が認定されると同時に以下にみる債務不履行責任も問われることになる。

3　債務不履行と善管注意義務違反

63-10　債務不履行の事実

　診療契約や心理支援契約の場合，「債務の本旨に従った履行をしない」とはどのような事実をいうのか。例えば医療についていえば，薬剤の投与によって予測できない副作用が生じることがある。それが予見できれば，投与を控えるなど副作用を回避するための措置を講じるべきであるが，しかし投与のメリット・デメリットを比較考量して，なお実施すべき場合もあろう。

63-11　債務不履行構成と不法行為構成

　それゆえ，副作用が生じたからといって，それが直ちに診療契約の不履行に当たることはない。副作用の発生を予見し，これを回避すべき義務を怠ったと判断されるとき初めて債務不履行の事実が認められるのであり，これは，不法行為責任の追及にあたって「過失」（➡63-5〜63-9）と評価される事実と内容的に異なるところはない。

63-12　手段債務

　以上の考え方は，診療契約など役務提供契約の多くが手段債務を負担するにとどまることから導かれる。診療契約や心理支援契約は委任に準じて理解されるが（準委任契約➡55-2），そこでの債務の内容は，疾病の治癒や症状の完治といった結果の実現それ自体ではない（➡57-4）。こうした結果に向けて適切な診療や措置を行なうことが求められているのであり，その治療や措置が必要とされ

る水準に達していないと評価されたとき初めて債務不履行とされるのである。

63-13　善管注意義務と最善の注意 ⸻⸻⸻⸻⸻⸻⸻

　　診療契約や心理支援契約は高度の専門性と信頼関係を重要な要素とすることから，医師や公認心理師には「善良な管理者の注意」（民法644条）として高い水準の義務が求められる。しかもこの義務は，人の生命・健康に関わるという業務の性質上，「最善の注意」でなければならない（➡**55-5**）。このような内容をもつ「善良な管理者の注意」をもって診療や措置に当たることそれ自体が債務内容であり，それゆえ，この義務に違反して損害が発生したのであれば，不完全履行（➡**57-3**）として損害賠償責任が問われることとなる。

　　＊１　この「最善の注意」を具体化したものが，医療水準や「臨床心理学の実践における心理支援の水準」である（➡**57-5**，**57-6**）。
　　＊２　すでに履行として何らかの治療や措置はなされているが，そこに瑕疵（手落ち）があったという点で履行が不完全であったとされるのである［中野 1978：91］。

4　自殺の予見可能性と回避義務

（1）医療契約と心理支援契約

63-14　生命・身体・健康等の保護 ⸻⸻⸻⸻⸻⸻⸻

　　医療は人の生命・身体・健康等（完全性利益➡**58-10**＊）に直接関わる業務であり，そこでは完全性利益の保護それ自体があらかじめ合意され，契約上の義務となっている（➡**58-11**）。この診療契約と程度の差はあるものの，心理支援契約においても，クライエントの生命・健康等の保護が契約内容に組み込まれていると考えることができる（➡**57-5**，**58-12**）。カウンセリングはクライエントの内面の問題に深く関わるものであり，それが不適切であれば精神の不調や症状の悪化等も招きかねない。そのような関係に入った以上，公認心理師は，自殺のおそれを予見した場合には適切な措置をとるべき契約上の義務を負い，その対応を誤れば結果回避義務違反として損害賠償請求責任を問われることにもなろう。

（2）予見可能性

63-15　具体的な可能性 ⸻⸻⸻⸻⸻⸻⸻

　　クライエントの自殺などの自傷行為についても予見可能性・結果回避義務と

いう枠組みで考えることができる。事故が発生したというだけで直ちに公認心理師に過失が認められるわけではない。当該クライエントに自傷結果が生じるという具体的な予見可能性が必要である。心理支援にあたっては，何らかの漠然とした不安を感じることも少なくないであろう。しかし，そうした不安感を前提として結果回避義務を課すことになると，結果責任を問うに等しい。クライエントの具体的な兆候（例：自殺企図・自殺念慮の有無・程度）に基づいて，自殺のおそれが具体的に明らかでありながら防止措置が不十分であったとき初めて，法的な責任は問題とされる。

（3）結果回避義務

63-16　医療機関との連携

　自殺行為に及ぶ切迫した危険性が認められる場合，公認心理師はこれを防止する措置を講じるよう求められる。この結果回避義務については結果回避可能性が前提となるが（➡63-5＊），この点，公認心理師は，医療機関とは異なり自殺防止のための直接的な措置（例：投薬や監視）を講じる手段をもたない。しかし，みずからの専門的な知識や技術だけでは自殺防止が難しいと判断したのであれば，精神科医と連携するなどしてクライエントの自殺防止に務めることが契約上の義務として要請される。

　こうした対応を怠り自殺という結果を招いたのであれば，公認心理師は結果回避義務を尽くしておらず，過失（注意義務違反）があったとされることになろう。医療機関等との十分な情報共有のもとに連携して自殺防止に努めることは，公認心理師としての責務である。

　＊　クライエントに当該支援に係る主治医がいる場合はなおさらである。公認心理師は主治医と密接な連携を図る義務があり（公認心理師法42条1項➡29-4），クライエントの精神状態を主治医に報告し自殺防止措置をとるよう求めるなどすれば，自殺を回避できる可能性もある。

【参考文献】

四宮和夫『不法行為』青林書院，1987年。

中野貞一郎『過失の推認』弘文堂，1978年。

（野﨑和義）

Question 64 入院患者（クライエント）の自殺

Q 病院に勤務する公認心理師。その不注意で入院患者（クライエント）が自殺したとき，公認心理師は損害賠償責任を負うのか。

A 公認心理師の責任は，患者（クライエント）の入院形態によって異なる。

　1　患者（クライエント）が精神科病院に措置入院をしているときは，入院を委託した都道府県が国家賠償法に基づき損害賠償責任を負う。公認心理師が直接に責任を問われることはない。

　2　精神科病院への入院形態が任意入院あるいは医療保護入院のときは民法上の責任が問題となるが，その構成（債務不履行責任か不法行為責任か）に応じて，公認心理師の責任には違いが生じる。

　ア）債務不履行責任：患者（クライエント）との診療契約の当事者は医療機関であり，この医療機関が債務不履行責任を負う。公認心理師が債務不履行に基づく損害賠償責任を求められることはない。

　イ）不法行為責任：現実に支援を担当した公認心理師が，患者（クライエント）に対して直接に損害賠償責任を負う。また，医療機関は使用者責任を負う。

　3　一般病院に入院中の患者（クライエント）の自殺についても，自殺が具体的に予見可能であった場合，上記(2)のような構成がとられる。

1 精神科医療施設への入院

64-1　原則的な入院形態：任意入院

　精神科医療施設への入院形態は任意入院と非任意入院とに大別されるが，このうち原則的な入院形態は本人の同意に基づく任意入院（精神保健及び精神障害者福祉に関する法律〔以下，「精神保健福祉法」と略記〕20条）である。医療を受けるかどうかは患者みずからが決すべき事柄であり，医療機関との治療関係に入るにあたっては診療契約が基礎とされる。この点で，精神疾患による入院も身体疾患によるそれと基本的に異なるところはない*。

* ただし，任意入院の患者についても行動制限（精神保健福祉法36条）や退院制限（同法21条3項）が認められており，完全に自由な入院というわけではない。

64-2　精神科医療の特質

もっとも，精神科医療には他の医療にみられない特質もある。患者（クライエント）本人の意思によらない入院形態（強制入院）が制度化されているのであり，このうち代表的なものは措置入院と医療保護入院である。

措置入院は都道府県知事が自傷他害のおそれのある精神障害者を対象として行なうものであるが（精神保健福祉法29条1項），急速を要する場合には，正規の手続きを省略して入院措置を講じることも可能とされている（**緊急措置入院**──同法29条の2第1項）。

一方，**医療保護入院**は，自傷他害を要件としない点で措置入院と異なる。これは，もっぱら精神障害者本人の「医療及び保護」の必要性から定められている入院形態であり（同法33条1項），家族等の同意を要件として，患者本人に対する治療が強制される。ただし，救急的な対応が必要な場合には，家族等の同意なしに医療保護を行なうことも認められている（**応急入院**──同法33条の7第1項）。

* 精神科医療は医療に関する判断能力の十分でない（例：病識を欠き適切な自己決定ができない）精神障害者をも対象としており，適切な医療を実施するためには患者に対する強制力も避けられないとされる［大谷 2014：44-45］。

2　措置入院

（1）公権力の行使

64-3　国家賠償法1条の適用

以上の入院形態のうち，措置入院（および緊急措置入院）は患者との契約によるものではなく，行政の権力的な活動に基づくものである。それゆえ，措置入院中の患者の事故について損害賠償責任を追及するに際しては，国家賠償法（以下，「国賠法」と略記）1条（**➡59-1**）の適用が問題とされる。

* 措置入院患者を入院させる病院は，「国等の設置した精神科病院」または民間の「指定病院」である（精神保健福祉法29条1項）。もともと法律で精神科病院の設置が義務づけられているのは都道府県だけであるが（同法19条の7第1項），その新設

や増設が困難なためもあり，これに代わる施設として民間病院が都道府県知事から指定を受けることも認められている（同法19条の８）。これを指定病院といい，措置入院患者の医療および保護を行なうに足る必要な設備を備えることが求められている。

64-4　「公権力の行使」という要件の機能

国賠法１条に基づく国・公共団体の責任が認められるためには，公務員の行なった違法行為が「公権力の行使」としてなされることが必要である。加害行為が公権力の行使に当たらないときは民法（不法行為）の問題として処理されるのであり，この要件は，損害賠償請求事件について国賠法を適用するか民法を適用するかを振り分ける機能をもっている。

64-5　広義説

公権力の行使は，被害者の救済という観点から（➡59-3）広く公益的な活動と理解されている（広義説）。行政作用についていえば，権力的な活動（例：免許の取り消し，課税処分）だけでなく，非権力的な活動（例：教育・福祉行政サービス➡59-5，60-2）も公権力の行使に含まれる。この広義説が判例・通説の立場であり，それによれば，「公権力の行使」から除かれるのは，民間と同じ活動（例：公営バスの運転──私経済作用）だけということになる（➡64-11）。

64-6　措置入院と「公権力の行使」

都道府県知事による入院措置は，行政庁の要件認定のもとで本人の同意なくその身体の自由を制約するものであり，「公権力の行使」にほかならない。また，措置入院中の治療・看護についても，それが入院措置に伴う一連の過程であり強制的な管理下で行なわれる権力的な作用である以上，同様に理解することができよう［辻 1996：16-17］。

（2）公務員

64-7　「公務員」としての公認心理師

国賠法は不法行為制度について定める民法の特別法であり，不法行為を行なった者が公務員である場合に適用される（➡59-1＊1）。問題は，指定病院（➡64-3＊）で心理支援等に従事する公認心理師が公務員に当たるかどうかであるが，この点，国家賠償制度のもとでは，公務員といっても国家公務員あるいは地方公務員という身分をもつ者に限定されるわけではない（➡Q60 Attention！

4）。国賠法1条にいう「公務員」は公権力の行使を委ねられている者をいい，非常勤職員であれ民間人であれ，公権力の行使が認められる限り公務員に当たる。それゆえ，指定病院の管理者は，都道府県から措置入院患者の治療・看護を委託された範囲で「公務員」とされる［辻 1996：17］。また，その指揮監督のもとで支援に携わる公認心理師等の職員も「公務員」ということになろう。

64-8　公認心理師個人の責任

　　もっとも，「公務員」である公認心理師は，次の（3）でみる過失があったとしても，個人として賠償責任を負うことはない[*]。個人責任を認めるとなると，公務員は萎縮し積極的な公務遂行がなされないおそれのあること，被害者救済の観点からは国・公共団体に対する賠償請求を認めれば足りること，などがその理由である（➡59-3）。

> 　*　なお，公認心理師に「故意又は重大な過失」があったときは，国・公共団体はその公認心理師に対して求償をすることができる（国賠法1条2項➡59-3*）。しかし，求償するかどうかは国・公共団体の判断であり，被害者が関与できるわけではない。

（3）客観的過失

64-9　結果回避義務違反

　　国賠法1条の責任が成立するためには公務員に少なくとも「過失」（国賠法1条1項）が必要とされるが，この過失の意味は民法の不法行為の場合と基本的な違いはない。過失は加害公務員の「内心の問題（精神の緊張を欠いた状態）」にとどまらず，客観的な行為それ自体に結果回避義務違反（➡63-5）が認められるかどうかの問題と理解されている。個別の公務員の心理状態によって国家賠償責任の成立が左右されることは，被害者の救済という観点からみて適切でないからである。

64-10　予見可能性・結果回避可能性

　　また，結果義務違反は，結果発生についての予見可能性と回避可能性があった場合に認められるが（➡63-5*，63-6），こうした可能性の判断についても客観的な基準が用いられ，危険な業務であれば，それ相応の高いレベルの義務が行為者に課される。診療行為における医療水準がその典型であるが（➡57-5），公認心理師の場合には「臨床心理学の実践における心理支援の水準」に照らし

て期待されるべき行為が明らかにされることになろう[*]（➡**57-6**）。

*　公認心理師は，公務員とされるから高い水準の義務が求められるのではない。国民の「心の健康」にあずかる者として相応の注意義務が課されるのである。

3　契約に基づく入院

（1）任意入院および医療保護入院

64-11　任意入院

　措置入院という入院形態の場合，その法律関係は行政の権力的な作用によって形成されるものであり，診療契約によるものではない（➡**64-6**）。これに対して，任意入院は患者と医療機関との診療契約に基づく入院形態であり，それゆえ入院患者が自殺した場合には，医療機関の診療契約上の義務が問題とされる。この点は，患者が国公立病院に入院していたとしても異なるところはない。患者の入院中の自殺について国公立病院が負う責任は，国賠法ではなく民法（不法行為または債務不履行）によって追及される。判例上，国公立病院における医療活動は「公権力の行使」ではなく，私経済作用（➡**64-5**）に属するものとされているのである（例：最高裁昭和57年4月1日判決民集36巻4号519頁）。

64-12　医療保護入院

　一方，医療保護入院は，措置入院と同じく強制入院の一つである（➡**64-2**）。しかし，それは家族等の同意を要件とする入院形態であり（精神保健福祉法33条1項），一般医療の場面で，幼児や意思能力（➡**94-1**）のない患者を親権者や配偶者が入院させる場合と基本的に異なるところはない。それゆえ，入院患者が自殺した場合には，民法上の責任を問題とすれば足りる［辻 1996：170］。

（2）債務不履行責任

64-13　安全配慮義務

　一般に医療機関は，入院契約上の義務として入院患者の生命・身体の安全について配慮すべき義務（**安全配慮義務**）を負うとされる。もともと安全配慮義務は労働災害（➡**79-2**）・公務災害の場面で問題とされてきたが，学校事故（➡Q96），病院事故など施設管理者の責任が問題となる事例でも議論されている[*]。

*　もっとも，このように契約当事者間の問題に一般化していくと，安全配慮義務の内容は契約の相手方を保護する義務と変わらない。診療契約では，患者の生命・身

体等の保護それ自体があらかじめ合意され契約目的となっていることはすでにみた（➡58-11）。診療契約では患者の完全性利益（➡58-10＊）を損なわないよう安全に配慮することが本来の義務内容として求められるのであり，安全配慮義務の違反は債務不履行責任として構成される。

64-14　履行補助者の行為

安全配慮義務に違反したか否か（債務不履行の有無）の判断にあたっては，履行補助者（➡55-3）である医師や公認心理師の行為が当該医療機関の行為として評価される。たとえ医師や公認心理師の行為それ自体に不適切な点があったとしても，これらの者に対して債務不履行責任を追及することはできない。医療の提供について患者と直接の権利義務関係に立つのは医療機関であり，この医療機関がみずからの責任と判断のもとで当該医師や公認心理師を用いた以上，それらの者の行為については医療機関自身が責任を問われるのである*［野﨑 2020：103］。

> ＊　なお，履行補助者である医師や公認心理師は，医療機関との間に雇用契約等の契約を結んでおり，その債務不履行を理由として医療機関から損害賠償責任を追及される立場にある。

64-15　履行補助者の行為と債務不履行の判断

医師や公認心理師の行為に着目して安全配慮義務違反（医療機関の債務不履行責任）を追及する場合には，「医療水準」に適う措置や「心理支援の水準」に適合する支援がなされたかどうかが問われる（➡63-9）。具体的には，不法行為の過失判断と同様，これらの履行補助者が結果（例：患者の自殺）の予見可能性を前提にして回避義務を尽くしたかどうかが判断されることになる（➡63-5，63-6）。

（3）不法行為責任

64-16　公認心理師個人の責任および使用者責任

医師の不適切な措置や公認心理師による不十分な支援は，医療機関の債務不履行責任を構成する事実であると同時に，医師や公認心理師個人の不法行為を追及するにあたって「過失」と評価される事実でもある（➡63-11）。この場合，たしかに過失ある行為をしたのは医師や公認心理師である。それゆえ，患者（クライエント）側が，この医師や公認心理師個人に対して不法行為に基づく損

害賠償（民法709条）を請求することができることは言うまでもない。しかし，医師等を使用して事業を営んでいるのは医療機関であり，この医療機関は彼らの活動によって利益を得ている。そのようなときは，医師や公認心理師の行為が民法709条の要件を満たしていること，これらの者と医療機関との間に実質的な指揮・監督の関係があったことが認められるならば，患者（クライエント）側は医療機関に対しても損害賠償を請求することができる[*]（使用者責任➡**58-7**）。

* 公認心理師と医療機関のいずれに損害賠償を請求するかは遺族側の自由である。両方に請求することもできる。なお，医療機関が損害を賠償した場合，その賠償した額は公認心理師に請求することができる（求償権➡**36-19**）。

（4）一般病院入院患者の自殺

64-17　自殺の具体的な予見可能性 ································

以上にみたのは，精神科の入院患者（クライエント）が自殺した場合の法律構成である。精神科医療は精神保健福祉法に基づいた医療分野であり，その治療対象となる患者には，自殺企図・自殺念慮の認められる者が少なくない。自殺念慮は症状の一つであり，自殺防止は治療看護の主要目標に属するともいわれている［岡田 1989：91］。

もっとも，精神疾患以外の病名で一般病棟に入院していた患者についても自殺が起こりえないわけではない。自殺が具体的に予見できるのであれば，精神疾患をもつ患者の場合と同様，自殺防止措置など患者の安全に対する配慮を問題とする余地がある。例えば，肺結核症治療のため呼吸器科病棟に入院していた患者Aが自殺した事案で，裁判所は，診療契約に基づく安全配慮義務の範囲には「入院中に発生した精神症状も含まれうる」として被告病院の自殺防止義務を肯定している（名古屋地裁平成19年4月25日判決『判例タイムズ』1269号246頁）。患者Aが入院中に受傷した腰椎圧迫骨折を契機として精神的に不安定になっていたこと，自殺をほのめかすような発言を医師・看護師らが聞いていたこと，本件自殺直前にも自殺を図っていたことなどの事情を「総合的に斟酌すれば」，被告病院には「診療契約に基づく安全配慮義務の一内容として，本件Aの自殺を防止すべき義務があった」とされるのである[*]。

* ただし，本件では自殺未遂直後の患者がいったん落ち着いたものと判断されていること，看護師不在が10秒程度であったことなどから，再度自殺を図るということ

の具体的予見可能性（➡**63-15**）が否定され，したがって結果回避義務違反の点について判断するまでもなく，被告病院に安全配慮義務違反（債務不履行責任）は認められないとされている。

【参考文献】

大谷実『新版　精神保健福祉法講義（第2版）』成文堂，2014年。

岡田靖雄「精神科患者の自殺事件」唄孝一＝宇津木伸＝平林勝政編『医療過誤判例百選』有斐閣，1989年，88-91頁。

辻伸行「精神障害者による殺傷事故および自殺と損害賠償責任（4）」『判例評論』447号（1996年）11-24頁（判例時報1558号165-178頁）。

野崎和義『コ・メディカルのための医事法学概論（第2版）』ミネルヴァ書房，2020年。

（野崎和義）

Question 65　いじめによる生徒の自殺

Q スクールカウンセラーとして公立中学校に勤務している公認心理師。担当している生徒が自殺したが，それは他の生徒のいじめによるものと判明した。公認心理師は法的責任を負うのか。

A スクールカウンセラー個人がいじめ自殺について法的責任を負うことはない。学校設置者である地方公共団体が国家賠償法１条１項に基づく責任を問われるが，その際には，いじめ自殺の特殊性を踏まえた考察が必要とされる。とりわけ「過失」の認定にあたっては，いじめそれ自体を予見義務の対象とし，これを回避する措置として学校側がどのような対応をとったかが問題とされる。この組織的な対応にあたって，スクールカウンセラーである公認心理師は，その専門性を活かしこれに積極的に参画することが求められる。

1　いじめ自殺の特殊性

65-1　「自殺＝被害者の意思的行為」という考え方で足りるか

　【Q63】および【Q64】で自殺をめぐる問題を扱ってきたが，いじめを苦にした児童生徒の自殺についても「自殺＝被害者の意思的行為」（➡63-1）という考え方で足りるのであろうか。学校は，教育という特殊な行政活動を行なう場であり，そこでは精神的・肉体的に未成熟な児童生徒が集団生活を送っている。いじめもまた常態化しており，現に児童生徒が苦しんでいる以上，学校側は，いじめから脱却するための選択肢を彼らに示し，あらかじめ教育する責任を負わなければならない［采女 2003：65］。この学校側の教育責任に着目するならば，いじめ自殺の問題を成人による自殺と同列に扱うことはできない。

65-2　いじめと教育活動に伴う危険

　また，いじめは，スポーツ活動中の事故など教育活動に伴う学校事故一般とも異なる［采女 1997：125］。一般の学校事故は突発性を特徴とするが，いじめ

は反復・継続された加害行為であり,「差別や嫉妬,妬みなどの否定的な感情に支えられたゲーム的行動」[深谷 1996：26]ともいいうる。それは,被害者の学習環境を破壊し,やがては自己否定をも招くおそれをもつ行為であり[采女 1997：131-132],教育活動に伴う危険一般とは区別されなければならない。

以上にみた「いじめによる自殺」の特殊性が,後述する過失の認定にあたっても影響をもたらすことになる(➡65-5以下)。

2 法律構成

65-3 国家賠償法1条1項の適用 ─────────────

いじめをめぐる裁判例はその多くが公立学校における事案であり,そこでは基本的に国家賠償法(以下,「国賠法」と略記)1条1項に基づき学校設置者である国または地方公共団体の責任が追及されている。* それゆえ,以下では国賠法1条1項の適用を前提として考察を進めるが,ただし,同項にいう「公務員」の「過失」の認定については,いじめ自殺の実態を反映した解釈を検討してみたい。

> * 私立学校におけるいじめ事案であれば,学校設置者は使用者責任(民法715条)を問われる。また,教員個人も民法709条に基づき不法行為責任を追及されることがある(➡58-6〜58-8,59-1)。

3 過失の認定

(1) 予見可能性

65-4 予見可能性・結果回避義務 ─────────────

国賠法1条1項にいう「過失」の意味内容については,民法上の不法行為(民法709条)の場合と異なるところはない(➡64-9)。結果を予見し,これを回避することができたかどうかが問われる(➡63-5,63-6)。

65-5 予見の対象 ─────────────

もっとも,いじめ自殺の場合,予見の対象については「被害者の自殺」とみる見解と「いじめ」とみる見解とに分かれている。しかし,そもそも被害者が自殺に至らなかった場合であっても,いじめそれ自体について不法行為は当然に成立する。まずもって回避すべき結果はいじめ自体であり,自殺はそれによ

りもたらされる損害（肉体的・精神的苦痛等）の一態様にほかならない。それゆえ，予見義務の対象も，いじめそれ自体と考えるべきであろう＊［蛭田＝中村 2010：72］。

> ＊　とはいえ，いじめによる自殺が一般に広く知られている今日，いじめによって生徒が自殺に追い込まれる可能性のあることを教育の専門機関である学校が予見できないということはあるのだろうか［福田 2008：95参照］。

（2）回避可能性

65-6　具体的な回避措置

いじめについて予見可能性があったにもかかわらず，いじめの回避措置がとられなかったとき，過失が認められる。回避措置としては，いじめの態様や予見される損害の内容により，それに見合ったものが必要とされよう。

例えば，担任教諭が被害生徒をめぐる「少なからざるトラブル，いじめを把握していた」という事案で，裁判所は次のように説示している（神奈川・津久井いじめ事件控訴審判決）。担任教諭は，「トラブルが継続的に多発していたことを把握，認識していた」以上，これを「個別的，偶発的でお互い様のような面があるとのみとらえ，そのつど，双方に謝罪させたり握手させたりすることによって仲直りすることができ，十分な指導を尽くしたものと軽信」してはならず，「より強力な指導監督措置」を講じるべきである（東京高裁平成14年1月31日判決『判例時報』1773号3頁）。

もっとも，この裁判例と異なり，いじめが具体的に認識されていなかった場合であったとしても，児童生徒の安全確保を図るための方策は欠かせない［福田 2008：96］。今日のように学校内のいじめが繰り返し社会問題となる状況のもとでは，いじめの有無を調査しその解決方法を検討するなど［采女 1997：134］，危険除去のために必要な仕組みをあらかじめ講じることが求められるのである。

（3）注意義務の主体

65-7　組織的過失

問題は，誰が注意義務を負担するかであるが，学校内の安全は担任教諭や関係する教職員のみによって確保されるものではない。それについては学校全体で組織的な対策を欠かせないのであり，生徒の完全性利益（➡58-10＊）に対す

る安全配慮義務（➡**64-13**）は学校組織全体が負担すると考えるべきであろう
[福田 2008：87，89]。この立場からすれば，被害の発生は学校という組織体の
運営そのものの瑕疵に求めることができる（**組織的過失**）[采女 2003：56]。

65-8　被害者側の救済 ....

　被害者側の救済にとって，担任など個々の教員の過失を立証し学校側の責任
を追及することは必ずしも容易ではない。しかし，組織としての過失に着目す
るならば，学校という組織体について過失と評価できる義務違反が認められる
以上，個々の構成員の過失が認定できなかったとしても，学校側の責任を追及
することができる[福田 2008：90]。学校運営を組織的・一体的に把握するこ
とによって，構成員の個別的な事情によって被害者の救済が左右されることを
回避できるのである。

（4）国賠法1条1項の要件

65-9　国賠法1条1項の「過失」 ....

　このように生徒の安全に対する注意義務を学校全体の組織・管理上の義務と
して把握するならば，学校のあり方それ自体の過誤が国賠法1条1項にいう
「過失」とみられることになる。問われるべきは学校が組織としてどのような
行動をとったかであり，また，この結果回避義務の前提である予見可能性を論
じるにあたっても，組織体としてのそれを問題とすることになる。

65-10　国賠法1条1項の「公務員」 ....

　さらに，国賠法1条1項にいう「公務員」（➡**59-6**）についても，これを組織
の各構成員から切り離し，組織体そのものに求めることになろう。組織体で決
定する行為については，組織体として適切な配慮を欠いたことをもって過失と
評価されるからである。

4　組織的過失と公認心理師

65-11　組織的過失の意義 ....

　いじめへの対処は高いリスクをはらむものが少なくない。対応の結果につい
て個人責任を追及されることになると，その不安から，教員やスクールカウン
セラーは，必要な行為を差し控え傍観者の立場に身をおくことにもなりかねな
い。また，そもそも組織としての過失については，個人の責任を追及したから

といって被害を抑止する効果を期待することもできないであろう。この点，組織的過失という考え方は，学校組織の対応を厳しく問う一方，各構成員の萎縮効果を防止しうる点で大きな意義をもつ。

65-12　公認心理師の役割 ·······

　いじめが常態化している今日，学校は，いじめについてあらかじめ積極的な情報収集を行ない，その対策を検討・整備する責務があり（➡65-6），スクールカウンセラーとして勤務する公認心理師もその一端を担わなければならない。また，いじめを認識したならば，学校側に強力な指導監督を促すことも必要とされよう。こうした役割は，国家資格を保有する公認心理師が連携義務（公認心理師法42条1項➡29-3）を負うことからも首肯されうる。チーム学校を支える専門スタッフが，それぞれの専門性に基づく役割を担い協働していくことが，いじめ問題の対処にあたっても求められているのである。

【参考文献】

采女博文「いじめと学校側の法的責任」『鹿児島大学法学論集』32巻1・2号（1997年）125-149頁。

采女博文「いじめをめぐる法的諸問題：学校の教育責任と被害生徒の親責任」『鹿児島大学法学論集』37巻1・2号（2003年）37-82頁。

蛭田振一郎＝中村心「いじめをめぐる裁判例と問題点」『判例タイムズ』1324号（2010年），68-77頁。

深谷和子『「いじめ世界」の子どもたち──教室の深淵』金子書房，1996年。

福田健太郎「学校事故と学校設置者の責任──いじめ事案から見た法理論の現状と課題──」『人文社会論叢社会科学篇（弘前大学）』20号（2008年），81-101頁。

（野﨑和義）

Question 66　公認心理師とインフォームド・コンセント

Q 心理支援業務を行なうにあたって，公認心理師はクライエントに対してどのようなことを説明するべきか。

A 公認心理師は，クライエントの納得を得るために必要な事項について具体的な説明をしなければならない。

1　「クライエントの納得」という観点から説明事項を具体的に吟味すべきである。

66-1　クライエントの納得

　インフォームド・コンセントは一般に「説明と同意」と理解されているが（➡Q100），その要点は，専門職による十分な説明を受けて相手方が納得するという点にある［津川＝元永編2016：197］。これを心理支援業務についていえば，公認心理師は，クライエントの納得を得るために，大別して以下のような事項を説明することが求められよう。①援助の内容・方法について，②秘密保持について，③費用について，④時間について，⑤公認心理師の訓練について，⑥当該施設の規定や決まりごとについて，⑦質問などについて，⑧その他。

66-2　説明事項の具体例

　この①〜⑧について例を挙げると次のようなものがある。①ア）援助の具体的な方法や援助の目標，イ）援助方法の効果と学術的に予想される負担やリスク，②ア）秘密保持の遵守，イ）秘密保持の限界（例外），③ア）具体的な費用，イ）支払方法，④ア）援助の日時，場所，期間，イ）予約とキャンセルの方法，⑤ア）担当する公認心理師の理論的立場，⑥ア）連絡時間の範囲，イ）電話・インターネット・SNSによる相談を受けているかどうか。⑦ア）質問はいつでも受けられるのかどうか，⑧ア）当該クライエントに関与している他

の専門職との連携について。

66-3　心理支援という観点

　　公認心理師は，上記①～⑧について，クライエントに対してわかりやすい言葉で説明をし，クライエントから納得を得た上で，心理支援を行なうべきである。クライエントから形式的な意思表示を得れば足りるという問題ではない。例えば，「秘密保持の限界（例外）」（上記②イ）について，公認心理師はどのような説明を用意すべきだろうか。実際の心理支援にあたっては，Ａ：「誰に対してであれば伝えてよいのか」，Ｂ：「具体的に何について，どの範囲までなら伝えてよいのか」，Ｃ：「何の目的で開示するのか」といった点が重要となろう。Ａ：「誰に対して」，Ｂ：「何を」，Ｃ：「何のために」という３点について，クライエントに説明をし納得を得ることが必要になると思われる。

【参考文献】

津川律子＝元永拓郎編『心の専門家が出会う法律――臨床実践のために（新版）』誠信書房，
　　2016年。

一般財団法人日本心理研修センター監修『公認心理師現任者講習会テキスト』金剛出版，2018
　　年。

　　　　　　　　　　　　　　　　　　　　　　　　　　　　　　（津川律子）

Question 67 インフォームド・コンセントが不十分だった場合の法的責任

Q インフォームド・コンセントが不十分だった場合，どのような法的責任に問われるのか。

A 民法上の不法行為または債務不履行として，精神的苦痛に対する慰謝料請求が可能となる。

1 自己決定権と憲法・法律

67-1　憲法上の自己決定権

　憲法上，**自己決定権**は「生き方の自由」と理解されている。例えば，臓器売買の自己決定を国家が禁止するならば（臓器の移植に関する法律11条〔臓器売買等の禁止〕参照），それは憲法上の自己決定権の問題とされる。これに対して，**イ ンフォームド・コンセント**の基礎とされる自己決定権は，憲法上のそれとは異なった意味合いをもっている。憲法が公権力と個人の関係を規律の対象とするのに対して，インフォームド・コンセントの保障は公認心理師とクライエントという私人間の問題であり，民法を中核とする法律によって実現されるべき事柄だからである。

67-2　民法上の人権

　人権は人が生まれながらにもつ権利であって，誰に対しても主張することができる。それが憲法の中に取り込まれると「憲法上の権利」となり，そこでいう自己決定権も，憲法（公権力の創設と統制のためのルール）の性格上，公権力に対するものとなる。

　一方，人権が民法という法律に規定されると，それは，「民法上の権利」として私人間の利害調整の対象とされる［高橋 2005：118］。法律は憲法を執行するためにあるのではない。憲法の規定に反することはできないが，法律もみず

からが規律する領域に応じて人権保障の方策を独自に用意しうるのである［高井 1998：296，303］。自己決定権についても，民法上のありようは憲法上のそれと必ずしも同じものではない。

2 インフォームド・コンセントと民事責任

67-3　情報の非対称性

　専門家と一般私人とでは専門的知識について大きな開きがある。公認心理師は，みずからの業務を行なうにあたって，それに関連する情報を収集し保有しているのが通常である。これに対して，クライエントは，これから受けるカウンセリングの内容だけでなく，その必要性・有用性等についても必ずしも十分な情報をもっているとは限らない。

67-4　自己決定の機会

　この情報の非対称性を前にして，民法では自己決定の前提条件として専門家に**情報提供義務**（説明義務）を課す。一般私人は，みずからにとって未知なるものを受け入れるかどうかを決めるにあたって，専門家による支援を欠かすことができないのである（➡Q100）。公認心理師は，業務の目的や技法，契約期間・料金等について十分な説明を行ない，当該心理的支援を受けるかどうかをクライエントみずからが判断する機会を保障しなければならない（➡Q66）。

　ここでは，専門家に対峙する個人に着目し，自己決定の機会そのものの保護が目指されている［中山 2008：95-96］。重要なのはクライエントの納得であり，それは同意の有無とは別個独立の問題である。同意は公認心理師が具体的な支援行為を行なうにあたってこれを正当化するための要件とされるものであるが，同意の有無について結論が同じであっても，そこに至るプロセスの問題はなお残る。クライエントの人格に敬意を払い，その決定それ自体の保護を目指す点に説明責任の意義がある。

　＊　なお，自己決定のための説明とは異なり，心理支援の一環として説明がなされることもあろう。その場合，説明が不十分であれば公認心理師の技術上の過誤（技術上の法則・技法への牴触）が問題となり，「臨床心理学の実践における心理支援の水準」（➡**57-6**）に照らして過誤の有無が検討される。

67-5 説明義務違反 = 自己決定権の侵害

それゆえ，公認心理師が適切な説明を怠った（不十分であった）ためクライエントから自己決定をする機会が奪われたという場合，自己決定権という「権利」の侵害として，民法上，不法行為責任（民法709条➡**58-1**，**58-2**）が問題となり，精神的苦痛に対する慰謝料請求が可能となる。クライエントが公認心理師に寄せる期待や信頼は，その業務の性質に照らすと法的な保護に値する。公認心理師は，この信頼関係に基づき，クライエントが納得した上でカウンセリングを受けるという状況を保障する義務を負うのである。

* ほかに契約責任（債務不履行責任➡**57-2**，**57-3**）を追及することもできる。心理支援契約によって公認心理師が負う債務の内容は，支援行為の提供それ自体にとどまらず，説明義務（情報提供義務）にも及ぶ。支援行為の具体的内容は，説明を受けたクライエントの同意や選択を介して順次形成されていく性質のものだからである［莇ほか編1994：74-75〔高嶌英弘〕参照］。情報提供義務が不完全であったかどうかは善管注意（善良な管理者としての注意）義務違反（➡**55-5**）の有無による。公認心理師とクライエントとの契約関係は準委任契約としての性格をもつことから（➡**55-2**），公認心理師は，支援行為の内容につき契約の趣旨に即して善良な管理者の注意をもって説明すべき義務を負う。この説明義務の条文上の根拠は，心理支援契約上の受任者の報告義務（民法645条）に求めることができよう。なお，刑事責任についていえば，刑法上，「自己決定侵害罪」や「説明義務違反罪」というものは存在せず，自己決定の機会を奪ったことそれ自体が犯罪とされることはない。

【参考文献】

莇　立明＝中井美雄編『医療過誤法』青林書院，1994年。
高井裕之「憲法と医事法との関係についての覚書」米沢広一・松井茂記・土井真一刊行代表『現代立憲主義と司法権（佐藤幸治先生還暦記念）』青林書院，1998年，285-315頁。
高橋和之「現代人権論の基本構造」『ジュリスト』1288号（2005年），110-126頁。
中山茂樹「生命・自由・自己決定権」大石眞＝石川健治編『憲法の争点』有斐閣，2008年，94-97頁。

（野﨑和義）

Question 68　損害賠償請求（民事紛争）の解決プロセス

Q 公認心理師がクライエントから損害賠償を請求された。それに納得がいかない場合，公認心理師はどのように対処すればよいのか。

A 損害賠償などをめぐる争いについては，当事者の話し合いを基本とした解決方法と訴訟による強制的な解決方法とがある。また，その中間には第三者を介した円満な紛争解決の試み（調停，仲裁）もあり，いずれを利用するかは法律の専門家（弁護士等）に相談することが望ましい。

1　多様な紛争解決プロセス

（1）自主的な解決方法

68-1　民事紛争

　　公認心理師は，そのクライエント等から損害賠償（債務不履行責任➡57-2，57-3，不法行為責任➡58-1，58-2）を求められることもあろう。この損害賠償請求など個人の私的利益に関わる紛争は，**民事紛争**といわれる。

68-2　和解，調停・仲裁

　　紛争が生じた場合，その当人たち（「当事者」といわれる）が直ちに訴訟手続きを用いるとは限らない。個人の私的利益は当事者間の自由な処分に委ねられている。それゆえ，当事者の話し合いで折り合いがつけば，それで足りる（和解——俗に「示談」ともいわれる➡68-5）。また，第三者を介して解決の交渉が行なわれることもある（調停・仲裁➡68-15，68-16）。

（2）強制的な解決方法

68-3　訴訟

　　これらの方法は，いずれもその利用にあたって当事者の合意を必要とするものであり，当事者間に合意形成が不可能であれば，紛争の解決は困難とならざるをえない。これに対して，**訴訟**は民事紛争を強制的かつ終局的に解決する点

に特徴がある。

　訴えが提起されると，相手方はこれを受けて立つことを強制され（反論せず欠席すると，相手方の言い分どおりの判決となってしまう➡68-8），また，判決が確定するとその内容に強制的に拘束される。もはや紛争が蒸し返されることはない。

　設問でいえば，通常はクライエント側が原告[*2]，公認心理師側が被告となって損害賠償請求訴訟が進む。被告とされた公認心理師は，この裁判を逃れる術がない。訴訟となると，公認心理師は，クライエントに生じた被害がみずからの責任でないことを主張立証し，裁判所にこれを認めてもらうほかない。

> ＊1　裁判所の示した判断に不服のある当事者は，上級の裁判所に場を変えて，その裁判の取り消し・変更を求めることができる（上訴➡68-12）。もっとも，その期間には制限があり，1審や2審の判決では，上訴がなされないままに2週間が経過すると，もはやその判決内容を争うことができなくなる（民事訴訟法116条，285条）。これを**判決の確定**といい，確定した判決は**確定判決**といわれる。
>
> ＊2　訴えを提起した者を**原告**，その相手方を**被告**という。なお，刑事裁判でも「被告」と呼ばれることがあるが，正しくは「被告人」である。「被告」が民事訴訟で訴えられた者をいうのに対して，「被告人」は罪を犯したとして検察官による公訴の提起を受けた者をいい，両者の意味は全く異なる。

68-4　訴訟上の和解

　もっとも，私的な利益は個人が自由に処分できるのが原則であるから，紛争が訴訟に持ち込まれた後であっても，判決にまで至ることなく当事者の話し合いによって決着がつけられるケースもある（訴訟上の和解➡68-10）。

　以上にみたように，個人の私的利益に関わる紛争については，判決以外にも多様な紛争解決プロセスが整備されており，当事者がどのような解決を望んでいるかということが重視される。この点を，さらに具体的にみていこう。

2　訴訟提起に至るまでの示談交渉

68-5　話し合いによる解決

　公認心理師がクライエントから損害賠償を求められたが，それが両者の話し合いで解決する場合もある。損害額，その支払い方法，支払い時期について，公認心理師とクライエントとの間で折り合いがつき合意に至れば，それで解決

となる（いわゆる示談による解決）。合意に至らなかった場合，クライエントは
公認心理師に対する損害賠償をあきらめるか，裁判所の判断を求めて訴訟提起
をすることが考えられる。

3　訴訟の提起

68-6　手続きの3段階

　民事の訴訟手続きは，時系列でみると，大きく，❶訴えの提起，❷審理，❸
判決という3段階で進行する。審理の段階では，当事者双方が直接に顔をあわ
せてやりとりを行ない，その言い分に裁判官が耳を傾けるという方法がとられ
る。こうした審理の形態を**口頭弁論**といい，民事訴訟の基本原則とされている
（民事訴訟法87条）。

68-7　訴状の提出

　クライエントが公認心理師に対して訴えを提起する場合，クライエントは，
ア）自身の主張をまとめた訴状を作成し，イ）その主張を裏付ける証拠を添付
して，裁判所に提出する。訴訟を起こした者が「原告」，訴訟を起こされた者
が「被告」である（➡68-3＊2）。

68-8　訴状の送達と答弁書の提出

　提出された訴状および証拠の審査が終わり，訴状の誤記等の修正が終わる
と，原告（クライエント）に対して，裁判所により第1回目の口頭弁論期日の
調整が行なわれる。この調整は，被告（公認心理師）の都合を聞かずに行なわ
れる。第1回期日の日時が決まると，その案内とととともに，裁判所に提出され
た訴状と証拠が，裁判所から被告である公認心理師に郵送される。公認心理師
は，訴状と証拠を受領して初めて，自分宛てに訴訟が提起されたこと，そして
第1回期日の日時を知ることになる。

　公認心理師（被告）は，第1回期日の調整に参加していないので，一方的に
決められた日時に出頭するよう求められることになる。この場合，別の予定が
入っており，出席不可能なこともあるため，第1回に限り欠席することが認め
られている。

　ただし，公認心理師には，訴状と証拠に対して応答する書面（答弁書）を提
出することが求められている。もし答弁書を提出しないで第1回期日を欠席し

てしまうと，公認心理師は原告（クライエント）の提出した訴状の内容に異存がないものとされ，訴状の内容通りの判決が言い渡されてしまう（いわゆる公認心理師の敗訴判決）。

68-9　主張および立証の提出

　公認心理師（被告）から答弁書の提出がなされると，その後，第2回期日，第3回期日と口頭弁論の期日を経ることになる。その間隔は案件によって異なるが，1か月前後とされるのが通常である。その期日を経ることによって，原告および被告からそれぞれの主張内容を記載した書面（「準備書面」という）およびその主張を裏付ける証拠が提出される。この経過を経て原告の主張内容と被告の主張内容の対立点（「争点」という）が明らかになってくる。

68-10　和解

　原告の主張内容と被告の主張内容が出し尽くされると，裁判所から話し合いによる解決（和解）の提案がされることがある。裁判所は，いつでも和解勧告をすることができるとされているので，場合によっては，第1回期日で和解勧告がされることもある。原告および被告が和解による解決に合意すれば，裁判はそれで終了する。

68-11　尋問と判決

　原告および被告が和解による解決に合意できなかった場合はどうか。この場合，裁判所は，争点を明らかにするために必要と考えるのであれば，当事者（原告または被告）もしくは第三者である証人の尋問手続きを行ない，その上で判決を言い渡すことになる。その内容は，原告の請求を退けるか（「棄却」の判決），原告の請求を全部認めるか一部認めるか（「認容」の判決）というものである。

68-12　上訴

　判決に不服のある当事者は，一つ上の裁判所（地方裁判所であれば高等裁判所，簡易裁判所であれば地方裁判所）に控訴の手続きをすることができる。控訴審において敗訴判決を受けた者は，その一つ上の裁判所（高等裁判所であれば最高裁判所，地方裁判所であれば高等裁判所）に上告の手続きをすることができる（上訴
➡68-3＊1）。

4　訴訟が終了した場合

68-13　和解で終了した場合

　訴訟が和解で終了したとしよう。その内容がクライエントに対して一定金額を支払うというものであれば，その支払いがなされることになる。公認心理師が和解で定められた支払い義務を怠ると，クライエントは，和解の内容が記載された書面（裁判所が作成する和解調書）に基づいて，公認心理師に対して強制執行をすることができる。

　強制執行は，クライエントが，裁判所に申し立てて，公認心理師の財産（預貯金，不動産，勤めており給料の支払いを受けているときはその給料債権）を差し押さえ，強制的に換金して支払いを受ける手続きである。この手続きは，公認心理師の同意なく進めることができる。しかし，公認心理師に財産が全くない場合には，回収困難となる可能性が高い。

68-14　判決が確定して終了した場合

　最終的に判決が確定（➡➡68-3＊1）した場合はどうか。この場合，公認心理師から判決に基づく支払いの申し出があれば，クライエントはその支払いを受けて解決となる。一方，公認心理師から任意の支払い申し出がない場合や支払いを求めても拒否された場合には強制執行（➡➡68-13）をしていくほかない。

5　その他の紛争解決手段

（1）一般民事調停

68-15　第三者を介した話し合い

　公認心理師とクライエントとの話し合いによる解決はできないが，第三者を介することによって円滑に解決する場合もある。裁判所で調停委員（2名）の関与のもと，それぞれの言い分を聞いてもらい，解決の落としどころを探っていく手続きが代表的である（一般民事調停）。

　この手続きにおいては，本人が自身の言い分を調停委員に聞いてもらう機会を繰り返すことになるので，双方当事者が納得して最終的に話し合いによる解決に至る場合が多い。また，調停の手続きはあくまでも話し合いの手続きであり，訴訟と異なり，書面による主張および立証という手続きを厳格に進めてい

くものではない。そのため，証拠がなく立証が困難な場合にも有効な手続きである。さらに，訴訟に比べて，あくまでも話し合いによる解決を望むという姿勢が相手方に伝わるという面もある。

* 調停委員は，40歳以上70歳未満の民間有識者が最高裁判所から2年の任期で任命される。

（2）弁護士会が実施しているあっせん・仲裁手続き

68-16　専門家による支援

弁護士会を介した話し合いの手続きも行われている。第三者としてキャリアを積んだ経験豊かな弁護士があっせん・仲裁に入り，双方の言い分を聞いて落としどころを探っていく。

上述の調停委員は必ずしも紛争解決のための専門家が就任するわけではない（もちろん，弁護士や元裁判官が調停委員となっている場合もある）。これに対して，あっせん・仲裁手続きは，紛争解決の専門家である弁護士が第三者として介入するため，調停に比べて迅速な解決が期待される。

6　どの手続きを選択すべきか

68-17　弁護士への相談・依頼

示談交渉，訴訟，調停等，どの手続きを選択するのがよいか。クライエントとの間に生じた紛争の具体的内容，クライエントの主張する内容，証拠の程度によって，どの手続きを選択すべきかについて吟味する必要がある。

クライエントが損害を受けた場合であれば，クライエントが解決手段を選択し，公認心理師はその手続きで「受けて立つ」立場になろう。しかし，公認心理師から，解決に向けて，手続きを選択する場合も考えうる。いずれの手続きを利用するかについては，専門家である弁護士に相談することが望ましい。費用は要するものの，弁護士に適切な手続きの遂行を委ね，公認心理師は本来の心理支援業務に専念することができるからである。

（舩野　徹／野﨑和義）

公認心理師と刑事責任

Question 69 プライベートでの違法行為で処分を受けるのか

Q 公認心理師がプライベートで何か違法なこと（例えば交通事故を起こす）をした場合，公認心理師として処分されることはあるのか。

A 処分されることはありうる。プライベートで行なったことであっても，その行為が犯罪行為に当たり禁錮以上の刑を受けることになった場合には，欠格事由に該当することになり，公認心理師の登録が取り消されることがある。

　また，禁錮以上の刑にならず欠格事由に該当しなかったとしても，破廉恥な犯罪（例：痴漢行為）に及ぶなどして信用失墜行為禁止義務に違反するとされた場合は，登録が取り消され，または名称使用が一定期間停止されることがある。

1 誰でも犯罪行為をしてしまう可能性があること

69-1　交通事故も犯罪行為になりうる

　公認心理師が，全くの私用で家族旅行に出かけ自家用車を運転していたところ，よそ見をしてしまい道路を横断中の歩行者をはねて死亡させてしまった場合，公認心理師として何らかの処分を受けるのだろうか。

　自動車を運転中に歩行者をはねて死亡させた場合，その行為は犯罪行為となる（「自動車の運転により人を死傷させる行為等の処罰に関する法律」5条の過失運転致死罪に当たる）。そして，その刑罰は，「7年以下の懲役若しくは禁錮又は100万円以下の罰金」とされている。

> ＊　「7年以下の懲役若しくは禁錮」という場合，懲役・禁錮ともに下限は1か月となる（刑法12条1項，13条）。また，「100万円以下の罰金」という場合，上限は100万円であるが，下限は1万円となる（刑法15条）。

2　犯罪行為をしてしまった場合の手続き（刑事手続き）

69-2　刑事手続きの流れ

　犯罪者となってしまった公認心理師は，警察および検察の捜査（取り調べなど）を経ることになる。その後，検察官が，その公認心理師を裁判にかける（起訴する）か，裁判にかけないことにする（起訴猶予）かを決める。検察官が，起訴することに決めると，裁判によって，公認心理師が犯した犯罪（上記の場合は過失運転致死罪）が認定され，犯罪に対応する刑罰が言い渡される（刑事手続の具体的な流れについては【Q71】を参照）。

3　懲役刑・禁固刑を科された場合

69-3　懲役刑・禁固刑は欠格事由となる

　確定した刑罰が，懲役刑か禁固刑の場合，それは，公認心理師法3条2号の欠格事由（「禁錮以上の刑」）に該当する。この場合，公認心理師の登録は必ず取り消されることになる（公認心理師法32条1項「取り消さなければならない」➡**5-1, 7-1**）。

　しかし，文部科学省および厚生労働省は，公認心理師からの自己申告がない限り，欠格事由に該当するか否かを知る機会はない（ただし，医師については，**70-1＊1**で紹介した運用がなされており，定期的に欠格事由に該当かを判断できる）。

　もちろん，公認心理師が登録後に欠格事由に該当するようになった場合，公認心理師において届出をしなければならないが（公認心理師法施行規則18条3号），とはいえ本人の自発的な申告を期待することは難しい。

4　罰金刑が科せられる場合

69-4　罰金刑は欠格事由とならない

　言い渡された刑罰が罰金刑の場合はどうか。罰金刑は禁錮刑よりも軽い（刑罰の重さについて➡**Q97**）。したがって，刑罰が罰金刑にとどまるのであれば，公認心理師法3条2号の欠格事由には当たらない。

5 信用失墜行為に当たるとして処分される場合もある

69-5　信用失墜行為となる場合 ···

　もっとも，公認心理師には，クライエントの信用を失墜する行為をしてはな
らないという義務が課されている（公認心理師法40条➡Q13）。この義務に違反
すると，公認心理師の登録が取り消され，また，公認心理師の名称を使用でき
なくなることがある（公認心理師法32条2項）。

(1) 交通事故の場合

　交通事故の場合，その不注意の内容・程度，生じた結果（死亡か，傷害にとど
まるか，傷害だとして，重傷か軽傷か）を踏まえて，信用失墜行為に該当するか否
かを判断することになる。

(2) 痴漢等の破廉恥な行為の場合

　公認心理師が，痴漢行為をしたり（例：「愛知県迷惑行為防止条例」違反——），
万引き行為をする（窃盗罪——刑法235条）などして，罰金刑が言い渡され確定
したとしても，「禁錮以上の刑」に処せられたわけではないので（➡5-2，5-3），
公認心理師法3条2号の欠格事由には当たらない。しかし，痴漢行為や万引き
行為は，公認心理師の国民に対する信用を失墜するものに当たるとされる可能
性が高い。

　＊　愛知県迷惑行為防止条例第2条の2
　　　1項　何人も，公共の場所又は公共の乗物（第3項に定めるものを除く。）にお
　　　　いて，正当な理由なく，人を著しく羞恥させ，又は人に不安を覚えさせるよ
　　　　うな方法で，次に掲げる行為をしてはならない。
　　　一　人の身体に，直接又は衣服その他の身に付ける物（以下「衣服等」とい
　　　　う。）の上から触れること。
　　　二　衣服等で覆われている人の身体又は下着をのぞき見し，又は撮影するこ
　　　　と。
　　　三　前号に掲げる行為をする目的で，写真機，ビデオカメラその他の機器
　　　　（以下「写真機等」という。）を設置し，又は衣服等で覆われている人の身
　　　　体若しくは下着に向けること。
　　　四　前三号に掲げるもののほか，人に対し，卑わいな言動をすること。
　　　第15条

1項 第2条の2又は第2条の3第1項の規定に違反した者は、1年以下の懲役又は100万円以下の罰金に処する。

2項 常習として前項の違反行為をした者は、2年以下の懲役又は100万円以下の罰金に処する。

（舩野　徹）

Question 70　前科はどのようにして知らされるのか

Q 公認心理師がプライベートで違法行為（例えば交通事故）に及んでしまい，刑罰を科せられた。このような場合，捜査機関（警察や検察）が監督官庁である文部科学省や厚生労働省に報告するのか，それとも，公認心理師が自身で届出ることになるのか。

A 違法なことをしたか否かについては，基本的に自己申告であるが，場合によっては，監督官庁である文部科学省や厚生労働省からの問い合わせを受けて，検察庁や地方自治体が回答することがある。

1　捜査機関等が国に通報する制度はないこと

70-1　自動的に監督官庁へ通報する制度はない

　公認心理師が犯罪行為をし，禁錮以上の刑を科せられた場合，欠格事由に当たり登録取り消し処分となる。また，公認心理師試験に合格した後，登録をする際にも欠格事由に当たる場合には登録をすることができない（➡4-1，5-1）。

　では，公認心理師が犯罪行為をし，刑を言い渡されて確定した場合，捜査を行なった警察・検察，そして裁判をした裁判所は，そのことを公認心理師本人の同意を得ずに，監督官庁である文部科学省や厚生労働省に報告するのであろうか。

　この場合，監督官庁である文部科学省および厚生労働省から問い合わせがなくても，警察・検察，裁判所がみずから監督官庁に通報する制度はない。*1,*2

　　*1　医師が受けた刑の情報については，検察庁と厚生労働省の取り決めにより，定期的に検察庁から厚生労働省に情報提供がなされているとのことである。医師については，その業務内容が人の生命身体の安全に関わるために，こうした運用がとられているものと推測される。

　　*2　報道され広く世間に知れ渡ったような場合や被害者から通報があった場合など

には，監督官庁は，届出等を受けなくても有資格者の欠格事由への該当を知ることになる。

2　前科は誰がどのようにして管理しているのか

70-2　前科は検察庁と市区町村がそれぞれの目的で管理している

犯した犯罪の種類，刑の内容等の情報（いわゆる前科）は，検察庁と検察庁から情報提供を受ける市区町村がそれぞれ保有管理している。

（1）検察庁による保有管理

こうした情報を保有することは，検察庁が業務を遂行する上で欠かすことができない。犯罪に及んだ者が初犯なのか，それとも犯罪を繰り返しているのかによって，処分の方針（起訴するか起訴猶予とするか➡➡71-7）が変わってくるし，また，起訴して裁判にかけたとしても，判決の内容が変わってくることが予想されよう（初犯の者よりも犯罪を重ねている者のほうが重く評価される）。

（2）市区村長による保有管理

市区町村は，検察庁から情報の通知を受けて，独自に犯罪人名簿を整備保管している。

市区町村は，選挙人名簿を作成するために犯罪人名簿を整備する必要がある。選挙人名簿に登録されないと，選挙で投票することはできない。また，公職にある者がその間に収賄罪によって刑を受けたり，選挙に関する犯罪行為で禁錮以上の刑を受けた場合などは，選挙権が認められず投票することはできないとされている（公職選挙法11条）。市区町村は，このような者に当たるかどうかを確認し，選挙人名簿に載せるか否かを判断するために前科に関する情報が必要になる。

また，従来から市区町村は，前科の有無が国家資格の制限規定に該当する場合や国家公務員・地方公務員の資格制限に該当する場合，その判断をする監督官庁から資格制限に該当する前科の有無の問い合わせを受け，これに回答する事務も行なってきた。この観点からも，市区町村は，犯罪人名簿を整備する必要がある。

70-3　監督官庁に通報する制度はないこと

公認心理師として登録をしている者は，欠格事由に該当した場合，これを届

け出なければならないとされている（公認心理師法施行規則18条2号・3号）。この自発的な申告がない限り，監督官庁は欠格事由に該当するか否かを知る機会はない（➡**69-3**）。

3　公認心理師試験合格後に登録する場合

70-4　登録申請の際に欠格事由に該当するか否かの自己申告を求められている …

　公認心理師試験に合格した者が公認心理師の登録を申請する際，申請書には欠格事由に該当するか否か自己申告する欄があり，その記入を求められる。この申告書を作成・提出するにあたり，実際には欠格事由があるにもかかわらず，ないものとして作成・提出すると虚偽の申告書を提出して登録を受けたことになる。その場合は必ず登録が取り消されるが（公認心理師法32条1項2号），ただし罰則まで科されることはない。なお，公認心理師登録申請があった際，文部科学省および厚生労働省は，その審査の過程で，市区町村に欠格事由となるべき前科の有無を照会することができる。

（舩野　徹）

Question 71 刑事手続き

Q 公認心理師Ⅹは，自分が担当したクライエントの女性から夫Ａ以外の男性と交際し性的関係をもっている旨を打ち明けられた。しかも話を聴いてみると，夫ＡはＸと同郷の知人であった。公認心理師Ⅹは，同郷の会合でＡと数十年ぶりに再会した際，酒の酔いもありＡにクライエントが不倫をしていることを話してしまった。

1　この場合，公認心理師は刑事責任を負うのか。

2　公認心理師が刑事責任を負うとして，どのような手続きを経るのか。

A 1　クライエントが公認心理師の処罰を求め，その意思表示（告訴）をすれば，事件は裁判にかけられ，公認心理師は秘密漏示罪の刑事責任を負う可能性がある。

2　刑事責任を問われるまでのプロセスには，捜査に始まる刑事手続きの各段階がある。

3　いずれの段階の手続きも法で厳格に規律されており，それが順次履践されて初めて刑罰は科すことができる。

1 秘密保持義務とその違反

71-1　刑事責任

公認心理師が「正当な理由」（**➡25-2**）もなく第三者にクライエントの秘密を漏らすことは犯罪行為であり，「1年以下の懲役又は30万円以下の罰金」という刑罰を科される（秘密漏示罪——公認心理師法41条，46条）。

このように刑罰を受けるべき法律上の責任は**刑事責任**といわれる。刑罰は犯罪を理由として科されるものであり，加害者に対する制裁（応報）というだけでなく，犯罪抑止（予防）の役割をも担っている。犯罪者に対する処罰が一般市民にとって教訓となり（一般市民に対して将来の犯罪を思いとどまらせる），あるいは犯罪者自身にとって反省の糧となる（犯罪者自身の再犯を防止する）ことも，刑罰の目的とされているのである〔野﨑 2016：148〕。

　そのため刑事責任は，被害者などの私人ではなく，公益の代表者である検察官によって追及される。また，刑罰は極めて強力な制裁であり，刑事裁判で有罪判決が確定しなければ科されることはない。さらに，この結論に至る事件処理のプロセスについても，「捜査➡公訴提起➡公判手続き（あるいは略式手続き）➡判決（あるいは略式命令）・刑の言い渡し」という枠組みが用意されており，こうした**刑事手続き**の基本部分は刑事訴訟法という法律によって規律されている。犯罪は私的レベルの域を超えたものであり，民事紛争の解決方法（➡Q68）とは異なり，法定の手続きにのっとった厳格な処理が要請されているのである。

71-2　秘密保持義務

　公認心理師は，クライエントに対し秘密保持義務を負う（公認心理師法41条）。この義務はカウンセリングの基礎であり，クライエントは，みずからの秘密が誰にも漏らされることはないという信頼がなければ，公認心理師にすべてを打ち明けることはできず，一方，公認心理師としても効果的な心理支援を実施することができない（➡21-1）。また，秘密が漏らされることで，クライエント自身の被る不利益も計り知れない。法が，公認心理師に対して，罰則までも背景として秘密保持義務の遵守を求めているのは，そのためといえよう。

71-3　クライエントによる告訴

　もっとも，公認心理師が秘密漏示罪の捜査を受け裁判にまでなると，クライエントの秘密はかえって広く知れ渡るおそれがある。それゆえ，秘密漏示罪は，被害者であるクライエントが処罰を望まない限り，裁判にかけられることはないとされている（**親告罪**）。この処罰の意思表示を**告訴**というが（刑事訴訟法230条，公認心理師法46条2項➡Q98），その受理機関は，検察官または警察官（司法警察員）に限定されている（刑事訴訟法241条1項）。裁判所は告訴を受理する権限をもたないし，捜査機関であっても派出所の巡査では間に合わないことも少なくない。

　　＊　警察官は，刑事訴訟法上，司法警察職員という資格で犯罪の捜査を行なう（刑事訴訟法189条2項）。司法警察職員は第一時的な捜査機関であるが，その権限の広狭によって司法警察員と司法巡査とに区別される（同法39条3項かっこ書）。警察官の階級（巡査，巡査部長，警部補，警部……）でいうと，原則として巡査部長以上が司

法警察員であり，巡査の階級にある警察官は司法巡査である（なお，逮捕状の請求については，警部以上の者に限られている〔同法199条2項かっこ書〕）。告訴の受理のほか，逮捕状の請求（刑事訴訟法199条2項），検察官への事件送致（➡71-5）などは，司法警察員だけがこれをすることができる。司法警察員は，個々の事件について捜査の中心となり，警察段階での捜査の責任者として，その役割を果たしている。

2 捜 査

71-4 警察による捜査

　告訴が受理されると，警察は，公認心理師およびクライエントから事情聴取の上，調書を作成する。また，関係者からの事情聴取も行なわれる。場合によっては，クライエントの不倫相手にも事情聴取がなされる可能性もあろう。捜査の対象とされている間，公認心理師は**被疑者**（➡71-8*）として扱われる。

71-5 事件の送致と送付

　警察の捜査が終わると，事件は，書類や証拠物とともに検察官のもとに送致される（いわゆる「送検」——刑事訴訟法246条）。司法警察員の立場として犯罪捜査に一応の締めくくりがつけられるのである。*

　これが原則であるが，ただし秘密漏示罪のような告訴事件については，捜査の一応の終了を待つことなく，書類・証拠物が速やかに検察官に送付される（刑事訴訟法242条）。

　捜査の初期段階から検察官に関与させ，捜査の慎重を期しているのである。

　　* 「事件」には司法警察員が無罪になると判断したものも含まれ，司法警察員に捜査を終結する権限はない。捜査を終結する権限は検察官のみがもつ。

3 公訴の提起

71-6 検察官による事件処理

　送致・送付を受けた検察官は，裁判所に判断を求め訴えを起こす（「公訴の提起」〔起訴〕といわれる）かどうか，公訴を提起するとして，通常の公判手続き（証拠調べ・弁論など）による処理を求める（公判請求）か，公判を開くことなく略式の手続きによる処理を求める（略式命令請求）かを決定する。*

＊　検察官の起訴を待って裁判所は事件の審理を開始する。裁判所は，犯罪の行なわれたことや，その犯人を知っていたとしても，検察官が公訴を提起しない限り，その事件を審理することができない（不告不理の原則）。

71-7　不起訴処分

すべての事件が起訴されるわけではない。例えば，裁判を行なうための条件（訴訟条件）が欠けていたり（例：被疑者の死亡），訴訟条件は備わっているものの犯罪の嫌疑が十分でない場合，検察官は事件を不起訴処分にする。また，訴訟条件の存在も犯罪の嫌疑も認められるが，犯罪の性質や犯人の性格・境遇などから犯人を処罰することが適切でないと判断される場合も，検察官は不起訴処分（起訴猶予処分）とする権限をもつ（起訴便宜主義――刑事訴訟法248条）。

＊　いったん不起訴または起訴猶予の処分をした事件について，その後，これを取り消して起訴することに法律上の制限はない。

4　公判手続きと略式手続き

71-8　正式裁判の手続きと略式手続き

一方，公訴が提起されると事件は裁判所に係属し，事件の審理と判決の宣告（刑事訴訟法342条）が行なわれる。そこでの一連の手続き（公判手続き）は，裁判の公正さを確保するために，**公開の法廷**で繰り広げられる。

通常の訴訟手続き（正式裁判の手続き）はこのようなものであるが，例外的な審理の方式として，略式手続きがある。これは，公判を開くことなく非公開の書面審理だけで刑を言い渡すものであり，軽微な犯罪を迅速に処理するために設けられている。この手続きによって裁判所が下す命令（有罪の言い渡し）を略式命令という。名称は「命令」とされているが，これも裁判所の裁判である。

略式手続きで処理できる事件は，簡易裁判所の管轄に属する事件に限られる。また，公判手続きを経ないで有罪の言い渡しをするものであるから，生命刑（死刑）や自由刑（懲役・禁固・拘留➡Q97）を科すことはできない。財産刑を科す場合に限られ，その額も限られている（100万円以下の罰金または科料）。さらに，この手続きは，裁判を受ける者に異議がない場合にのみ行なわれ，略式命令に不服があれば正式裁判の請求をすることもできる。

＊　犯罪の疑いをかけられた者は，捜査段階では**被疑者**といわれ，公訴を提起される

と被告人と呼ばれる（➡**68-3＊**2）。

5　判　決

71-9　刑の言い渡し

　　犯罪について，被告人が有罪であるとの証明があったときは，裁判所は，被告人に科すべき刑を定めてこれを言い渡さなければならない。刑の言い渡しは有罪判決の結論であり，[*]これには**執行猶予**が付け加えられることもある。例えば，「懲役 1 年・執行猶予 3 年」という判決が下されたときは，3 年間，刑の執行を見合わせ，その間を無事に過ごせば，懲役 1 年の刑はもはや執行しないで終わる。一方，執行猶予のつかない自由刑は**実刑**と呼ばれる。罰金刑を科されるほとんどの場合は略式手続きがとられているが，言い渡された額が完納できない場合には，拘禁して労働させることになる（労役場留置——刑法18条）。

　　＊　略式手続きは書面審理であり，簡易裁判所は，検察官の提出した資料に基づいて
　　　有罪の判決を言い渡す。

【参考文献】
野﨑和義『ソーシャルワーカーのための更生保護と刑事法』ミネルヴァ書房，2016年。

（野﨑和義）

IX

労務管理

Question 72　勤務時間と残業

Q 私立中学校でスクールカウンセラーとして時給制で働いているが，残業が常態化している。勤務時間は午前9時から午後6時まで（そのうち休憩時間が1時間）であるが，それ以降にならないと教諭等との打ち合わせができないためである。しかし，残業手当ては出ない。勤務時間を動かすことはできるのか。

A 公認心理師としては，学校に対して，ア）残業手当ての支払いを求めるか，イ）残業にならないように始業時刻および終業時刻を遅らせるよう求めることができる。

1　労働時間の規制（労働時間・休憩・休日）

72-1　残業が常態化している場合

公認心理師が私立中学校でスクールカウンセラーとして働いている。公認心理師としては教諭らと連携するため打ち合わせが必要となるが（公認心理師法42条1項），それが勤務時間外であったとしても応じなければならないのか。

72-2　働く時間については労働者の健康等に配慮して規制が設けられている

始業時刻から終了時刻までの時間（設問では午前9時から午後6時まで）が**勤務時間**（就業時間）であるが，このうち実際に働いている時間は**労働時間**といわれる。労働時間は勤務時間から休憩時間（→72-4）を差し引いた時間をいう。

設問の公認心理師は，私立中学校を運営している学校法人と**労働契約**（雇用契約*）を結んでいる。公認心理師の勤務時間・休憩・休日については，労働契約で決められる。また，公認心理師は校長の指示に服する労働契約上の義務がある。

しかし，雇う側（学校法人）と雇われる側（公認心理師）の合意によって勤務時間・休憩・休日についてどのようにでも決めることができるとなると，雇う側はその立場を利用して一方的に有利な条件を押しつけるかもしれない。そうしたことがないように，労働基準法（以下，「労基法」と略記）は労働時間・休

憩・休日について規制を設けている。

* 「雇用契約」という呼び方は民法で使用されるもので（➡55-2），労働基準法など労働法の領域では「労働契約」といわれる。本章では労働法の用語である「労働契約」を主に用いる。

72-3 労働時間についての規制

労働時間の上限は法律で定められている（**法定労働時間**）。労基法により，「１週40時間・１日８時間」を超えてはならないとされるのである（労基法32条１項・２項）。この法定労働時間を超えて労働時間が定められた場合，その部分は無効となり労働義務は否定される（労基法13条）。また，法定労働時間を超えて労働させると，使用者は労基法違反として処罰を受ける（６か月以下の懲役または30万円以下の罰金──労基法119条）。

72-4 休憩についての規制

休憩については，労働時間が６時間を超える場合には少なくとも45分，８時間を超える場合には少なくとも１時間の休憩時間を労働時間の途中に与えなければならない（労基法34条１項）。１日の労働時間が６時間以下であれば，法律上は，休憩時間を設けなくてもよいが，休憩時間を与えることに何ら差し支えはない。また，労働時間が８時間の場合であっても，１時間の休憩を認めてよい。休憩時間に上限の定めはないのである。

72-5 休日についての規制

使用者は，毎週少なくとも１回の休日（**法定休日**[*]）を与えなければならない（労基法35条１項）。例えば，１日５時間・週７日という勤務形態は，「１週40時間・１日８時間」の範囲内には収まるものの，週１回の休日がないため許されない。

* この法定休日における労働を**休日労働**（➡76-3）という。ただし，日曜日や祝日が労基法にいう「休日」とは限らない。労基法は，「休日」をいつにするかを定めてはおらず，日曜・祝日の労働が法定休日以外の日のものであれば，それは休日労働とはいえない。

なお，週休二日制は労基法では保障されていない。それゆえ，二日のうちのいずれかが法定休日であり，他の休日は労基法の規制によらない休日（**法定外休日**）である。この法定外休日に勤務させたとしても割増賃金を支払う必要はない。

2　始業時間と終業時間を動かすこと

72-6　労働時間の変更の申し入れ

　設問のように公認心理師が終業時刻を経過してもなお打ち合わせに参加せざるをえないとすると，それは労働時間を「1日あたり8時間」としたことに違反する。公認心理師と教諭らとの打ち合わせが，例えば終業時刻である午後6時に始まり午後7時にまで及んだとしよう。それが常態化しているのであれば，「午前9時から午後6時」とされている勤務時間を「午前10時から午後7時」と変更するよう求めたほうがよい。

　公認心理師は，学校法人の担当者と労働の実態を踏まえた労働条件の変更について打ち合わせをすべきである。学校法人が，公認心理師の求めを無視したり，不誠実な対応に終始する場合には，労働基準監督署に相談することも考える必要があろう。

3　時間外労働と休日労働

72-7　36協定による時間外労働

　始業時間と終業時間をずらすことができない場合には，**時間外労働**（➡︎Attention！5）として許容の上，**時間外労働賃金**（**残業手当**）を支給してもらうことも考えられる。もっとも，この場合，公認心理師の勤務は「1日あたり8時間」を超えているのであるから，学校は，公認心理師を違法に就労させていることにはならないか。

　労働時間および休日については例外が認められている。雇う側（使用者➡︎Q82 Attention！7　**使用者と事業者**）は，雇われる側（労働者➡︎79-1*）の過半数で組織する労働組合または労働者の過半数を代表する者と書面で協定をし（労使協定），これを労働基準監督署長に届け出た場合，その協定の内容に従って時間外・休日労働をさせることができる（36条に基づく協定ということで「三六（さぶろく）**協定**」といわれる——労基法36条1項）。

　ただし，雇う側（使用者）は，時間外労働については25％以上の率で割り増しされた賃金（**割増賃金**）を支払わなければならない（労基法37条1項）。設問の公認心理師は，終業時間後に教諭らと打ち合わせをした場合，終業時間を超え

た分の時間外労働賃金（残業手当て）を請求することができる。

* 　もっとも，三六協定の締結・届出は，使用者を刑事罰（▶72-3）から免れさせるという効果をもつにとどまる。個々の労働者を実際に時間外労働に従事させるためには，三六協定の締結・届出とは別に，労働契約上の根拠が必要となる。契約がなければ，そもそも人を働かせることなどできない。この点，例えば職場に適用される**就業規則**などに時間外労働の定めがあれば，それが契約上の根拠と認められることになろう（労働契約法7条参照）。

● **Attention！5　残業と時間外労働** ● ──────────

　残業をしたからといって必ずしも割増賃金がもらえるとは限らない。残業と時間外労働とは異なる。残業には法定労働時間（▶72-3）を超える残業と法定労働時間の範囲内での残業とがあり，両者では割増賃金の支払い義務という点で差異が生じる。

　割増賃金の支払い対象となるのは法定労働時間（1週40時間・1日8時間）を超える労働である。これが労基法上の**時間外労働**であり，それが法的に許されるのは，労使協定（三六協定）が締結され，また，就業規則などに契約上の根拠がある場合に限られる。

　これに対して，実働8時間以内の残業であれば，労基法上は時間外協定を結ぶことも割増賃金を支払うことも必要ない。例えば，6時間の契約だが8時間働いたとしよう。この場合，2時間分の残業をしたことになるが，この2時間分は通常の時給の支払いで足りるのである。

（野﨑和義）

（舩野　徹／野﨑和義）

Question 73　サービス残業・サービス早朝出勤

Q 民間の大規模病院で働いている。心理検査が主たる業務だが，時間内に検査を実施することで手一杯であり，心理検査の処理（採点・解釈・報告書書き）が業務時間内には終わらない。検査データの持ち帰りが禁じられているため，毎日のように早朝出勤せざるをえない。しかし，その手当ては出ない。夕方からは各種会議があるため，残業時間に心理検査の処理をするのは不可能である。我慢するしかないのか。

A 公認心理師は，処理しきれない業務を抱えており，始業時間前・終業時間後の勤務を余儀なくされている。これは時間外労働に当たる可能性が高い。その場合，公認心理師は，病院に対して，ア）業務量の適正化に向けた見直し，イ）人員の増員や適正な配置を求めるべきであり，病院もその求めに応じなければならない。

1　労働時間の規制

73-1　労働時間の原則と例外

　公認心理師は病院を運営する主体との間で労働契約（雇用契約）を結んでいる。この契約では業務に従事すべき時間が定められている。例えば，「始業時間は午前9時で，終業時間は午後6時」などである。

　実際に働く時間の上限（**法定労働時間**）は，「1日あたり8時間」，「1週間で40時間」と法律で定められている（労働基準法〔以下，「労基法」と略記〕32条1項・2項）。これを超えて労働者を業務に従事させるためには，三六協定の締結・届出と契約上の根拠とが必要であり，また，**時間外労働賃金**（残業手当）も支給しなければならない（➡72-7）。

73-2　業務量の適正な配分，適正な人員の配置

　設問の公認心理師は，就労すべき時間内（いわゆる定時）では心理検査で手一杯だという。終業以降は，各種会議があり心理検査の採点等はできない。そのため，始業時刻前に心理検査の採点等をしている。心理検査の実施・心理検

査の採点等・各種会議への出席は，いずれも公認心理師と雇用主である病院との間の労働契約において予定されている公認心理師の業務である。始業時刻から終業時刻の間で公認心理師の業務を行なうことができないというのであれば，それは，雇用主である病院が公認心理師に対して過度な負担をかけていることになる。この公認心理師は，終業時刻後の軽度の残業にとどまらず，連日の早朝出勤も余儀なくされており，時間外手当を支給すれば足りる状況ではない。

　公認心理師は，病院に対して業務量の適正化，人員の増員および適正な配置を求めることができるし，また病院もその求めに応じなければならない。病院が公認心理師の求めを無視したり，不誠実な対応に終始する場合には，労働基準監督署等の専門機関に相談する必要も出てくる。

（舩野　徹／野﨑和義）

Question 74 口約束の労働契約と時間外勤務

Q 心理検査の処理をする時間がないため、早朝に出勤して仕事をしている。勤務開始時間は朝9時からだが、実際は朝7時から働くことが多々ある。時給制で、労働契約の書類はなく口頭で9時から18時までの勤務（そのうち休憩時間が1時間）と言われている。

A 契約書がなくても労働契約（雇用契約）は成立する。口頭で9時から18時勤務とされているのであれば、7時から9時までの勤務は時間外労働となる。雇用主がこの2時間の就労を求めるのであれば、時間外協定（36協定）の締結および割増賃金の支払いが必要である。

1 労働契約書等の書面のない場合

74-1　契約書がなくても労働契約は成立する

　労働契約は、通常の契約と同様、「働きたい」という者の意思と「採用する」という雇う側の意思との合致により成立する（労働契約法1条，3条1項，6条）。契約書を取り交わすことがなくても、一定の条件で就労する約束ができている以上、契約は成立するのである（**Attention！6**）。設問の公認心理師についても、労働契約書は取り交わされていないものの、その勤務時間（就業時間）は「9時から18時」と考えることができる。

● **Attention！6　労働条件明示義務** ●

　労働にあたって取り決めておくべき条件を労働条件という。たしかに、労働契約は双方の合意があれば成立し、契約書などの書面にする必要はない。しかし、曖昧な口約束で契約がなされると労働者は不安定な立場で就労せざるをえず、また、思わぬトラブルも招きかねない。そのため、労働基準法（以下，「労基法」と略記）は、労働契約の締結にあたって「賃金，労働時間その他の労働条件」を明示することを使用者に義務づけ（**労働条件明示義務**──労基法15条1項）、その違反に対して

30万円以下の罰金を科している（労基法120条1号）。明示すべき労働条件の内容は労働基準法施行規則に定められているが（同規則5条1項），なかでも特に重要な事項については，書面での明示が使用者に義務づけられている。具体的には，賃金および労働時間その他厚生労働省令で定める事項（労働契約の期間，就業の場所，従事すべき業務，労働時間，賃金，退職に関する事項など）が，書面の交付によって明示すべきものとされている（同規則5条4項）。

> ＊　ここでいう書面は，必ずしも契約書とは限らない。就業規則が作成されている職場の場合には，これに労働条件が記載されていることから，就業規則を労働契約時に交付しても差し支えない。なお，労働条件の明示は書面交付によることが原則であるが，労働者が希望すれば，ファックスや電子メール，SNS等の方法によることもできる。

（野﨑和義）

2　割増賃金

74-2　法定労働時間を超えた労働

　設問の公認心理師は，こなしきれない業務を処理するため朝7時に出勤し，8時間を超えた業務に従事している。しかし，これは法定労働時間を超えた時間外労働（➡Q72 Attention! 5　残業と時間外労働）に当たるため，三六協定の締結・届出に加えて，就業規則などの定めが契約上の根拠として必要となる（➡72-7）。また，8時間（法定労働時間）を超えた労働については割増賃金の支払い対象ともなる。

　設問のようなケースでは，まずもって雇用主である病院側は，業務量を適正な範囲内に調整したり人員を増員するなどして公認心理師が時間外業務をしなくても済むよう考えるべきであろう。また，公認心理師も病院側に対してそのような調整をすることを求めることができる（➡73-2）。

（舩野　徹／野﨑和義）

Question 75　労働時間と休憩

Q 小さなクリニックで，お昼休みに院長（医師は一人しかいない）と食事をしながらミーティングすることが必要である。ミーティングの必要性に異論はないが，本当のお昼休み（自由に過ごせる時間）がない。代わりとして，お昼休み以外にクライエントの予約がキャンセルになった際など，休み時間をとることは可能か。

A 院長は，ア）ミーティングを昼休み以外の労働時間に実施するか，イ）昼休み以外にミーティング時間を確保できないというのであれば，昼休み以外の労働時間の途中に公認心理師に休憩時間を与えなければならない。昼休み以外にクライエントの予約がキャンセルになった際などに昼休み時間をとることは可能であるが，この場合，公認心理師は院長と協議のうえ了解を得ておくことが望ましい。

1　休憩時間を与えなければならないこと

75-1　休憩時間を与えなければならない理由

　労働時間（➡**72-2**）が6時間を超える場合には少なくとも45分，8時間を超える場合には少なくとも1時間の**休憩時間**を労働時間の途中に与えなければならない（労働基準法34条1項➡**72-4**）。労働者が休憩することなく長時間にわたり集中力を維持して労働を続けることは困難である。休憩することなく長時間にわたり労働に従事させられることにより，労働者が健康を害する可能性も高い。そこで，雇用主は，労働者に対して休憩時間を与えなければならないとされている。

2　休憩中は労働から完全に解放される必要があること

75-2　休憩時間は労働者が労働から解放され自由に利用できるものでなくてはならない

　休憩時間はこのような理由によって設けられているので，休憩といえるためには，雇用主は，休憩時間中，労働者を労働から完全に解放し，時間を自由に

利用できるようにしなければならない（労働基準法34条3項）。設問では，公認
心理師は，昼休み休憩中に院長と食事をしながらミーティングをしている。た
しかに，業務とは無関係の雑談であれば，労働から完全に解放されているとい
えるかもしれない。しかし，ミーティングであれば，それは業務であり，公認
心理師は労働から完全に解放されているとはいえない。たとえ昼食をとりなが
らであっても，労働から完全に解放されているのでない限り，休憩時間とはい
えない。

3　休憩時間のとり方

75-3　休憩時間をおく位置はどこでもよい

　休憩時間は，労働時間の途中に与えることが必要である（労働基準法34条1
項）。与えなければならない最低限度の休憩時間（労働時間が6時間を超える場合
は少なくとも45分間，8時間を超える場合には少なくとも1時間——労働基準法34条1
項）は定められているが，休憩時間をおく位置は決められておらず，自由に与
えることができる。始業が9時，終業は17時とされている場合，通常は昼休み
休憩として12時付近に休憩時間が設けられていると思われる。しかし，必ずし
も12時から45分間とする必要はない。

　設問の場合，昼休みはミーティングが行なわれているため休憩時間とはいえ
ない。それゆえ，院長は別途，公認心理師に労働から完全に解放される休憩時
間を与えなければならない。クライエントの予約がキャンセルになった際の空
き時間を休憩時間とすることは許される。公認心理師は，この点について院長
と打ち合せのうえ了解を得るのが望ましいし，院長は了解すべきである。

（舩野　徹／野﨑和義）

Question
76 　休日労働

Q 民間の病院に非常勤で勤務している。普段は面接で忙しく，事例の記録をまとめたり整理する時間がない。そのため，出勤日でない日に出勤して仕事をしている。休日振替をして，学会などで欠勤予定となる日に代休をとることができるか。

A 公認心理師は，所定の休日を，私用で休む予定の日（学会の開催日）に振り替えることを雇用主に対して依頼することができる。

1 休日を与えなければならないとされていること

76-1 休日に労働せざるをえない状況の場合

　事例の記録をまとめたり整理することが業務ではないとすると，それらの作業はプライベートな作業となり，たとえ**休日**にその作業をしたとしても労働にはならない。一方，記録のまとめや整理も業務だとすると，公認心理師は，本来であれば仕事から解放されるべき休日に労働に従事させられていることになる。後者の場合，公認心理師は，当初から予定されている休日（例：日曜日）を欠勤予定の学会開催日（例：水曜日）に振り替えることはできるのか。

76-2 毎週少なくとも1回の休日を与えなければならない

　労働者には，毎週少なくとも1回の休日（法定休日）を与えなければならないとされている（労働基準法〔以下，「労基法」と略記〕35条1項➡72-5）。労働者を休みなく働かせることは，雇用主の利益にはなるが，労働者の健康を害する結果となり，労働者の生命に危険を及ぼすことにもなりかねないからである。

2 雇用主から休日出勤を求めることができる場合

76-3 雇用主から休日勤務を求める場合

　雇用主は，法定休日に労働者を労働させてはならない。しかし，三六協定の

締結・届出と就業規則など労働契約上の根拠があれば（➡72-7），雇用主は労働
者を法定休日に労働させることができる（休日労働）。この場合，雇用主は労働
者に対して35％以上の割増賃金を支払わなければならない（労基法37条，割増賃
金令）。

3 雇用主から休日の振り替えを求めることができる場合

76-4 雇用主から休日の振り替えを求める場合

　雇用主は，公認心理師に対して，あらかじめ決まっていた休日を別の日に振
り替えるよう「命じる」こともできる（休日の振り替え）。この場合，振り替え
た日は休日労働とならず，割増賃金を支払う必要もない。ただし，ア）雇用主
が休日を振り替えることができるとされていること（就業規則に定められている
などの根拠があること）に加え，イ）別の日に振り替えることによって，労基法
が定める休日の規定（35条1項），つまり1週間あたり1日の休日を与えなけれ
ばならないとされていることに背く結果とならないことが求められる。

　なお，前もって休日と労働日との交換がなければ，振替休日とはされない。
雇用主が，公認心理師を休日に労働をさせた後，その埋め合わせとして他の労
働日に休み（代休）を与えたとしても，それは休日の振り替えとは異なる。こ
の場合，いったん休日労働させたという事実が消えることはなく，それに対す
る割増賃金の支払いが必要となる。

4 公認心理師から休日の振り替えを求めることもできる

76-5 公認心理師から振り替えを求める場合

　公認心理師から雇用主に対して休日の振り替えを求めることもできる。休日
は労働契約の内容であるから，公認心理師と雇用主の合意があれば，その変更
も認められる。ただし，振り替え後の休日が，「毎週少なくとも1回の休日」
（労基法35条1項）になることが必要である。もし，これにあてはまらないので
あれば，休日出勤としての条件を満たす必要があるし（➡76-3），雇用主は割増
賃金を支払わなければならない。

　設問をみてみよう。休日振り替えの対象となる学会もそう頻繁にあるわけで
はなく，休日出勤が常態化しているような場合には，公認心理師は雇用主に対

して人員の適正な配置，適正な業務量の配分を求めるべきである。また，雇用主はその訴えに対して真摯に対処すべきである。もし，雇用主が真摯な対応をしない場合には，公認心理師は労働基準監督署等に相談することも検討する必要がある。

（舩野　徹／野﨑和義）

Question 77　実習生の受け入れと労働時間の問題

Q 民間クリニックの常勤者である。将来，公認心理師資格取得を希望している大学院生の実習を受け入れた。日中は十分な時間がないので，夕方から個別指導をしている。それも業務になると思うが，院長はそうではないという。自分の出身大学院の教員から頼まれて後輩を受け入れたことは事実だが，個人的なボランティアという位置づけになるのか。

A 大学院生の実習の受け入れが，クリニックにおける公認心理師の業務に含まれるのであれば，労働時間を超えた部分は時間外労働となり，クリニックは時間外労働賃金（いわゆる残業手当て）を支払わなければならない。一方，業務の範囲に含まれないのであれば，公認心理師の行為は個人的なボランティアとなる。

1 大学生の受け入れが業務に当たるのか

77-1　業務の内容は労働契約で決められている

　　公認心理師は，クリニックの運営者（雇用主）との間で労働契約（雇用契約➡ **72-2**）を締結している。労働契約では業務の内容が定められている。その業務の中に「大学院生の実習の受け入れ」が含まれていたとしよう。その場合，大学院生への個別指導のため8時間の労働時間を超えた部分があれば，それは**時間外労働となり割増賃金の対象となる**（➡**Q72 Attention！5　残業と時間外労働**）。一方，業務に含まれないのであれば，それは，個人的なボランティアという位置づけになる。

2 クリニックが大学院生の実習を受け入れることを指示した場合

77-2　雇用主の指示がある場合

　　このように，クリニックが大学院生の実習を受け入れることを判断し，公認心理師に対して実習の担当をするように指示したのであれば，それは業務の内

容になる。大学院生の実習のために法定労働時間（8時間）を超えて働いたのであれば，クリニックは公認心理師に対して残業手当てを支払わなければならない。

3　クリニックが全く関与していない場合

77-3　個人的なボランティアの場合は時間外労働にならない……………………

一方，公認心理師が業務とは全く別のものとして時間外に個別指導をしているのであれば，それは個人的なボランティアにとどまる。公認心理師は時間外労働をしたとはいえず割増賃金を請求することはできない。

しかし，設問のような場合，個人的なボランティアと割り切ってしまってよいものか疑問もある。大学院生の実習が，公認心理師の受験資格取得のための公式な実習であれば，たとえ実習の受け入れに至るまでの話の窓口が公認心理師であったとしても，最終的には大学院側と経営者側（院長）で契約をしているはずである。そのような事情があるときは，「雇用主の指示」のもとで個別指導をしている（**➡77-2**）と考えることができる。

（舩野　徹／津川律子／野﨑和義）

Question 78 経営不振と賃金の減額

Q 公認心理師として私設心理相談室を経営しているが、赤字となってきた。自分のほかに公認心理師を1名雇用しているが、その賃金（時給制）を全額までは支払えない。減額をお願いして了承してもらったが、本当はどうすればよかったのか。

A 雇用主からの減額の申し出に対して、従業員がこれを受け入れたのであれば賃金減額の合意は成立する。もっとも、賃金の減額は従業員の生活に大きな影響を与えるため、雇用主は経営判断を的確にすべきである。

1 雇われている公認心理師は賃金請求権をもつこと

78-1 労働契約に基づく賃金請求権

私設心理相談室を経営している者（以下、「経営者」とする）と公認心理師は、労働契約（雇用契約）を締結している。公認心理師は、経営者に対して自身が就労した分の賃金を請求する権利をもっている。

2 賃金の減額合意の可否

78-2 合意によって賃金を減額することはできるのか

設問の経営者は、経営悪化のため公認心理師に対して、すでに勤務し額が確定している賃金の減額を求めている。**賃金の減額**は、発生している賃金の一部を放棄することを意味する。

賃金の額は、経営者と公認心理師との合意によって決められる。したがって、賃金の減額も経営者（雇用主）と公認心理師（従業員）の合意で決めることが可能である。労働契約法8条も「労働者及び使用者は、その合意により、労働契約の内容である労働条件を変更することができる」としている。

78-3 労働者による自由な意思にもとづく明確な合意であることが必要である

従業員は、約束された賃金が約束された時期に支払われないと、その生活設

計が損なわれることにもなりかねない。賃金の減額・遅配等はあってはならないことである。もっとも，経営者も事業を遂行しており，経営悪化に直面することが全くないとはいえない。経営者としては，賃金が支払えなくなる前に，事業をたたむ覚悟を決めるか，公認心理師を解雇するなどの対策をとるべきである。また，賃金の減額支払いを避けるため，全額を分割払いにするなどの努力もすべきである。

　たしかに，経営者からの減額の申し出に対して，公認心理師がその趣旨を理解し減額を受け入れたのであれば，賃金減額の合意が成立する（ただし，後日，合意したか否かが不明確となり紛争が生じるおそれもある。そこで，合意については書面として残しておくべきである）。しかし，経営者と公認心理師は雇う者と雇われる者という関係にあることから，公認心理師としては減額の申し出を断りにくいという事情も考えうる。そのような場合には，公認心理師が異議を唱えないで減額された賃金を受け取ったとしても，直ちに減額の合意があったということはできない。公認心理師は減額を受け入れる意思をもっていたのかどうか明らかではなく，それにもかかわらず生活の糧となる賃金の減額を認めることは公認心理師に対して著しい不利益をもたらすことになってしまうからである。

（舩野　徹）

X

労災保険と安全衛生

Question 79   勤務中の負傷

Q 民間の医療法人に勤務している公認心理師が，医師に同行して訪問医療に赴いた先で転倒し負傷した。これは労災になるのか。

A 勤務中の事故である以上，酩酊していたなどの事情がない限り，労災保険が適用され治療費等の支給を受ける。

1 労災保険制度

79-1 健康保険と労災保険

　人に雇われている者（労働者*）が病気になったりケガをした場合には，その病気やケガでかかった治療費が支給される。このうち，傷病が通勤時の事故や業務上の事故によるものと認定されると**労災保険**（正式名称は**労働者災害補償保険**）の補償対象となる（労働者災害補償保険法〔以下，「労災保険法」と略記〕1条）。一方，労働者が日常生活の中で負傷したり病気になった場合には**健康保険**で対応する。労災保険の場合，治療費の自己負担がないこと，休業時の手当額が大きいことなど健康保険よりも手厚い補償を受けることができる。そのため，病気やケガが労災と認定されることは，労働者にとって重要な意味をもつ。

> *　正社員であれパート・アルバイトであれ，人に雇われて働き賃金を得ている者は**労働者**と呼ばれる。労働基準法（以下，「労基法」と略記）は，労働者を「事業又は事務所……に使用される者で，賃金を支払われる者」と定義しており（同法9条），この定義は**79-3**以下でみる労働者災害補償保険法にも適用される。

79-2 労災保険制度の特徴

　労災保険は，健康保険と異なり，会社はもちろん個人事業の場合でも，労働者を一人でも雇っていれば，加入する義務が生じる。保険料は，雇われている

者が支払う必要はない。もっぱら雇う側（労働者を使用する**事業主**➡Q82 Attention！7　**使用者と事業者**）が全額を負担する。

　保険料は政府が事業主から徴収する。そして，仕事や通勤を原因とする病気やケガ（**労働災害**〔労災〕）が発生したとき，労働者からの請求に基づき，政府は，その保険料から各種保険給付（例：療養補償給付，休業補償給付など——労災保険法12条の8以下）をまかなう。

79-3　補償と保険

　この労災保険は，使用者の負う**災害補償責任**を保険という形で国が代行する仕組みである。仕事が原因で病気やケガをしたという場合は，その者を雇い利益を得ている使用者が，故意・過失の有無を問わず責任を負わなければならない（**無過失責任主義**➡79-4）。労基法75条にその旨が定められており，仕事で事故にあった者は，裁判で損害賠償を求めなくても，この規定に基づき補償を請求することができる[*1]。しかし，労基法によって使用者に災害補償を義務づけたとしても，使用者に資力が不足しているならば，被災労働者やその遺族は十分な補償を受けることができない。この不都合を回避し，使用者の災害補償責任を担保するために作り出されたのが**労災保険制度**であり，我が国では労災保険法にその規定がおかれている[*2]。

>　*1　このような制度が成立する以前，被災した労働者やその遺族は，裁判を通じて使用者の責任を追及せざるをえず，相当の負担を負っていた。使用者に対する損害賠償請求の手段としては，その過失を前提とする民法上の不法行為制度（➡58-1，58-2）があるが，しかし実際上，過失の証明は困難であるし，また，労働者の側にも過失があれば十分な補償が得られないことも少なくない。さらに，裁判で争うには費用と時間がかかるため，資力の乏しい被災労働者や遺族にとっては，訴訟を起こすこと自体が大きな負担であった。

>　*2　労災保険法上の給付がなされると，使用者は，その限度で労基法上の補償責任を免れる（労基法84条1項）。個別の使用者は事故の補償をしなくてもよいのである。今日，労災保険法による給付水準は労基法上の水準を上回っていることもあり，労災に対する補償制度としては，労災保険法がその中心的地位を占めている。

2 業務災害の認定

79-4　労働過程における災害

　　労災保険給付は，労働者に生じた負傷・疾病・障害または死亡（以下，「傷病等」と略記）が「業務上」のものと認定されたときになされる[*]（**業務災害**——労災保険法7条1項1号）。もともと業務上の傷病等について，使用者が固有の責任としてたとえ過失がなくても補償すべきだ（➡**79-3**）とされるのは，以下の理由による。労働者は労働契約に基づき使用者の指揮命令に従って労務を提供するのであり，災害発生の危険それ自体も使用者の支配圏内にある。したがって，災害が労働契約の履行過程から生じたと考えられる場合には，この契約をとおして利益をあげる使用者が収益の中から損害を補償することが社会的にみて公平かつ妥当だと考えられるのである。

　　　＊　なお，労災保険法では，通勤が原因である傷病等（**通勤災害**）についても業務災害に準じた保険給付を認めている（同法1条，7条3号）。

79-5　業務起因性と業務遂行性

　　業務災害の認定は労働基準監督署長が行なうが，実務上，それは業務遂行性と業務起因性という二つの要件を用いてなされている。

　　業務遂行性とは，災害（傷病等）が使用者の支配管理下にある中で生じたことをいう。また，**業務起因性**とは，当該災害が使用者の支配管理下にあること（業務遂行性）に伴う危険の現実化したものと経験則上認められることをいうとされる。もっとも，この二つは対等の要件ではなく，業務遂行性が認められるときは，原則として業務起因性が推定される。そのため，当該災害が業務上の災害であるというためには，それが被災労働者の業務中に生じたことを明らかにすれば足りる。設問でいえば，公認心理師は転倒が勤務中の事故であったことをいえば足り，使用者が業務起因性を否定しようとするのであれば，転倒が業務に起因しないという特段の事情（例：既存の疾病の結果である。飲酒酩酊していた）を主張・立証しなければならない。

（野﨑和義）

Question
80

休憩時間中の負傷

Q 民間施設で就労する公認心理師が，休憩中，備え付けのポットのお湯で火傷を負った。休憩時間中のケガでも労災の対象となるのか。

A 休憩時間中の負傷についても，それが施設や設備の不備・欠陥によるものであれば，労災補償の対象になる。

1 業務災害の認定

80-1　労災保険の趣旨

　労働者の病気やケガが日常生活の中で起きたものではなく，「業務上の事由」や通勤による場合には，労災保険による給付を受けることができる（労働者災害補償保険法〔以下，「労災保険法」と略記〕1条**➡79-1**）。すでにみたように，労働基準法は，「労働者が業務上負傷し，又は疾病にかかった場合」，使用者に対して無過失責任としての災害補償責任を課している（労働基準法75条**➡79-3**）。労災保険は，この使用者が負っている災害補償責任の履行を確保するために，事業主（使用者**➡Q82 Attention！7　使用者と事業者**）が加入を強制される保険である。

80-2　業務起因性と業務遂行性

　労災保険の補償給付は，労働者の病気やケガなどが「業務上」のものである（**業務災害**——労災保険法7条1項1号）ときに行なわれるが，この「業務上」に当たるか否かの判断は，業務遂行性と業務起因性という二つの要件を用いてなされる（**➡79-5**）。

　第1に，災害（傷病等）が事業主の支配管理下にある中で起こったものであるかどうかが検討される（**業務遂行性**）。もっとも，業務遂行性が認められたとしても，第2に，その病気やケガが事業主の支配管理下にあることに伴う危険

の現実化である（**業務起因性**）といえない場合には，「業務上」の災害とはいえ
ず，労災補償の対象とされることはない。それゆえ業務災害の認定にあたって
は業務起因性の有無が決定的であり，業務遂行性は業務起因性を推定させる第
１次的な判断基準としての役割をもつ。

2　休憩時間中の被災

80-3　支配管理の有無

　　しばしば問題になるのは休憩時間中の災害である。労働者が休憩時間中に被
災した場合は，事業主の支配下にあったか否かで判断が分かれる。例えば，労
働者が就労場所から離れた公園で休憩をとっていたというのであれば，その間
に生じた災害（傷病等）は事業主の支配管理下で生じたものとはいえず，業務
外のものとされる（業務遂行性が否定される）。これに対して，労働者が事業主
の施設内にとどまって休憩していた場合には，その支配管理下におかれていた
ため業務遂行性が認められる。そして，以下にみるように，災害の原因が施設
やその管理にあったというのであれば業務起因性も肯定され，就業時間外での
災害であるとはいえ業務災害となる。

80-4　私的行為の自由

　　休憩時間中，労働者には私的行為の自由が認められている（労働基準法34条3
項**➡75-2**）。この私的な行為によって発生した災害まで業務災害と認められるこ
とはない（業務起因性が否定される）。それはみずから招いた災害であり，これ
を労災保険によって補償することは社会的公平性という制度の趣旨（**➡79-4**）
に反することになろう。休憩時間中の災害は，業務遂行性が肯定されることは
あっても，業務起因性は原則として否定され，それが肯定されるのは，施設の
不備・欠陥が原因となって災害が生じた場合などに限られる。設問でいえば，
公認心理師のヤケドが，ポットそれ自体の不具合ではなく，もっぱら公認心理
師の不注意によるものだとすると，それは私的行為による負傷にとどまる。こ
の場合，ヤケドが労災保険の補償対象となることはなく，公認心理師は治療費
等の補償を受けることができない。

（野﨑和義）

Question 81　うつ病の発症と労災認定

Q 民間施設で就労する公認心理師が，職場の上司のパワハラが原因で精神障害を発症した。公認心理師がうつ病と診断された場合，労災となるのか。

A 公認心理師は，職場の上司のパワハラが原因でうつ病を発症している。そのような場合，ア）もともとうつ病を発症していたとか，イ）パワハラ以外の要因でうつ病を発症していたのでない限り，労災となる。

1　パワハラにより精神障害を発症した場合に労災になるのか

81-1　民法による請求よりも労災補償給付のほうが労働者にとって有利である …

　設問の公認心理師は，民間施設に雇用されており労働者である。公認心理師は職場の上司から**パワーハラスメント**（パワハラ➡Q84）を受けた結果，うつ病を発症するに至り，そして病院に通う必要が生じたのであるから，治療費や休業をした場合の休業補償を求めたいところである。請求の方法としては民法に基づくものもあるが，労働者にとってより有利な方法である労災保険による補償を求めることはできないか。

　設問において，公認心理師が労災保険による補償を受けるためには，うつ病が「労働者の業務上の疾病」（労働者災害補償保険法7条1項1号）に当たることが必要である。業務上の疾病に当たるか否かについては，業務遂行性および業務起因性という二つの判断基準が用意されている（➡**79**-**5**）。

　＊　民法上は二つの方法が認められている。まず，就労先との労働契約（雇用契約）に基づいて損害賠償請求（民法415条）をする方法がある。事業主（使用者➡Q82　**Attention！7　使用者と事業者**）は，「労働者がその生命，身体等の安全を確保しつつ労働することができるよう，必要な配慮」（労働契約法5条）をすべきところ（**安全配慮義務**），そのような配慮を怠った落ち度があるとして損害賠償を求めるこ

とができるのである。また，事業主が，故意または過失によって労働者に損害を与えたとして不法行為に基づいて損害賠償請求（民法709条）をする方法もある。

　しかし，これらの方法によると，公認心理師は，就労先の落ち度（安全配慮義務違反があったことや故意・過失）を証拠に基づいて証明しなくてはならない。また，就労先の資金繰りが思わしくなく，賠償金を支払うことができない場合には，公認心理師は泣き寝入りをしなくてはならない。さらには，公認心理師にも落ち度がある場合には，損害が減額されてしまうこともある（過失相殺）。

2 業務遂行性と業務起因性の検討

81-2 業務遂行性よりも業務起因性が問題となる

　まず**業務遂行性**についてであるが，公認心理師は，業務に従事する中で上司からパワハラを受けているのであるから，うつ病の発症は事業主の支配管理下でのものといえる。それゆえ業務遂行性が認められる。

　次に**業務起因性**であるが，公認心理師に発症したうつ病が，公認心理師の従事していた業務を原因として生じたものであるか否かが問題となる。公認心理師にうつ病が発症したとしても，その原因が家族との不和や既往症のあったことなど他の要因にある場合には，発症が事業主の支配管理下にあることに伴う危険の現実化したもの（➡**79-5**）とはいえないからである。

81-3 心理的負荷による精神障害の業務起因性の労災認定基準

　仕事上の心理的負荷を原因とする精神障害の業務上・外の判断については，厚生労働省の労災認定基準（厚生労働省労働基準局長「心理的負荷による精神障害の認定基準について」平成23年12月26日基発1226第1号。令和2年5月一部改正）に基づいて行われている。内容については，以下の三つの基準を満たす場合に，業務起因性があるとされる。

1）認定基準の対象となる精神障害を発病していること（認定基準①）

2）認定基準の対象となる精神障害の発病前おおむね6か月の間に，業務による強い心理的負荷が認められること（認定基準②）

3）業務以外の心理的負荷や個体側要因により発病したとは認められないこと（認定基準③）

　これら三つの基準は，労働者に発症したうつ病が，業務を原因として発生し

たものなのか，そうでないのかを吟味するためのものである。うつ病等の精神障害の発生事由は，業務による心理的負荷がかかることによって発生する場合もあれば，ア）業務以外による心理的負荷（自分の出来事や家族・親族の出来事，金銭上の悩みなどプライベートなもの）によるものもある。また，イ）業務による心理的負荷がかかる前から，精神障害を生じている場合もある。そして，ア）やイ）の場合には，そもそも業務によって生じたものではないのであるから，業務起因性を認めることは困難である。

3 設問の検討

81-4　認定基準①および②について

　認定基準の対象となる精神障害に当たるのか否か（認定基準①）であるが，うつ病は対象となる精神障害である（ICD-10第5章「精神および行動の障害」分類のF3）。

　次に，業務による強い心理的負荷が認められるかどうか（認定基準②）であるが，認定基準にある「業務による心理的負荷評価表」にあてはめ，「強」と評価される場合に，認定基準②が認められる。

81-5　認定基準③について

　ア）業務以外の心理的負荷による発病かどうか

　業務以外の心理的負荷の有無については，認定基準にある「業務以外の心理的負荷評価表」にあてはめて，認定基準③の有無を検討することになる。評価表は，離婚や別居などの出来事や多額の財産の損失など具体的な心理的負荷を吟味するものとなっている。この項目の評価によっては，業務以外の私生活での心理的負荷が原因でうつ病を発症したとされる可能性もある。

　イ）個体側要因による発病かどうか

　精神障害の病歴の有無，アルコール依存症の有無・程度などについては，それらの個体側要因が発病の原因となっているか否かについて個別具体的に検討がなされる。この項目の評価次第では，業務に従事する以前の既往症が影響しているとして，業務が原因でうつ病を発症したことが否定される可能性もある。

　設問の場合，認定基準①から③を満たすのであれば，うつ病の発症について業務起因性も認められ，それは労災と認定されることになる。

（舩野　徹）

Question 82 職員の健康管理(非常勤職員の定期健康診断)

Q 公認心理師が,民間の病院で非常勤職員として就労している。公認心理師は,定期健康診断を希望しているものの,病院が非常勤職員には健康診断を実施していないと言って健康診断を受けさせてもらえない。この場合,どうすればよいか。

A 公認心理師が非常勤であったとしても,所定の要件を満たしていれば事業主に対して健康診断を受けさせるよう求めることができる。

1 損害発生を未然に防ぐための労働安全衛生法

82-1 事後的な救済と事前のリスク回避

　雇用されている公認心理師が,業務において負傷したり病気にかかってしまった場合,労災保険によって治療費等の損害を補償される（➡Q79〜81）。このような補償制度が設けられているのは,業務には災害が不可避であり,それによって生じた損害は事業主の負担で補償することが公平と考えられるからである。

　もっとも,事前に職場の環境を清潔に保ち病気にかからないようにすることや,設備の配置などを工夫することによって傷病等のリスクを下げることはできる。そこで国は「職場における労働者の安全と健康を確保する」こと,そして「快適な職場環境の形成を促進すること」を目的として（労働安全衛生法1条）,「事業者」（➡Q82 Attention! 7）に対して様々な対策をとるよう求めている（労働安全衛生法による規制）。

　労災保険による補償は,労働に従事していた際に負傷するなどして生じた労働者の損害を補償するものであり事後的なものである。これに対して,労働安全衛生法による規制は,職場における労働者の健康を維持・管理し,そして職場の環境を安全なものにすることを事業主に義務づけ,労働者の損害発生を事

前に回避するものである。

● Attention！7　使用者と事業者 ● ─────────

　労働基準法（以下，「労基法」と略記）は職場における現実の労務管理を規制することを狙いとしており，同法に定められた義務を負う者を「**使用者**」としている（労基法10条）。具体的には，①事業主（個人経営であれば個人事業主，法人経営ならばその法人），②事業の経営担当者（会社の取締役など），③労働者に関する事項について事業主のために行為をする者（部・課・係長など部下に指揮命令を下す者）が使用者としてその行為を規制される。

　これに対して，労働安全衛生法で安全衛生義務を負うのは「**事業者**」である（労働安全衛生法2条3号）。この「事業者」は労基法10条にいう「事業主」と同じ意味であり，経営の主体を指し示している。

　労基法は，同法が課す義務の履行について実質的な権限を与えられている者に着目して「使用者」の概念を拡大し，一定の事項について権限と責任をもっていれば，経営主体だけでなく，現場の職長や作業主任までも「使用者」として扱う。そのため，事故が発生した場合には，その責任が末端の現場管理者にまで及ぶおそれもあった。こうした弊害を避けるため，労働安全衛生法では責任の主体を「事業者」それ自体として安全衛生上の責任の所在を明確にしようとしている。

（野﨑和義）

2　健康診断を受けさせる義務があること

82-2　健康診断を受けさせる目的 ──────────────────

　労働者に損害が発生することを事前に回避するために，事業主は，一定の場合に一定の内容の項目について健康診断を受けさせなければならない（労働安全衛生法66条）。定期的な健康診断を実施すれば，事業主は，労働者の健康状態が悪化しているか，それとも良好であるかを把握することができる。また，労働環境が原因で労働者の健康が害されていないかを確認し，その要素があればこれを除去する機会を得ることもできる。

82-3　非常勤職員にも健康診断を受けさせなければならないのか ──────

　事業主は，ア）業種および会社の規模を問わず，イ）常時使用する労働者に対して健康診断を受けさせなければならない。この健康診断は，雇い入れ時に

まず実施しなければならない。事業主は，その後，1 年以内ごとに 1 回定期的に健康診断を実施しなければならない（労働安全衛生規則44条）。

　それでは，非常勤の職員は「常時使用する労働者」とはいえないのであろうか。「常時」について法律に明確な規定はないが，行政通達により以下にみる①および②双方の要件を満たす場合に，「常時使用する労働者」に当たるとされている（厚生労働省労働基準局長「短時間労働者の雇用管理の改善等に関する法律の一部を改正する法律の施行について」平成19年10月 1 日基発第1001016号）。

　①期間の定めのない契約により使用される者であること。なお，期間の定めのある契約により使用される者の場合は，1 年以上使用されることが予定されている者，および更新により 1 年以上使用されている者。

　②その者の 1 週間の労働時間数が当該事業場において同種の業務に従事する通常の労働者の 1 週間の所定労働時間の 4 分の 3 以上であること。

　以上の二つの要件を満たしていれば，非常勤職員であっても健康診断の対象となる。

3　健康診断を受けさせなかった場合の事業主の責任

82-4　安全配慮義務

　事業主が労働者に対して健康診断を受けさせなかった場合，事業主に責任は生じるのか。事業主と労働者は，労働契約（雇用契約）を締結している。その労働契約上の義務として，事業主は労働者が安全に業務に従事できるように配慮する義務（**安全配慮義務**）がある。事業主が労働者に対して健康診断を受けさせることは，この安全配慮義務の内容になる。

　したがって，事業主が健康診断を実施せず，労働者がそれによって疾病の発見が遅れ，障害を負ったり死亡するに至った場合には，労働者は事業主に対して損害賠償請求をすることができる（労働契約上の安全配慮義務の不履行に基づく民法415条による損害賠償請求➡81-1＊）。事業主が，公認心理師の求めに対して無視する等の不誠実な対応に終始する場合には，労働基準監督署に相談するか弁護士等の専門家に対応を依頼することも必要であろう。

（舩野　徹）

XI

ハラスメント

Question 83　セクハラを受けた場合の対処

Q 院長（男性）と公認心理師（女性）の２人だけのクリニックである。事業主は院長であり，公認心理師は雇用されている。公認心理師が，院長から性的な関係を求められた。公認心理師は内心は嫌だったが，院長から解雇をほのめかされ，仕方なく応じてしまった。この場合，公認心理師がとることのできる方法はあるのか。

A 公認心理師は，第三者を介した解決手段をとることができる。これには，ア）都道府県労働局長による紛争解決の援助（男女雇用機会均等法17条）とイ）機会均等調停会議による調停（男女雇用機会均等法18条）の二つがある。また，公認心理師自身で院長に対して損害賠償責任（債務不履行責任，不法行為責任）を追及することもできる。

1 セクシュアルハラスメント

83-1　セクシュアルハラスメント

　院長は，公認心理師に対して解雇をほのめかして性的関係をもっており，これは職場における**セクシュアルハラスメント**（以下，「セクハラ」と略記）に当たる。職場におけるセクハラは，①職場において行なわれるもので，②労働者の意に反する性的な言動によって労働者が労働条件について不利益を受けたり，③性的な言動によって就業環境が害されることをいう（雇用の分野における男女の均等な機会及び待遇の確保等に関する法律〔以下，「男女雇用機会均等法」と略記〕11条）。

　性的な言動は，労働者に対して性的な冗談を言ったり，からかったりすることなどのほか，交際している者の有無や性交渉の頻度などを尋ねること，個人的な性的体験談を話すことなどもある。また，性的な行動としては，労働者に対して性的な関係を強要したり，スマホにわいせつな画像を写して見せたり，必要もないのに身体へ接触することなどがある。

　②の典型例は，事業主が労働者に対して性的関係を要求したものの，労働者

がこれを拒んだため，事業主が労働者を解雇したり，配置転換・降格処分など
を行なうような場合である。ハラスメントと結果が対価関係にあるために，
「対価型セクシュアルハラスメント」といわれている。

　③の典型例は，上司が業務で使用するパソコンでアダルトサイトを閲覧して
いるのを目にして，これに苦痛を感じ業務に専念できなくなっていること，上
司から胸や尻を度々触られるため苦痛を感じて就労に専念できなくなっている
ことなどがある。これらは就労環境を悪化させるものであることから「環境型
セクシュアルハラスメント」といわれている。

　設問の院長の行為は，②の対価型セクシュアルハラスメントに当たる。

2　事業主に課されるセクハラ対策

83-2　セクハラを防止するために講じるべき措置の内容 ·····················

　事業主は，職場におけるセクハラの防止措置を講じることを義務づけられて
いる（男女雇用機会均等法11条）。セクハラは，上司と部下の当事者間に限られ
る個人的問題ではなく，事業主の雇用管理上の問題として，事業主において対
応すべきものとされている。

　防止措置の具体的な内容は，以下のとおりである（厚生労働大臣の指針が定め
られている。分かりやすくまとめられているものとして，厚生労働省都道府県労働局雇
用環境・均等部（室）「職場におけるセクシュアルハラスメント対策や妊娠・出産・育
児休業・介護休業等に関するハラスメント対策は事業主の義務です!!」[平成30年10
月]。なお，パワハラ防止の措置も類似している ➡**84-6**）。

　1．方針の明確化および周知・啓発
　2．相談体制の整備
　3．セクハラ発生後の迅速かつ適切な対応
　4．プライバシー保護と不利益な取り扱いを受けないようにすること

　事業主は，職場におけるセクハラの内容を明確にするとともに，セクハラを
行なってはならない旨の方針を明確にした上で，セクハラを行なった者に対す
る懲戒処分の規定を定め，労働者に対して周知・啓発をしなければならない
（1．方針の明確化およびその周知・啓発）。

　また，事業主は，労働者からのセクハラ被害の相談窓口をあらかじめ設置

し，労働者に周知しなければならない（2．相談体制の整備）。

　さらに，事業主は，セクハラの申告があった場合，事実関係を迅速かつ正確に確認し，セクハラの事実が確認できた場合には，セクハラを行なった者に対する措置（懲戒処分，被害者と引き離すための配置転換，謝罪させることなど），セクハラを受けた者に対する措置（配置転換，不利益の回復，謝罪の場を設けるなど）をとらなければならない。また，セクハラの再発を防止する措置（セクハラに関する方針の周知・啓発，研修の実施など）もとらなければならない（3．セクハラ発生後の迅速かつ適切な対応）。

　そして，セクハラを受けたことは労働者にとって第三者に知られたくないプライバシー情報であるから，事業主は労働者のプライバシーを保護する措置をとり，そのような措置をとっている旨を労働者に伝え安心させる必要がある。また，事業主は，労働者がセクハラに関して相談したことや，労働者以外の第三者が調査に協力したことによって不利に取り扱わない旨を明らかにし，労働者に周知することが必要である。

3　設問の検討

83-3　第三者による解決方法

　設問のクリニックには公認心理師以外に職員はおらず，公認心理師が相談する窓口はない。このような場合，公認心理師は外部に相談せざるをえないが，それには以下の二つの方法がある。

　　1　都道府県労働局長による紛争解決の援助（男女雇用機会均等法17条）
　　2　機会均等調停会議による調停（男女雇用機会均等法18条）

　都道府県労働局長による紛争解決は，労働者も，事業主も申し立てることができる。労働局に赴くほか，文書の送付による申し立て，電話による申し立ても可能とされているので，利用しやすい制度といえる（訴訟提起に必要となる訴状を作成するなど弁護士等の専門家による援助なく手続きを進めることができる）。申し立てがあると，労働者，事業主，関係する第三者に対する事情聴取が行なわれ，問題解決に必要な援助（助言，指導，勧告）がなされる。その援助を当事者双方が受け入れれば，問題は解決となる。

　機会均等調停会議による調停も，労働者，事業主のいずれからでも申し立て

ることができる。所定の書式の申立書を作成の上，申し立てをする必要がある。労働局長による紛争解決の援助に比べて，申し立てに必要となる書類が厳格になる。調停に携わるのは，弁護士・大学教授・社会保険労務士・家庭裁判所家事調停委員などの労働の専門家であり，公平な第三者による中立，的確な解決案が示されることが期待される。当事者双方が調停案を受け入れれば解決となる。

公認心理師は，上記二つの制度を活用して，院長との問題の解決を図ることができる。

83-4　病院に勤務し続けることが困難な場合

公認心理師が院長のセクハラ行為を問題にすると，クリニックでの就労を継続することが困難になる場合がほとんどではないだろうか。また，就労環境が院長と二人きりであるため，配置転換による再発防止策をとることもできない。公認心理師は，クリニックを退職した上で，セクハラによって精神的苦痛を受けたとして慰謝料等の金銭賠償を求めることが現実的な解決になると考えられる。

院長は公認心理師と労働契約（雇用契約）を締結しているのであるから，公認心理師が安心して就労する環境を整える義務がある（**安全配慮義務**）。院長はこの義務に違反しているため債務不履行責任（民法415条**➡57-2，57-3**）を負い，公認心理師に対して損害を賠償する義務がある。また，セクハラという故意の行為によって公認心理師に精神的苦痛を与えているのであるから不法行為を理由とする損害賠償責任も負担する（民法709条**➡58-1，81-1＊**）。

公認心理師は，これらの請求を院長に対してすることができるが，話し合い（示談交渉）が決裂した場合には，民事調停の申し立てや訴訟提起をすることが必要となる（**➡Q68**）。

（舩野　徹）

Question 84　事業主のパワハラに対する対処

Q 民間病院に就労している公認心理師が，部下の職員に対して一般的な注意をしたところ（その場には他の職員もいた），パワハラであると訴えられた。どう対処できるか。

A 一般的な注意であり，業務上の適正な範囲のものであればパワハラには当たらず，刑事上も民事上の責任も生じないであろう。また，事業主として対処しなければならないパワハラにも当たらない。

　事業主としては，注意をした上司（公認心理師），パワハラと主張している部下，その他の関係者から事情を十分に聴取の上，部下に対して上司の注意がパワハラには当たらない旨の理解を得るよう努力すべきである。

1　パワハラの定義

84-1　パワハラとは

　公認心理師やその部下，また現場にいた他の職員は，いずれも民間病院に雇用されている。労働契約（雇用契約）上の義務として，部下は上司の指示に服する義務がある。業務の過程において，上司が部下に対して注意を与えることもあるし，内容およびタイミングによっては，上司の口調が強くなる場合もあろう。

　しかし，適正な範囲の業務指示や指導を超える場合には職場における**パワーハラスメント**（以下，「パワハラ」と略記）に当たる。具体的には，①優越的な関係を背景とした言動で，②業務上必要かつ相当な範囲を超えたものにより，③労働者の就業環境が害されるものであって，①から③までの要素を全て満たすものは，「職場におけるパワーハラスメント」（労働施策の総合的な推進並びに労働者の雇用の安定及び職業生活の充実等に関する法律〔以下，「労働施策総合推進法」と略記〕30条の2第1項）とされ，事業主に対し，パワハラ防止のための必要な

措置をとることが義務づけられる。

84-2　パワハラに該当するか否かの検討

　問題とされる行動がパワハラに当たるか否かについては，上記①から③の要件を満たすかどうかを個別具体的に検討しなければならない。上司の内心（主観面），部下の内心（主観面）のみに依拠して判断してしまうと，それぞれの受け取り方が異なることから，誤った判断をしてしまう可能性がある。そこで，検討に際しては，上司の行なった行為の目的，部下の問題行動の有無およびその内容，上司の行なった行為と部下の問題行動との関係，上司および部下の属性および心身の状況，つまり，上司と部下のそれぞれの要素を総合考慮する必要がある。

　また，加害者や事業主が，被害者に対して民事上の責任（債務不履行責任，不法行為責任）を負うか否かについては，労働施策総合推進法30条の２第１項にいうパワハラに当たるか否かとは別に，民事責任の各要件を満たすかどうかを検討する必要がある。

2　問われる責任：民事上の責任と刑事上の責任

84-3　民事上の責任と刑事上の責任

　上司が部下に対する注意の域を超えて，「お前は馬鹿だ」，「死んでしまえ」，「給料泥棒」などと言うことは，パワハラに当たることはもちろん，部下の名誉等の人格権（➡**58-10**）を侵害するものであり，上司は部下に対して損害賠償等の民事上の責任を負わなければならない。また，上司が，業務実績のふるわない部下に対してビンタなどに及ぶと暴行罪（刑法208条）に当たるし，「お前は馬鹿だ」と言うことは侮辱罪（刑法231条）となりうる。さらに，失敗した部下に土下座させると強要罪（刑法223条）に問われる可能性もある。

3　民事上の責任を負う者は誰か

84-4　加害者の責任

　加害者のパワハラが被害者を殴るなどの暴行によるもので，被害者が怪我をした場合には，加害者に対して治療費等の損害を請求することができる。また，加害者のパワハラが，被害者を殴るというものではなく，暴言等によるも

のであったとしても，それによって精神的苦痛を被れば，加害者に対して慰謝料（➡95-1）を請求することができる。いずれの請求も不法行為（民法709条➡58-1）を理由とするものである。

84-5　事業主の責任

　加害者の事業主は，パワハラが職務遂行中に加えられたものである場合，使用者として，加害者と連帯して被害者に生じた損害を賠償する責任を負う（使用者責任——民法715条➡58-7，58-8）。

　また，事業主は，被害者と労働契約（雇用契約）を締結しており，被害者に対し安全に就労するよう配慮すべき義務（**安全配慮義務**）を負う。したがって，被害者が，上司からパワハラを受けて損害が生じた場合には，事業主はその損害を賠償する契約上の責任がある（債務不履行責任——民法415条➡57-2，81-1＊）。

4　事業主に義務づけられるパワハラに対する措置

84-6　事業主に求められる対応および措置

　事業主は，法によりパワハラ防止のための各種措置をとることを義務づけられている（労働施策総合推進法30条の2。分かりやすくまとめられているものとして，厚生労働省都道府県労働局雇用環境・均等部（室）「職場におけるセクシュアルハラスメント対策や妊娠・出産・育児休業・介護休業等に関するハラスメント対策は事業主の義務です‼」[平成 30年10月]。なお，セクハラ防止の措置も類似している➡83-2）。

　　1．方針の明確化および周知・啓発
　　2．相談体制の整備
　　3．パワハラ発生後の迅速かつ適切な対応
　　4．プライバシー保護と不利益な取り扱いを受けないようにすること

　事業主は，職場におけるパワハラの内容を明確にするとともに，パワハラを行なってはならない旨の方針を明確にした上で，労働者に対して周知・啓発をしなければならない（1．事業主の方針等の明確化およびその周知・啓発）。

　また，事業主は，労働者からのパワハラ被害の相談窓口をあらかじめ設置し，労働者に周知しなければならない（2．相談に応じ，適切に対応するために必要な体制の整備）。

　さらに，事業主は，パワハラの申告があった場合，事実関係を迅速かつ正確

に確認し，パワハラの事実が確認できた場合には，パワハラを行なった者に対する措置（懲戒処分，被害者と引き離すための配置転換，謝罪させることなど），パワハラを受けた者に対する措置（配置転換，不利益の回復，謝罪の場を設けるなど）をとらなければならない。また，パワハラの再発を防止する措置（パワハラに関する方針の周知・啓発，研修の実施など）もとらなければならない（3．パワハラ発生後の迅速かつ適切な対応）。

　そして，パワハラを受けたことは，労働者にとって第三者に知られたくないプライバシー情報であるから，事業主は労働者のプライバシーを保護する措置をとり，そのような措置をとっている旨を労働者に伝え安心させる必要がある。また，事業主は，労働者がパワハラに関して相談したことや，労働者以外の第三者が調査に協力したことによって不利に取り扱わない旨を明らかにし，労働者に周知することが必要である。

5　設問の検討

84-7　どんな言動だったか
　公認心理師が，部下に対する一般的な注意を他のスタッフも見ている前で行なっている。この公認心理師は上司であるから，部下に対して優越的な関係にあるといえる（パワハラ要件①）。しかし，公認心理師は「一般的な注意」をしたにとどまり，「業務上必要かつ相当な範囲を超えた」言動とはいえない（パワハラ要件②➡84-1）。したがって，公認心理師の注意は，パワハラに当たらない。また，民事上の責任，刑事上の責任が問われることもないであろう。

　事業主は，パワハラと主張している部下および上司である公認心理師，その他関係者から事情を十分に聴取し，後日の紛争に備えて書面化すべきである。その上で，事業主から部下に対してパワハラには当たらない旨の回答をすべきである。

（舩野　徹）

Question 85 SNS 等による公認心理師間での誹謗中傷

Q 公認心理師 A が自身のブログで公認心理師 B の悪口を書いている。匿名だが読み手はすぐわかる表現である。これは言論の自由の範囲内か。

A ブログに記事を掲載する行為は言論の自由として保障される。しかし，その記事が B の名誉等の利益を侵害する場合，A の表現行為は犯罪行為となり，また民法上の不法行為となることがある。こうした悪口まで言論の自由の範囲内ということはできない。

1 人の社会的評価と表現の自由

85-1　表現の自由とその他の利益の衝突

公認心理師 A が自身のブログで記事を掲載することは，表現の自由として保障されている（憲法21条1項）。もっとも，公認心理師 B の「悪口」まで掲載することが表現の自由として保障されるのか。公認心理師 B は，「悪口」を掲載されることによって自身の社会的評価が低下することを黙認しなければならないのか。

85-2　事実を示す場合と事実を示さない場合の取り扱いの違い

「悪口」には，ア）事実を示してなされる悪口と，イ）事実を示さない悪口とがある。例えば，公認心理師 A が「公認心理師 B はクライエントと不倫関係にある」とブログに掲載したのであればア）に当たる。一方，「公認心理師 B は馬鹿である」とブログに掲載したような場合はイ）の例となる。ア）はクライエントと不倫関係にあるという事実を示しているが，イ）は馬鹿であるという評価をするにとどまり，事実を示していないのである。

なお，設問では，悪口の対象が公認心理師 B であることは伏せられているようであるが，記事の内容から読み手がすぐにわかる表現であれば，それは，公認心理師 B と直接表現しているものと同視できる。

2　犯罪行為が成立する場合

85-3　事実を示すか否かで該当する犯罪が異なる

　Aの表現が犯罪行為に当たる場合，Aの表現の自由は，Bの利益を保護するという観点から制約を受ける。ア）Aの表現が「クライエントとの不倫」という事実を示してなされた行為であれば，それはBの社会的評価を著しく低下させるものであり（社会的評価を低下させる事実の摘示の要件），また，ブログという不特定多数の目につく表現手段で公表されている（公然性の要件）ことから，名誉毀損罪に当たる（刑法230条1項）。一方，イ）Aの表現が「Bは馬鹿である」という侮辱的なものにとどまれば，それは事実を示していないことから名誉毀損罪には当たらないが，ブログという不特定多数の目につく手段で公表している（公然性の要件）ことから侮辱罪に当たる（刑法231条）。

3　民事上の賠償責任を負う場合

85-4　民事上の賠償責任を負うという形で表現の自由が制約を受ける

　Aの表現が犯罪行為に当たる場合はもちろん，犯罪行為に当たらない場合であっても，Bに精神的苦痛を与え損害が発生した場合にはAはBに対して損害賠償責任を負う（不法行為▶58-1）。この場合も，Aの表現の自由がBの利益を保護する観点から制約を受ける場合といえる。

4　公認心理師法の規制を受ける場合

85-5　公認心理師法において規制を受ける限度で表現の自由も制約を受ける

　表現行為が名誉毀損罪にあたり，懲役刑の判決を言い渡されると，執行猶予付きであっても，公認心理師の登録は必ず取り消されてしまう（公認心理師法32条1項1号，同法3条2号▶Q5，Q7）。また，公認心理師の表現行為が，公認心理師の信用を失墜させるようなものとされると（同法40条に違反すること），公認心理師の登録が取り消されたり，公認心理師の名称を使用できなくなってしまうことがある（同法32条2項▶Q13）。

（舩野　徹）

Question 86　ハラスメントの疑いをかけられた場合の対処

Q 公認心理師がハラスメントの疑いをかけられた場合，どうやって抗弁するのか。立証責任は訴える方にあるとしても，訴えられれば名誉が毀損される。どう対応すべきか。

A 事前にとりうる方策として，水掛け論にならないよう，ア）アシスタント等の第三者を立ち会わせる，扉を開け放つ（他のクライエントに音声が聞こえない場合に限る）など密室内で二人きりの状態にならないようにする，イ）録音・録画（問題となりそうなクライエントの場合のみ）を試みるのも一考である。
　事後にとりうる方策としては，虚偽の告発をされてしまった場合，ア）虚偽告訴罪・名誉毀損罪の犯罪行為に当たるとして被害届を提出するとともに，イ）不法行為に基づく損害賠償請求をすることにより名誉および被害の回復を図ることが考えられる。

1　問題となる場面：クライエントと二人きりになる場面が多い

86-1　問題の所在：第三者がおらず水掛け論に陥るリスクがある

　公認心理師は，クライエントに心理支援をする際，二人きりになることが多いと思われる。例えば，男性の公認心理師がクライエントの女性から体を触られたとの告発を受けた場合どうすればよいのか。真にそのような事実があった場合には，公認心理師の行為は，強制わいせつ（刑法176条）等の犯罪に当たる行為であり，処罰されなければならない。しかし，クライエントの申告が虚偽の場合もある。心理支援業務は二人きりで行なわれており，加害者と被害者の二人しかおらず，第三者がいないために水掛け論になってしまうなど問題が多い（痴漢えん罪事件も同様の場面といえる）。

2 立証責任の問題

86-2 立証責任は検察官にあること ························

　クライエントの申告内容は，強制わいせつ罪（刑法176条）に当たりうるものである。犯罪行為については，まず，警察が加害者と被害者の双方の主張内容を聴き取り供述調書にする。また，供述調書のほかに加害者および被害者の供述の裏付けとなる証拠を集めることになる。そして，警察が一定程度の証拠を集めた後，検察官にそれらの証拠を送り（送検➡71-5），検察官が，送られた証拠を踏まえ，警察に追加の捜査を指示したり，検察官自身が捜査をするなどして起訴するかしないかを判断する（➡71-6，71-7）。起訴された場合には，裁判所において，検察官が警察および自身が収集した証拠を提出し，加害者（起訴された後は被告人となる）の有罪を立証することになる。以上のように，公認心理師がクライエントに強制わいせつをしたか否かについては，警察・検察が証拠を集め立証しなければならない。

　しかし，公認心理師としては，結果的に無罪になったとしても，起訴されたことそれ自体が社会的信用を低下させるものであるから，いわれなき嫌疑をかけられないよう事前にとりうる方策をとっておきたいところである。また，起訴されてしまった場合などには，事後にとりうる方策も考えておきたい。

3 公認心理師としてとりうる方策

（1）事前の方策

86-3 証拠を確保しておくこと ························

　公認心理師としては，クライエントの虚偽の告発に備えて証拠を集めておく必要がある。例えば，ア）心理支援に際してはアシスタントを同席させるか扉を開け放つ*などして密室内でクライエントと二人きりにならないようにする。また，イ）自分自身以外の職員を採用することが困難な場合は，問題のあるクライエントとのカウンセリングについては録音・録画をするようにする（クライエントとの信頼関係構築の関係上問題があるかも知れない）などの対策をとりうる。

　　＊　ただし，扉の開放は，建物の構造上，他のクライエントに音声が聞こえない場合

に限られる。クライエントの秘密を保持する（➥21-1）ためである。

（2）事後の方策

86-4　法的手段

　公認心理師が，クライエントから虚偽の告発をされた場合には，その行為は虚偽告訴罪（刑法172条）に当たるため，警察に被害届（➥98-1＊）を提出する必要がある。また，クライエントは，虚偽の告発に伴い，公認心理師の社会的評価を低下させるような事実を不特定多数の者に向けて発言することもありうる。これは，名誉毀損罪（刑法230条➥85-3）に当たる。

　公認心理師が，クライエントから虚偽の告発を受け，その対応等のため休業を余儀なくされた場合や精神的苦痛を生じた場合には，不法行為（民法709条➥58-1）を理由とする損害賠償（休業補償，慰謝料）を請求することができる。

　これらの法的手段に訴えることにより，間接的にではあるが，公認心理師の社会的信用の回復にもつながるものと考えられる。

（舩野　徹）

Question 87

クライエントのつきまといへの対処

Q 元クライエントがストーカーのようにつきまとってくる。どうしたらよいか。

A ア）元クライエントが，公認心理師に対する恋愛感情やその感情が満たされなかったことによる怨恨の感情でつきまとい行為をしてくる場合には，警察から警告を発してもらったり，接近禁止命令を出してもらうことができる。イ）元クライエントにそのような目的がない場合（例：仕事を妨害するという動機しかない場合）はストーカー規制法の規制対象にはならないが，威力業務妨害や軽犯罪法に定める犯罪行為にあたり，処罰の対象となるので，警察に相談すべきである。

1 ストーカー規制法の対象となる場合

87-1 ストーカー規制法の対象となる場合：恋愛感情・怨恨の感情に基づく場合

　心理支援業務の中で，公認心理師はクライエントから一方的な恋愛感情を抱かれることがないともいえない。また，クライエントが恋愛感情を通り越し，一方的な怨恨の感情を抱くこともありうる。このような感情を抱くに至ったクライエントが公認心理師につきまとう場合，それは，ストーカー行為等の規制等に関する法律（以下，「ストーカー規制法」と略記）の規制対象となる行為に当たる。ストーカー規制法の規制対象となるつきまといは，「特定の者に対する恋愛感情その他の行為の感情又はそれが満たされなかったことに対する怨恨の感情を充足する目的」で行なわれるものに限られる（ストーカー規制法第2条1項）。

　このような場合，公認心理師は，警察に相談することにより，ア）警察からクライエント宛の警告を発してもらうことができる（警告，ストーカー規制法4条）。イ）また，クライエントが公認心理師につきまとい，不安を覚えさせた場合，そのつきまとい行為が反復継続するおそれがある場合には，ストーカー

に対して，公認心理師につきまとわないように警察から命令を発してもらうこともできる（禁止命令，ストーカー規制法5条）。

さらに，公認心理師につきまといをしたクライエントは，ストーカーとして刑罰を受ける（ストーカー規制法18条）。加えて，禁止命令に違反してなおストーカー行為をした場合には，一層重い刑罰を受ける（ストーカー規制法19条）。

元クライエントからつきまとい行為を受けた場合には，公認心理師としては，警察に相談することが必要となる。

2 ストーカー規制法の対象とならない場合

87-2 業務妨害罪，軽犯罪法違反になりうること

クライエントのつきまといが，ストーカー規制法の対象とならないこともある。例えば，たんにクライエントの仕事を邪魔したいというような動機に基づく場合，ストーカー規制法の対象とはならない。

もっとも，クライエントのつきまとい行為が，公認心理師の自由意思を制圧する方法で行なわれ，それが公認心理師の業務を妨害するものであれば，威力業務妨害罪（刑法234条）に当たる。また，威力業務妨害罪にまで至らない程度のものであったとしても，公認心理師へのつきまとい行為は，軽犯罪法1条28号により罰せられるべき犯罪行為（「不安若しくは迷惑を覚えさせるような仕方で他人につきまとった者」）に当たる。

（舩野　徹）

<table>
</table>

Question

88

クライエントによる暴言や嫌がらせへの対処

Q 元クライエントがメールで暴言を書いて送りつけてくる。どうしたらよいか。

A 公認心理師は，ア）メール送信が犯罪行為に当たるとして警察に届け出て，元クライエントの刑事責任を追及する方法と，イ）精神的苦痛を受ける等の損害が発生したとして民事責任を追及する方法（賠償請求）とがある。これらの方法をとることによって，元クライエントのメール送信行為を止めさせることができる。

1 公認心理師自身による対処

88-1　理由の確認とその対応

　元クライエントがメールで暴言を書いて送りつけてくるとあるが，その理由が，過去に行なった心理支援に対するクレームなのか，それとも，たんなる嫌がらせなのかを確認することが有益なこともある。過去に行なった心理支援に対するクレームであれば，説明次第ではクライエントのたんなる誤解であったとして解決できる場合もある。

　これに対して，たんなる嫌がらせの場合には，その頻度が数回程度ならば無視をするとか着信拒否の設定をするなどして対処すれば，いつのまにか嫌がらせが終息することも考えうる。

2 刑事責任を追及する方法

88-2　業務妨害罪として処罰を求めること

　クライエントの嫌がらせのメールの頻度が多数回に及び，メールボックスがあふれてしまい，受信すべきメールを受信できないなど，公認心理師の業務に支障が出てしまう場合もある。そうなると元クライエントの行為は業務妨害罪に当たるであろう（刑法233条，234条）。公認心理師は，警察に相談のうえ被害

届（➡98-1＊）を提出するなど被害の申告をすることができる。元クライエントは，警察や検察から取り調べを受け，さらに進んで有罪判決等の刑事処分を受け，メール送信行為をしなくなると考えられる。

3　民事責任を追及する方法

88-3　不法行為による損害賠償請求 ··

　元クライエントのメール送信行為によって公認心理師に生じる「損害」は，ア）メールボックスが容量オーバーになって受信すべきメールが受信できず業務に支障が出てしまうことや，イ）度重なる暴言メールを受信し，それによって公認心理師が疾病に罹患し休業せざるをえなくなることなどが考えられる。その場合，公認心理師は，元クライエントに対して多数のメール送信行為によって精神的苦痛や休業損害等の損害が発生したとして，損害賠償請求をすることができる（民法709条）。元クライエントは，民事上の賠償請求を受けることによってメール送信を控えることになると考えられる。

（舩野　徹）

Question 89　クライエントからの性的な求めへの対処

Q 1人で私設心理相談室を運営している公認心理師。面接の際，クライエントから暗に性的な関係を求められる。ほかに誰もいないので怖くてたまらない。どう対応したらよいのか。

A 公認心理師は，クライエントとの心理支援契約を解除し，クライエントの退出を求め，以降の出入りを禁じることができる。

1 実力行使を伴わない場合の問題点

89-1 「暗に性的な関係を求めてくる」場合の問題点

　公認心理師は，他に職員がいれば助けを求めることができるかもしれないが，設問ではクライエントのほかに誰もいないため，それはできない状況である。クライエントが殴りかかったり力尽くで性的行為を強要してきた場合であれば，公認心理師は，その場から逃げ出した上で警察に通報することができよう。問題は，クライエントが暴力等の実力行使に出ず，「暗に性的な関係を求めて」きたようなときである。この場合は，公認心理師は相手方がクライエントであり，上記のような対応は難しいと思われるため，以下のような方策が考えられる。

2 心理支援契約を解除のうえ退出を求めることができる

89-2 心理支援契約の解除

　公認心理師はクライエントに対して適正な心理支援業務を提供し，クライエントはその対価として報酬を支払う契約関係にある（心理支援契約➡**55-1，55-2**）。この契約は，公認心理師とクライエントとの信頼関係が基礎にあってのものであり，公認心理師は，その信頼関係を維持できなくなった場合にまで心理

支援業務を遂行する必要はない。設問では，クライエントから暗に性的関係を求められて恐怖を感じているのであるから，もはや契約を維持するに足りる信頼関係はなくなっているといえる。公認心理師は，クライエントとの心理支援業務に関する契約を解除し（民法651条1項），クライエントに対して相談室からの退出を求め，以後，接触してこないように要求することができる。

（舩野　徹）

Question 90 弁護士への法律相談料を加害者に請求できるのか

Q 公認心理師が，パーソナリティ障害のクライエントから「死ね」などと言われて脅されている。公認心理師は，クライエントに対する対処等について，弁護士に相談したが，相談料をクライエントに請求できるのか。

A 公認心理師が，法律相談料を自身の負担で支出した場合，その法律相談料をクライエントに請求することはできない。

1 就労先の顧問弁護士に相談した場合

90-1 公認心理師が費用負担をしない場合

公認心理師が，公務員であったり会社員であったりするなど組織の一員の場合，まず，その組織の顧問弁護士が相談窓口になることが考えられる。この場合，その組織が弁護士に対して定期的な顧問料を支払っているため，相談者となった公認心理師がみずからの出費で相談料を負担することはない。

2 公認心理師が自身の費用負担で相談した場合

90-2 法律相談料を損害として請求することは困難である

公認心理師はクライエントから脅迫をされなければ弁護士に法律相談をすることはなかったのであるから，その相談料はクライエントの脅迫行為によって支出を余儀なくされたものといえる。公認心理師としては，クライエントに対して法律相談料を請求したいところである。

しかし，法律相談料を「損害」として加害者であるクライエントに対して請求することはできない。日本では，訴訟になっても，弁護士を代理人にしなければならないわけではなく，本人自身で訴訟をすることもできるのであるから，弁護士を代理人とするための費用（着手金・報酬等）は，加害行為を受けた

ことによって発生する「損害」とは言い難い。また，訴訟のために要した弁護士費用が損害とならない以上，それ以前の段階の法律相談料も損害にはならない。

（舩野　徹）

XII

＋α の学び

＋α 91　親類縁者と「親族」

1　親類縁者

91-1　血縁的集団

　　わが国には古くから親類縁者という慣用語がみられる。また，親族という成語もあるが，その要件が統一的に定められたのは，民法が最初とされる〔中川1995-57〕。親類縁者は血縁を介した共同体であり，武家の時代には縁の近い者（父母・祖父母・兄弟姉妹・子・孫など）を親類（親戚）といい，それよりも縁の遠い者を縁者としていた。

　　血縁的集団が共同で生活していた社会では，同一の集団に属しているかどうかが，あらゆる権利義務の基礎であった。しかし今日では，親類縁者といっても通常は生活を共にしているわけではない。血縁者間に生じる問題であっても，むしろ実際の生活に即して規律することで足りよう。そこで，民法も扶養や相続といった問題ごとに考えて権利義務の個別化を図るのであるが（➡**91-4**），これに加えて，親類縁者という慣習上の集団を法的に再現する〔青山＝有地編1989：88〔中川髙男〕〕試みも規定中にはみられる。親族の範囲を一般的に定義する民法725条（➡**91-2**）がそれである。

2　親　族

（1）親族の種類と範囲

91-2　血族・配偶者・姻族

　　民法上の親族は，血族・配偶者・姻族から構成される（民法725条）。血族とは本来は血のつながりのある者（自然血族）をいうが，法律が特に血族とみなす者（法定血族）も含まれる。養子縁組によって生じる関係がそれである。

　　夫婦の一方の者は他方に対して配偶者といわれる。両者の間には血族関係も

姻族関係もない。また，親等もなく，いわば異身同体とされる。

　「夫」と「妻の血族」の間，および「妻」と「夫の血族」の間は姻族といわれる。夫の父母と妻の父母，兄の妻と弟の妻などは姻族関係にない。

91-3　親　　等

　民法の定める親族の範囲は，6親等内の血族，配偶者，3親等内の姻族である（民法725条）。親等は親族間の遠近を測る尺度であり，親子一代を1単位とする（民法726条1項）。例えば，本人と父母は1親等，本人と祖父母は2親等である。

（2）親族関係の効果

91-4　個別的な効果

　民法は，親族関係から生じる法的効果について，範囲を限定して個別に定めている。例えば，扶養義務（民法752条，877条），相続権（民法887条，889条，890条），さらには後見等開始の審判の申立権者（例：民法7条）など，それぞれの事項について親族の範囲は特定されている。たしかに，直系血族および同居の親族間の「扶け合い義務」（民法730条）のように，民法には親族に集団としての役割を付与する規定もみられる。しかし，その内容が不明確なだけでなく，また特に扶養については別個の規定が用意されているのであり，そこに倫理的な意味合い以上のものを求めることは難しい。

91-5　親類縁者と親族との異同

　例えば，自分の夫も親族であるが，これを親戚とはいわないであろう。一方，「夫の親」と「妻の親」は，どれほど親類づきあいをしていても親族とはされず，法律上は他人である（➡91-2）。親族と世間でいう親類の範囲との間には齟齬がみられる。しかし，民法上の親族は，法律上の効果の生じる範囲を基準とするものであり，慣習上の親類縁者と必ずしも一致させる必要はない。また，民法上の親族ではないからといって，それらの人々の間の情合いが損なわれるわけのものでもなかろう。

【参考文献】
青山道夫＝有地亨編『新版　注釈民法（21）』有斐閣，1989年。
中川髙男『親族・相続法講義（新版）』ミネルヴァ書房，1995年。

（野﨑和義）

成年後見制度

【図】

《判断能力十分》	《判断能力の低下》
任意後見契約 ⟶	任意後見監督人の選任＝契約の発効 ⟶
	法定後見 ┬ (重度) ⇒ 後見 ├ (中度) ⇒ 保佐 └ (軽度) ⇒ 補助

1　法定後見

92-1　民法の規定に基づく後見

　成年後見制度は，大別して法定後見と任意後見という二つの制度からなって
いる。[*1]すでに本人の判断能力が十分でないときは，民法の規定に基づいて本人
保護が図られる。これを**法定後見**といい，その判断能力の低下の程度（重度：
判断能力を欠く状況が通常〔「欠く常況」――民法7条〕，中度：判断能力が「著しく不
十分」〔民法11条〕，軽度：判断能力が「不十分」〔民法15条〕）に応じて後見・保佐・
補助の3類型に分けられる[*2]（➡上図）。この各類型によって保護機関のもつ権限
は異なる。本人に判断能力がほとんどないというのであれば，契約などの法律
行為（➡**55-2***）も自分ではできない。それゆえ，**法定代理人**（本人の意思にか
かわりなく法律の規定に基づいて代理権を与えられる者）を選任し，本人の財産に
関する法律行為はこの代理人に包括的に委ねざるをえない（後見類型）。しか
し，そうでない限り，本人がみずから法律行為をするのが原則であり，保護機
関は，その足りないところを補えば足りる（保佐・補助類型）。後見の類型では
代理権が大きな位置を占めるが（民法859条），保佐・補助の類型では代理権は

特定の事項に限定され（民法876条の4，876条の9），支援はむしろ**同意権**および**取消権**（民法13条，17条）へと重点を移すのである。

*1　「成年後見」という言葉はいささか紛らわしい。法定後見と任意後見とを併せた制度全体を示すときは「成年後見制度」と表現される。一方，保佐・補助と並ぶ法定後見の一類型として「後見」が指し示されることもあり，この後見類型において選任される保護機関は「成年後見人」，保護を受ける本人は「成年被後見人」といわれる。また，保佐を必要とする人には「保佐人」，補助を必要とする人には「補助人」という保護機関が選任されるが，この場合，保護を受ける本人は，それぞれ「被保佐人」・「被補助人」と呼ばれる。

*2　もっとも，判断能力が十分でないからといって，法定後見が自動的に開始するわけではない。後見・保佐・補助のいずれの類型についても家庭裁判所に審判を求める必要があり，それを受けた家庭裁判所が本人の能力を確認し，後見等を開始する審判をしなければ保護が開始されることはない。また，この審判をするとき，家庭裁判所は職権で保護機関（成年後見人等）の選任も行なう。

2　任意後見

92-2　契約に基づく後見

一方，成年後見制度には，契約に基づく後見の仕組みもある。**任意後見**がそれであり，あらかじめ本人が，その判断能力に問題のない時点で能力低下後の後見を特定の者（任意後見人）に委任し，契約（任意後見契約）を結ぶ。もっぱら本人の意思で，「生活，療養看護に関する事務」（例：介護サービス利用契約の締結）や「財産の管理に関する事務」を後見人に委託し，その事務処理に必要となる代理権を与えるのである（任意後見契約に関する法律2条1号）。この任意後見による支援は，代理権を用いて本人のために必要な手配をすることを内容とする点に特色がある。

*　ただし，本人の判断能力が不十分になったからといって，直ちに任意後見が開始されるわけではない。任意後見人が実際に業務を開始するのは，家庭裁判所が，任意後見人を監督する機関（任意後見監督人）を選任した時点からである。判断能力の衰えた本人に代わる監督機関が用意されて初めて契約の効力を生じさせることで，制度の安全性を担保しているものといえよう。

（野﨑和義）

＋α 93 相続制度

93-1 遺言相続と法定相続

　人が死亡すると相続が開始されるが（民法882条），それには法定相続と遺言相続という二つの方法がある。相続される財産（相続財産）は死亡した人（被相続人）自身のものであるから，被相続人がこれを自由に処分することができる。それゆえ，遺言に従って相続（遺言相続）が行なわれるのが原則であるが[*]，ただし，遺言のない場合に備えて，民法は一定のルールを定めている。これによる相続を法定相続という。

> ＊　遺言は遺言者本人の死後に効力を生じる（民法985条1項）。それだけに遺言については厳格な方式が求められており（民法967条以下），その方式に従わない遺言は無効となる。比較的簡単にできる遺言は自筆証書遺言であるが，最も確実なのは公正証書遺言であり，これは公証人が遺言者の意思を確認して作成する。なお，死亡危急者や船舶遭難者等については，特別方式の遺言も定められている（民法976条以下）。

93-2 法定相続人

　相続する資格をもつ者を相続人というが，民法の定める相続人（法定相続人）は配偶者と血族相続人だけである（配偶者および血族については➡91-2）。このうち配偶者は常に相続人となるが（民法890条），血族相続人は一定範囲の者に限られ，しかもそこには優先順位がある。相続人となりうるのは，{❶子（民法887条1項），❷直系尊属（通常は両親──民法889条1項1号），❸兄弟姉妹（889条1項2号）}であり，また，現実に財産を相続する場合もこの❶〜❸の順位で行なわれる。先順位の者がいれば後順位の者は相続することができないのである。

93-3 法定相続分による相続

　各相続人の相続分は，相続人の組み合わせによって次頁の図のように定めら

れている。例えば，夫が死亡し，その妻（配偶者）が相続人となったとしよう。[*]
❶ほかに子（第1順位）がいれば，その子が血族相続人となり，妻1/2，子1/2
の割合で相続する。子が二人いれば，両人で平等に分けることになり（**均分相**
続），それぞれ1/4を相続する。被相続人（夫）の親や兄弟姉妹が相続すること
はない。❷子はいないが親（第2順位）が存命している場合は，妻が2/3，親が
1/3の割合で相続する。❸子がいない上に両親も死亡しているが，兄弟姉妹
（第3順位）がいれば，妻3/4，兄弟姉妹1/4の割合で相続する。兄弟姉妹もいな
ければ，妻がすべてを相続する。

　＊　被相続人に生存配偶者がないときは，血族相続人だけで相続する。その際の優先
　　　順位も{❶子，❷直系尊属，❸兄弟姉妹}であり，例えば被相続人に子がいれば，
　　　その者が第1順位で全財産を取得し，被相続人の親や兄弟姉妹が相続人になること
　　　はない。

【図】

1/2	配偶者	子	
2/3	配偶者		直系尊属
3/4	配偶者		兄弟姉妹

（野﨑和義）

意思能力と行為能力

94-1　意思能力

　人は，みずからの自由な意思に基づいてのみ権利を取得し義務を負担する。しかし，それには前提があり，各人は取り引き等にあたってみずからの行為がもつ意味ないしその結果について，正常に判断する能力を備えていなければならない。「売買とは何か」といったことを判断しうる能力が必要とされるのである。こうした能力のことを**意思能力**といい，これを欠く状態（意思無能力）で契約などの法律行為（➡**55-2＊**）を行なった場合，その行為は無効となる（民法3条の2）。

94-2　行為能力

　もっとも，個別具体的な行為について意思無能力を立証することは，幼児のように外見上明らかな場合を除き，行為者にとって必ずしも容易でない。一方，その立証が成功すると，意思能力があると思って取り引きをした相手方は，不測の損害を被ることにもなりかねない。さらに，意思能力を欠くとはいえないまでも，取り引き上の利害得失を計算しうるだけの能力が十分でない者も，取り引き社会では保護する必要がある。

　そこで民法は，客観的な基準を設定し，法律行為を単独で有効になしうる能力（**行為能力**）をもつ者とそうでない者とを区別している。意思能力を欠くか，あるいはそれが不十分とみられる者を類型化し，その類型に当たる者の行為能力を制限するとともに，こうした**制限行為能力者**を保護する機関を設置する。そして，必要な保護監督を受けないままに制限行為能力者が法律行為を単独でした場合は，そのつど意思能力を判断するまでもなく，その行為を画一的に取り消しうるものとするのである。今日，制限行為能力者としては，未成年者，成年被後見人・被保佐人・被補助人（➡**92-1＊**1）の4種類が定められている。

（野﨑和義）

+α 95　遺族による損害賠償請求

1　損害の種類

95-1　財産的損害と非財産的損害（精神的損害）

損害賠償は債務不履行あるいは不法行為の効果として生じる（➡57-1，57-2）。ここにいう損害（侵害された利益）は，それが財産上のものであるか否かによって，財産的損害と非財産的損害とに区別される。自動車による人身事故（不法行為）を例にとろう。被害者の支出した治療費や欠勤により失った賃金（逸失利益）は財産的損害である。一方，被害者の負傷による精神的苦痛やその死亡により遺族が受ける精神的苦痛は非財産的損害とされる。この非財産的損害の賠償金は**慰謝料**といわれる。

95-2　債務不履行と非財産的損害

精神的損害の賠償は，民法上，不法行為の場合にのみ規定されている（民法710条，711条）。たしかに，債務不履行では，多くの場合，問題とされるのは財産的損害であろう。しかし，精神的損害が問題とならないわけではない。例えば，医療過誤のように，診療契約の不完全履行（債務不履行の一類型➡57-3）が患者の人格的利益（生命・身体など➡58-10 ＊）を侵害した場合，患者の被った精神的苦痛が賠償されるべきは当然であろう。

2　損害賠償請求権の相続

95-3　財産的損害の相続

死者の損害賠償請求権は相続されるのだろうか。この点，判例は財産的損害について相続性を肯定する。本人が重傷を負い後に死亡したというのであれば，まず本人に損害賠償請求権が発生しそれが本人死亡時に金銭債権として相続される。それとの均衡上，本人が即死した場合にも損害賠償請求権の相続を

認めるのである（大審院大正15年 2 月16日判決民集 5 巻150頁）。財産的損害については，債務不履行責任であれ不法行為責任であれ，本人が生存して請求した場合と同様に認められているといってよい。

95-4　精神的損害の相続

　被害者は致命傷を受けることで精神的苦痛を被る。この精神的損害に対する慰謝料についても，被害者の死亡により当然に相続されるというのが判例の立場である（最大判昭和42年11月 1 日民集21巻 9 号2249頁）。被害者が負傷したにとどまる場合には慰謝料を請求できるが，死亡した場合には請求できないとなると均衡を失するからである。

　以上は不法行為の場合であるが，債務不履行によって生命・身体に侵害が生じた場合についても，同様に考えることができよう。*

> ＊　例えば，胃剔出手術の直後に患者 A が死亡したという事案で，裁判所は病院側に診療契約の債務不履行責任を認め，損害額を検討するにあたって次のように述べている。A は「死亡時39歳で働き盛りであったのに妻子を残して死亡しその精神的苦痛は甚大であったと推認され」，その慰謝料は A の相続人である妻子に相続される（福島地裁会津若松支部昭和46年 7 月 7 日判決『判例時報』636号34頁以下）。

95-5　遺族固有の慰謝料請求権

　なお，慰謝料請求権の相続性をめぐる議論とは別個の問題であるが，民法では遺族固有の慰謝料請求権が認められている。不法行為により他人の生命を侵害した者は，「被害者の父母，配偶者及び子」に対して慰謝料を支払わなければならないと定められているのである（民法711条）。それゆえ，遺族が「父母，配偶者及び子」であり死亡被害者の相続人でもある場合，その遺族は相続によって取得された慰謝料請求権と自己固有の慰謝料請求権の二つの請求権を取得することになる。もっとも，慰謝料額は，公平性・妥当性の見地から，その総額に差異が生じないような扱いがなされている。

（野﨑和義）

+α 96　学校事故と安全配慮義務

96-1　私立学校の在学関係

　私立学校の場合，学校設置者と生徒との間には在学契約が結ばれており，学校設置者は，この契約から生じる義務として**安全配慮義務**（➡64-13）を負うと一般に理解されている。それゆえ，私立学校で起きた事故については，その設置者に対して安全配慮義務違反を理由として債務不履行責任を追及することができる。

96-2　在学契約と付随義務

　たしかに，在学契約の履行が全くなされなかったとしても，生徒の生命・身体等の完全性利益（➡58-10＊）が直接に損なわれるわけではない。この契約の第一次的な内容は，生徒に授業・施設を提供し教育を授けることだからである。しかし，学校設置者の義務は，これに尽きるものではない。学校設置者は，在学契約から生じる**付随義務**として，教育を実施する過程で生徒が生命・身体・健康等を害されることのないよう配慮すべき義務を負うと考えられている。

96-3　国公立学校の在学関係

　一方，国公立学校の場合も，在学関係を契約関係とみることができるのであれば，学校設置者である国・地方公共団体に対して債務不履行に基づく損害賠償責任を課すことができる。しかし，多くの裁判例は，国公立学校における在学関係について，それは入学許可という**行政処分**（➡Q8）によって発生するものであって契約によるものではないとしている。

96-4　国公立学校と安全配慮義務

　ただし，そこにおいても安全配慮義務という考え方は，信義則を手がかりとしてなお維持されており，安全配慮義務違反を理由として債務不履行責任を認める裁判例は少なくない。例えば，教育にはその目的を達成するために一定の

管理作用が伴うことから，学校設置者は，「生徒の生命，身体，健康について，右管理作用に付随する義務として信義則に基づく安全配慮義務」を負い，「公立学校における右安全配慮義務違反も債務不履行責任」を構成するとされるのである（福岡地裁甘木支部昭和62年9月25日判決『判例時報』1267号122頁〔131-132頁〕）。

（野﨑和義）

刑罰の種類

97-1　刑種の限定

　現行刑法が定める刑罰は，死刑・懲役・禁錮・罰金・拘留・科料および没収の７種類だけである（刑法９条）。

97-2　生命刑と自由刑

　死刑は生命を奪う刑罰であることから（刑法11条）**生命刑**といわれる。また，懲役・禁錮・拘留は自由を拘束する刑罰であることから**自由刑**と総称されている。このうち懲役と禁錮とは刑務作業が強制されるかどうかにより区別される（刑法12条２項，13条２項）＊。一方，拘留は刑務作業が科されない点で禁錮と同じであるが，懲役・禁錮と比べて刑の期間が短いという特徴がある（刑法12条１項，13条１項，16条）。

> ＊　2022（令和４）年６月13日，「刑法等の一部を改正する法律」が成立した。この改正により，懲役刑と禁錮刑に分かれていた自由刑は，その区別が廃止され新設の**拘禁刑**に一本化される。拘禁刑に処せられた者には改善更生のための作業や指導が用意されている。改正法の施行は2025（令和７）年となる見込みである。

97-3　財産刑

　罰金・科料・没収は**財産刑**と呼ばれる。金銭その他の財産を奪うからにほかならない。罰金と科料とでは，支払う金額の範囲が異なる（刑法15条，17条）。

97-4　主刑と付加刑

　以上にみた刑罰のうち，死刑・懲役・禁錮・罰金・拘留・科料を**主刑**といい，この６種類は重い順に列挙されている（刑法10条）。主刑とはそれだけで独立に科すことのできる刑である。一方，これらの刑の言い渡しのあるとき，これに付け加えて科される刑を**付加刑**といい，没収がそれに当たる。例えば，殺人に用いた凶器は国が取り上げる。犯罪に関係したものについて，その所有権を犯人から剝奪して国庫に帰属させるのである（刑法19条）。　　　（野﨑和義）

親告罪と告訴

98-1　処罰を求める意思表示

犯罪の内には，秘密漏示罪（公認心理師法41条，46条**➡21-1～21-3，25-2**）のように**親告罪**とされるものがある（公認心理師法46条2項**➡71-3**）。秘密を漏らした行為について検察官が裁判所に訴えを起こし判断を求めるには，被害者その他一定の者が，捜査機関に対して処罰を求める意思表示（**告訴**[*]）をしなければならない。訴追されると被害者側の様々な事実が法廷に持ち出されて，かえって被害者の不利益を招くためにほかならない。

> ＊　告訴には犯人の処罰を求めることが必要である。犯罪事実を申告するだけでは**被害届**にすぎず，告訴とはいえない。

98-2　親告罪の趣旨

このように，親告罪では告訴の有無が重要な意味をもつ。法が親告罪を認めるのは，捜査・刑事司法機関による「二次的被害」（訴追の結果，かえって秘密が公になる）を防止するためだけではない。犯罪が軽微なため被害者が望んでもいないのに訴追・処罰するには及ばないと思われる場合（例：器物損壊罪——刑法261条），親族間の処理に委ねることが望ましい（「法は家庭に入らず」という思想）とされる場合（例：親族間で犯された財産犯罪——刑法244条）などにも親告罪とされる。

98-3　公訴提起と告訴の有無

いずれの類型であれ，告訴のあることが当該事件について公訴を提起するために必要な条件である。告訴がない場合，検察官が裁判所に判断を求めたとしても，いわば「門前払い」を受ける（公訴棄却の判決——刑事訴訟法338条4号）。裁判所が有罪・無罪の判断をすることはなく，したがって加害者が処罰されることはない。

（野﨑和義）

+α 99　虐待と通告・通報義務の程度

99-1　家庭内のプライバシー

　児童虐待や障害者虐待の場合，通告・通報（➡32-4＊）は「しなければならない」とされているのに対して＊（児童虐待防止法6条1項，障害者虐待防止法7条1項），ドメスティック・バイオレンス（DV）の場合には「通報するよう努めなければならない」（**努力義務**）と述べられているにとどまる（配偶者からの暴力の防止及び被害者の保護等に関する法律〔以下，「DV防止法」と略記〕6条1項）。通報を怠ったとしても違法とされるわけではないのである。ここには家庭内のプライバシーへの配慮をみてとることもできよう。

　　＊　いずれの場合も，発見者が通告・通報しないことは義務違反として違法である。
　　　ただし，この義務違反には罰則規定が設けられていないため，通告・通報を怠った
　　　としても，それ自体が処罰されることはない。

99-2　生命・身体への危険

　一方，高齢者虐待では通報義務に程度の差が設けられている。例えば，「高齢夫婦の一方が他方に対して暴力をふるった」としよう。これは，高齢者虐待であると同時にDVでもあり，DV防止法上，通報が努力義務とされるのであれば，高齢者虐待防止法上も同様でなければ均衡を失する。そのため通報が努力義務にとどめられているのであるが（高齢者虐待防止法7条2項），ただし，「重度の認知症高齢者」や「意思能力はあるが寝たきりの高齢者」等に対する虐待については，発見者が通報しない限り事態の改善は見込めない。そこで，高齢者虐待防止法は，本人の「生命又は身体に重大な危険が生じている」場合には，「通報しなければならない」と踏み込んだ対応を要請している（同法7条1項）。

（野﨑和義）

＋α 100　インフォームド・コンセントについて

1　インフォームド・コンセントの趣旨

100-1　プロセスとしてのインフォームド・コンセント

　どのように生きるかを決めるのは本人であり，専門家はそれを支援するためにある。**インフォームド・コンセント**は，このような考え方のもとに構想されている。

　医療を受けるかどうかも患者本人が決める。そうでなければ，引き受ける結果について患者は納得がいかないであろう。しかし，この自己決定のためには専門家である医師の支援が欠かせない。医師は，患者の意向を十分に聞き，患者がその人なりの生活を送るために最善と判断する治療を提案する［佐藤 2011：90］。患者との対話の中で，その納得を得るために様々な対応が模索され確かめられる。インフォームド・コンセントは，この合意に至る一連のプロセスに着目したものにほかならない。患者が目的を選び，医師が手段を決定するのである［加藤 1993：53］。

2　インフォームド・コンセントと法令

100-2　法の規定？

　インフォームド・コンセントは1970年代にアメリカから導入された概念であるが，我が国では，その内容や方法を医療行為について具体的に定めた法令が存在しているわけではない。たしかに，医療法では，医療の担い手の具体的な責務として，「適切な説明を行い，医療を受ける者の理解を得る」ことが求められている（同法1条の4第2項）。しかし，それは努力義務であり訓示的意味をもつにとどまる。また，規定中に，インフォームド・コンセント（Informed Consent ——情報を得た上での同意）の要素である「同意」についての言及もみ

られない。「理解を得る」ことと「同意を得る」こととは別個の問題である。

　　＊　したがって，この規定に違反したとしても，その行為が無効となることはなく，また罰則等の制裁が課されることもない。

100-3　民・刑事法上の同意の役割

　もともと同意は，医療行為を正当化するという役割を担っていた。医療行為は，人の生命・身体・健康に対して何らかの影響を与える。そのため，患者本人がこれを受け入れることのないまま行なわれると，その行為は，民法上は損害賠償責任（不法行為責任，債務不履行責任➡57-1，57-2），刑法上は傷害罪（刑法204条）を構成する。同意は，この民事上・刑事上の責任を否定するという役割をもつ。

3　インフォームド・コンセントの広まり

100-4　公認心理師とインフォームド・コンセント

　しかし，インフォームド・コンセントは「免責手続き」のみを意識してなされるものだろうか。医療の目的は，クライエント本人の自己実現を支援することにある。インフォームド・コンセントは，クライエントが納得して医療を受けるための契機として捉えられるべきであろう。

　インフォームド・コンセントの考え方の広まりを受け，今日では，心理臨床家の職業倫理としてもクライエントの事前の同意を得ることが重視されている。それが「クライエントの自律と自己実現」につながることは，「日本公認心理師協会倫理綱領」も明確に意識するところである（「一般社団法人　日本公認心理師協会　倫理綱領に関するガイダンス」3頁）。また，クライエントに対する説明が「支援の開始前，および支援のプロセス全般を通じて」（上掲ガイダンス15頁）なされるべきであることも言うまでもない。【Q66】の解説に述べられているように，クライエントの納得に向けた丹念な説明が公認心理師には求められているといえよう。

【参考文献】
加藤尚武『二十一世紀のエチカ——応用倫理学のすすめ』未来社，1993年。
佐藤恵子「似て非なる『日本式インフォームド・コンセント』を超えるために」岩田太編『患者の権利と医療の安全——医療と法のあり方を問い直す』ミネルヴァ書房，2011年，70-97頁。

（野﨑和義）

公認心理師法　条文索引

事 項 索 引

【監修者】

津 川 律 子（つがわ　りつこ）

日本大学大学院文学研究科心理学専攻博士前期課程修了

現　　在：日本大学文理学部心理学科教授，臨床心理士，公認心理師
　　　　　日本臨床心理士会会長，日本公認心理師協会副会長

単　　著：『改訂増補 精神科臨床における心理アセスメント入門』金剛出版，2020年／『面接技術とし
　　　　　ての心理アセスメント―臨床実践の根幹として―』金剛出版，2018年

編著書：『心理学からみたアディクション』朝倉書店，2021年／『保健医療分野の心理職のための分
　　　　　野別事例集』福村書店，2021年／『心理的アセスメント』遠見書房，2019年／『保健医療分
　　　　　野』創元社，2019年／『シナリオで学ぶ心理専門職の連携・協働―領域別にみる多職種との
　　　　　業務の実際』誠信書房，2018年／『心の専門家が出会う法律［新版］』誠信書房，2016年／
　　　　　『教育相談』弘文堂，2015年

共　　著：『心理臨床における法・倫理・制度―関係行政論―』放送大学教育振興会，2021年／『精神
　　　　　療法トレーニングガイド』日本評論社，2020年／『ポテンシャルパーソナリティ心理学』サ
　　　　　イエンス社，2020年，ほか多数

共監訳書：『心理療法におけるケース・フォーミュレーション―的確な臨床判断に基づいた治療計画
　　　　　の基本ガイド』福村出版，2021年

【執筆者】

野 﨑 和 義（のざき　かずよし）

中央大学大学院法学研究科博士課程後期課程単位取得満期退学
九州看護福祉大学看護福祉学部准教授，同教授を経て

現　　在：九州看護福祉大学看護福祉学部特任教授，日本公認心理師協会理事

単　　著：『コ・メディカルのための医事法学概論［第2版］』2020年／『ソーシャルワーカーのための
　　　　　成年後見入門』2019年／『ソーシャルワーカーのための更生保護と刑事法』2018年／『福祉
　　　　　法学』2013年／『福祉のための法学［第3版］』2009年／『医療・福祉のための法学入門』
　　　　　2013年，以上ミネルヴァ書房

監　　修：『ミネルヴァ社会福祉六法』各年版，ミネルヴァ書房

共　　著：『看護のための法学［第5版］』2021年／『消費者のための法学』2006年／『刑法総論』1998
　　　　　年／『刑法各論』2006年　以上ミネルヴァ書房，『ドイツ刑法総論』成文堂，1999年／『ロ
　　　　　クシン刑法総論』（共訳）信山社，2003年，ほか多数

舩 野　　徹（ふなの　とおる）

早稲田大学政治経済学部政治学科卒業。司法修習修了（58期）

現　　在：鳴海法律事務所代表弁護士

地域に根ざした法律事務所を目指し，裁判所から離れた地域で開業している。民事事件，刑事事件，
ジャンルを問わず種々の案件を手がけるうち，成年後見人業務，高齢者の財産管理業務などの福祉に
関わる業務を数多く扱うようになる。

Horitsu Bunka Sha

公認心理師のための法律相談 Q&A 100

2022年10月20日　初版第1刷発行

監修者　津 川 律 子

著　者　野﨑和義・舩野　徹

発行者　畑　　　光

発行所　株式会社 法律文化社

〒603-8053
京都市北区上賀茂岩ヶ垣内町71
電話 075(791)7131　FAX 075(721)8400
https://www.hou-bun.com/

印刷：共同印刷工業㈱／製本：新生製本㈱
装幀：白沢　正

ISBN 978-4-589-04239-2

© 2022 R. Tsugawa, K. Nozaki, T. Funano　Printed in Japan

乱丁など不良本がありましたら、ご連絡下さい。送料小社負担にて
お取り替えいたします。
本書についてのご意見・ご感想は、小社ウェブサイト，トップページの
「読者カード」にてお聞かせ下さい。

JCOPY 〈出版者著作権管理機構 委託出版物〉

本書の無断複写は著作権法上での例外を除き禁じられています。複写される
場合は，そのつど事前に，出版者著作権管理機構（電話 03-5244-5088，
FAX 03-5244-5089，e-mail: info@jcopy.or.jp）の許諾を得て下さい。

村尾泰弘編著

家族をめぐる法・心理・福祉
―法と臨床が交錯する現場の実践ガイド―

A 5 判・220頁・3190円

少年非行，DV，児童虐待，ストーカー，高齢者介護，離婚，面会交流など，広範な問題を取り上げる。第1部は法・心理・福祉3領域の知識を解説し，第2部では具体例から問題を考察。第3部は新たな潮流と課題を提示する。

川西 譲・川西絵理著

医 療 法 律 相 談 室
―医療現場の悩みに答える―

A 5 判・240頁・2750円

医療現場を熟知する弁護士が，患者とのトラブルや医療事故・倫理問題に対応するための法的根拠と，結論に至る考え方を解説。各章冒頭の問いに答える形で具体的に叙述し，各章末に「要約とポイント」や「キーワード解説」を付す。

村岡 潔・山本克司編著

医療・看護に携わる人のための
人 権 ・ 倫 理 読 本

A 5 判・182頁・2530円

医療現場で生じる人権や倫理に関する問題に対応することができるように法学・医学・看護学等の基礎知識をわかりやすく解説。キーワードや図，事例を用いて，知識やポイントをつかめるよう工夫。ケース・スタディ編では応用問題を考える。

山本克司著

福祉に携わる人のための人権読本

A 5 判・172頁・2530円

福祉従事者が現場で直面する様々な人権問題に具体的に活用できることを目指した人権論の入門・実践書。人権の歴史と理論ををふまえ，現場で考え，実践できるよう知識の確認と応用，事例演習を付す。

二宮周平著〔〈18歳から〉シリーズ〕

18歳から考える家族と法

B 5 判・118頁・2530円

家族の5つのライフステージごとに具体的事例を設け，社会のあり方（常識）を捉えなおす観点から家族と法の関係を学ぶ。学生（子ども）の視点を重視し，問題を発見し，解決に向けた法制度のあり方を考える。統計資料も豊富に盛り込む。

――――法律文化社――――

表示価格は消費税10%を含んだ価格です